A imaginação na cura

Dados Internacionais de Catalogação na Publicação (CIP)
(Câmara Brasileira do Livro, SP, Brasil)

Achterberg, Jeanne, 1942-
A imaginação na cura : xamanismo e medicina moderna / Jeanne Achterberg ; [tradução Carlos Eugênio Marcondes de Moura]. - São Paulo: Summus, 1996.

Título original: Imagery in healing.
Bibliografia
ISBN 978-85-323-0489-6

1. Espírito e corpo 2. Imagem (Psicologia) 3. Medicina e psicologia 4. Medicina psicossomática 5. Xamanismo I. Título.

96-1317   CDD-615.5

Índice para catálogo sistemático:
1. Auto-cura: Relação corpo-mente : Terapêutica : Medicina 615.5

www.summus.com.br

EDITORA AFILIADA

Compre em lugar de fotocopiar.
Cada real que você dá por um livro recompensa seus autores
e os convida a produzir mais sobre o tema;
incentiva seus editores a encomendar, traduzir e publicar
outras obras sobre o assunto;
e paga aos livreiros por estocar e levar até você livros
para a sua informação e o se entretenimento.
Cada real que você dá pela fotocópia não autorizada de um livro
financia um crime
e ajuda a matar a produção intelectual de seu país.

A imaginação na cura

Xamanismo e medicina moderna

Jeanne Achterberg

summus
editorial

Do original em língua inglesa
IMAGERY IN HEALING - SHAMANISM AND MODERN MEDICINE
Copyright © 1985 by Jeanne Achterberg
Direitos desta tradução adquiridos por Summus
Editorial

Tradução: **Carlos Eugênio Marcondes de Moura**

Capa: **Douglas Canjani**

Proibida a reprodução total ou parcial deste livro, por qualquer meio e sistema sem o prévio consentimento da Editora.

Summus Editorial
Departamento editorial
Rua Itapicuru, 613 – 7º andar
05006-000 – São Paulo – SP
Fone: (11) 3872-3322
Fax: (11) 3872-7476
http://www.summus.com.br
e-mail: summus@summus.com.br

Atendimento ao consumidor
Summus Editorial
Fone: (11) 3865-9890

Vendas por atacado
Fone: (11) 3873-8638
Fax: (11) 3872-7476
e-mail: vendas@summus.com.br

Impresso no Brasil

Sumário

Agradecimentos 7
Introdução 9

O xamã: mestre curador dos reinos imaginários 17
O fio dourado: a imaginação e a história da medicina 57
O xamã/cientista: usos da imaginação na medicina
moderna 77
A ciência e a imaginação: fisiologia e bioquímica 115
Ciência social e do comportamento: imaginação como
psicoterapia 143
A odisséia da imunologia: mente e doença 159

Anexos 201
Notas 215
Bibliografia 225

Agradecimentos

Este livro pertence a meu marido, Frank Lawlis, que o gerou em todos os sentidos. Uma questão circunstancial tornar-me a escriba deste empreendimento. A jornada pelo mundo do xamã, a procura de princípios científicos para apoiar os dados que coletamos, as comprovações clínicas de um material cuja abrangência vai muito além do campo da psicologia e da medicina contemporâneas, tudo isso faz parte de nosso íntimo relacionamento pessoal e profissional. Ele, em primeiro lugar e acima de tudo, é um cientista, como eu também. O papel do xamã foi assumido por ambos em nosso empenho para chegar às profundezas da descoberta científica. Devo acrescentar que, por mais que respeite sua grande capacidade de estatístico e seus sensíveis julgamentos como médico clínico, sou capaz de confiar em minhas próprias observações, semelhantes às dele. Demos um ao outro coragem e apoio para avançar por regiões proibidas da consciência, e confiança de que a direção era correta.

Gostaria muito de agradecer às pessoas que abriram espaço em suas vidas, nos últimos sete anos, para que eu pudesse me dar ao luxo de pesquisar e escrever. Guardarei para sempre a recordação de trabalhar com fervor para dar conta dos prazos estipulados, erguendo periodicamente o olhar para contemplar as mudanças das estações em nossos magníficos bosques. Esse período foi realmente uma dádiva.

Devo igualmente agradecer a especial colaboração de meus filhos: Barry, que me manteve em sintonia com o presente e tolerou minhas ausências das tarefas cotidianas, e Lee Ann, que assumiu a tarefa tediosa e pouco compensadora de organizar a bibliografia do livro. Da mesma forma, foram muito apreciados a revisão do manuscrito e o apoio emocional de Barbara Peavey e Maggie Marrero.

Minha gratidão também ao corpo docente e discente e aos recursos do Departamento de Ciência da Reabilitação. De muitas formas o Departamento permanece um baluarte da clássica liberdade acadêmica, infelizmente rara. Ao lidar com pessoas freqüentemente vistas como casos sem esperança, com pessoas cuja vida é completamente alterada por sua deficiência física, nenhuma tendência de pensamento que possa melhorar a condição humana é considerada uma investigação imprópria. Os alunos foram especialmente prestativos em sua disposição de ouvir, comentar e ler partes do manuscrito. Devo elogiar Nan Wells e David Casey por seu prolongado empenho.

Três pessoas merecem ser mencionadas por sua grande influência, não apenas em meu trabalho mas, acredito, no rumo da evolução cultural. Em primeiro lugar aprendi com Huston Smith, filósofo e mestre, quão necessário é olhar para além das insignificantes diferenças doutrinárias no difícil avanço da verdade e da validade, do ponto de vista espiritual, e que nós, como cientistas, não podemos evitar a relevância desse ponto de vista no exercício de nossa profissão. Em segundo lugar, em incontáveis instâncias, ao longo da última década, segui um novo caminho em minha jornada pessoal ou imprimi novo rumo às minhas pesquisas. Olhando para trás, vejo a figura de Larry LeShan, óculos pendurados no pescoço, rindo de satisfação, empunhando o facão que é sua mente, para abrir picadas. Enfim, Michael Harner entrou em nossas vidas muito recentemente e ajudou-nos a reunir as peças do quebra-cabeças com sua maravilhosa e experiente abordagem acadêmica dos procedimentos antigos. Com todos eles eu aprendi aquela que é, talvez, a lição mais importante de todas: é preciso ser capaz de encontrar humor na Ordem Divina.

Um agradecimento muito especial a Virginia Hine, querida amiga e mentora, cuja presença, ternamente sentida, continua a ter grande influência em meus pensamentos. A idéia do livro surgiu de discussões que se prolongaram noite adentro e de uma assídua correspondência, que nada tinham a ver abertamente com a ciência, xamãs ou medicina. Pelo menos, assim pensávamos. Elas tinham antes a ver com relações entre pessoas que sentiam um amor especial e mútuo, a exemplo de Frank e eu, dela e o marido. Nasceu entre nós um vínculo muito especial, e formou-se uma rede de almas que se assemelhavam, com Virginia a tudo dirigindo, sempre como antropóloga cultural. Ir ao encontro e envolver-se com outro e o voltar para si, penoso e arrebatador, o reconhecimento de que éramos feitos do mesmo estofo e o saber que estaríamos juntos por toda a eternidade levou todos nós a reexaminar nossas noções pessoais da realidade. Sugestões sobre a enorme perplexidade dessa textura chegaram a nós por intermédio de mitos e lendas, grandes ensinamentos espirituais e novos progressos no campo da ciência. O material aí incluso era uma parte vital dessa investigação.

Introdução

A imaginação sempre teve um papel-chave na medicina. O que é a imaginação? É o processo de pensamento que invoca e usa os sentidos: visão, audição, olfato, paladar, sentidos do movimento, posição e tato. É o mecanismo de comunicação entre percepção, emoção e mudança corporal. Importante causa tanto da saúde quanto da doença, a imaginação é a maior e mais antiga fonte de cura do mundo

A imagem mental ou matéria-prima da imaginação afeta intimamente o corpo, em níveis aparentemente mundanos e profundos. A memória do cheiro da pessoa amada suscita a bioquímica da emoção. O experimento mental da apresentação de um produto a ser vendido ou de uma corrida, em uma competição, evoca alteração muscular, e mais ainda: a pressão sangüínea sobe, as ondas cerebrais se modificam e as glândulas sudoríparas se ativam. Devido a esse pronunciado efeito da imaginação sobre o corpo, ela tem poder sobre a vida e a morte e desempenha um papel-chave nos aspectos menos dramáticos da vida.

Nas sociedades primitivas, o feiticeiro agita em sua mão pequenos fragmentos de ossos, lança-os e roga uma praga. O coração da vítima dispara, sua temperatura cai e a morte sobrevém rapidamente. Uma autópsia mostraria que o feitiço teve o efeito de provocar o esmorecimento do corpo — os fisiólogos falariam de morte do sistema nervoso parassimpático. A vítima morre, não de medo, mas de desesperança, devido ao vívido trabalho da imaginação.

Um paciente terminal com câncer procura o santuário de Lourdes, na França. Uma mulher com artrite reumatóide em estado avançado cruza a fronteira do México para fazer uma terapia que, de acordo com as autoridades dos Estados Unidos, não é comprovada e, portanto, ilegal naquele país. Um casal sem filhos faz uma primeira visita a uma famosa clínica de infertilidade de uma escola de medicina. Em cada um desses casos foram documentadas mudanças positivas na condição em questão, que ou precediam o tratamento ou acompanhavam aquilo que poderia ser classificado como intervenção médica inútil. No mundo inteiro administram-se aos pacientes placebos de vários tipos. Freqüentemente eles acarretam redução de dor, náusea, ansiedade e até mesmo de células tumorais. Não foi apenas a atitude dessas pessoas que mudou: sua bioquímica também passou por uma transformação. Longe de ser o embuste de inocentes e de pessoas que se fingem de doentes, placebos e poder de sugestão tendem a atuar mais sobre pessoas que precisam e querem ficar boas.

A característica comum desses eventos — experiências mentais, maldições do vodu, visitas a santuários religiosos ou a médicos, e a reação aos placebos — é que todos eles servem para alterar as *imagens* ou a expectativa das pessoas sobre seu estado de saúde. E agindo assim as imagens causam uma profunda mudança fisiológica, fato este que não deve ser obscurecido pelo encanto da medicina moderna. Independentemente do avanço tecnológico, sempre teremos de lutar contra esse exemplo complexo de expectativas, crenças, motivações, e contra o papel da imaginação, algumas vezes beligerante, outras, milagroso.

É de pouca monta a argumentação sobre o poder negativo da imaginação sobre a saúde. A aceitação desta idéia, sem dúvida alguma, decorre de pesquisas amplamente divulgadas sobre o estresse e a doença, e da observação pessoal e da intuição. A maior parte das pessoas parece ter reconhecido a existência de pelo menos uma conexão aproximada entre fatores causais, que emanam do estado de suas mentes, e a observação subseqüente de gripes, infecções ou outras evidências de uma redução da resistência à doença. O que deixa de ser proposto com freqüência, na época moderna, é que o inverso também deve ser verdadeiro. Como a natureza cria poucas vias de mão única, se podemos adoecer devido a uma conduta errônea e até mesmo morrer por causa de feitiços e mágoas do coração, então também devemos ser capazes de nos recuperar.

Uma renovação do enfoque na imaginação, considerada ao mesmo tempo como um antigo e poderoso aspecto da cura, ajudará a marcar essa década como aquela em que começaram os mais significativos avanços que o mundo jamais viu. As forças responsáveis pela introdução dessas mudanças representam uma grande confluência da teologia, da psicologia, da medicina, da antropologia, e se corporificam nos personagens do cientista e do xamã.

Essa celebração da consciência, do poder da psique humana e da imaginação como essência do universo está ganhando impulso até em círculos pouco prováveis, como o acadêmico. A medicina não é a meta, e nem mesmo a causa dessas grandes mudanças; mas, ainda assim, é beneficiária delas. Em nenhuma instância há uma manifestação tão concreta da essência ilusória que são a mente e a alma como no corpo humano. É aqui, no corpo, em seu estado de relativa saúde ou doença, que é retratada a harmonia da pessoa com o cosmo. O corpo não tem segredos; nunca mente. E nem os pecados de omissão ou de comissão perante o meio em que vivemos, tampouco os pensamentos passados e presentes podem passar sem deixar sua marca corporal. Para o melhor ou para o pior, o tratamento dessa complexa paisagem do pensamento, do sentimento e do ser tem sido território da medicina. E assim, é no campo da medicina que os novos avanços, as novas compreensões dos poderes da imaginação exercerão sua força mais direta.

Têm emergido temas definidos, do estudo da imaginação como curadora, relacionados a dois modos básicos segundo os quais, acredita-se, a imagem tem um impacto positivo sobre a saúde. O primeiro deles eu chamo de imaginação *pré-verbal*. Aqui, a imaginação atua sobre nosso próprio ser físico. As imagens comunicam-se com tecidos e órgãos, e até células, para promover uma mudança. A comunicação pode ser deliberada ou não. É pré-verbal no sentido de que, provavelmente, evoluiu muito mais cedo do que a linguagem, e usa diferentes trajetos neurais para a transmissão da informação. O segundo tipo de cura por meio da imaginação é *transpessoal* e pressupõe que a informação pode ser transmitida da consciência de uma pessoa ao substrato físico de outras.

O método científico é, costumeiramente, muito mais aplicável ao estudo do tipo pré-verbal de imaginação. O fenômeno pré-verbal pode ser descrito como aquele que usa fatos derivados da fisiologia, anatomia, química e ciências do comportamento. A proposição pode e tem sido testada por meio do método científico. A imaginação transpessoal, por outro lado, requer dois canais de fluxo da informação que não foram identificados pelos instrumentos da ciência. A validação da imaginação transpessoal deve, portanto, ser procurada nos tipos mais qualitativos de dados da observação, reunidos por antropólogos, teólogos, historiadores da medicina e outros, assim como por especulação intuitiva e filosófica. O maior apoio a essa teoria vem da tenacidade com que os seres humanos se apegaram a uma crença na cura transpessoal, e que tem sido reforçada por este sistema de crença pelo menos há 20.000 anos.

Apesar da dicotomia entre imaginação transpessoal e pré-verbal ser útil para descrever e compreender os sistemas de cura, isto é apenas grosseiramente correto. Na prática, os dois tipos se mesclam conceitualmente e há uma considerável variação na aplicação de ambos. Entretanto, a

11

complexidade em descrever a imagem não acaba em sua categorização. Nas páginas que se seguem, apresenta-se uma improvável mistura de arte e ciência, história e medicina. Como seria de esperar, levando em consideração que se busca conhecer um dos grandes enigmas da natureza humana, desvendar as dimensões da imaginação requereu múltiplos caminhos. Alguns eram decididamente esquisitos, outros ofereciam apenas tênues indicações, outros eram tão encantadores que foi difícil deles se afastar. Este livro é a história de minha busca — em espirais em torno da idéia da imaginação como agente da cura, tecida nos fios da metáfora, tocando o tempo e, de novo, o primado da consciência como um fato da vida humana.

Começarei, no Capítulo 1, narrando a história dos xamãs, cuidando de abordar sua perspectiva de modo apropriado, mas com um olhar científico. Ao descrever a imaginação e a cura, pareceu-me lógico abordar o conhecimento desses especialistas há muito reconhecidos. O xamanismo é a medicina da imaginação. O xamã tem o dom da onipresença no tempo e no mundo. O xamanismo é e tem sido o tipo de medicina mais amplamente praticado em todo o planeta, particularmente para doenças graves. Os xamãs, dizem, são aqueles que compreendem, em um sentido espiritual, o nexo entre mente, corpo e alma. Sua maior tarefa tem sido sempre curar seu povo dos males da humanidade — quaisquer que sejam as formas dessas doenças. Os xamãs proclamam ter uma capacidade especial de se transportarem aos planos da imaginação, em que é possível curar o corpo e o planeta.

A maior parte do saber xamânico é tão estranha aos mitos da medicina contemporânea que, há muito, foi descartada como excessivamente fantasiosa e insustentável para o tipo humano do século vinte, sensato, civilizado e racional. No entanto, as práticas xamânicas de cura continuaram a florescer (ou pelo menos a sobreviver) paralelamente às principais correntes do pensamento médico.

O conceito tradicional de xamanismo situá-lo-ia na classificação da cura transpessoal, e foi sobre essa questão que os xamãs firmaram sua reputação. No entanto, a imaginação pré-verbal também desempenha um papel de peso. O trabalho ritual do xamã tem efeito terapêutico direto sobre o paciente, ao criar imagens vívidas e induzir estados alterados de consciência, que conduzem à autocura. Também os conceitos xamânicos de doença e o envolvimento comunitário na cura devem ser levados em consideração, nesses tempos em que a doença tornou-se uma entidade separada de suas hostes e das circunstâncias ambientais.

No Capítulo 2, as evidências qualitativas e históricas da imaginação como instrumento de cura são exploradas mais a fundo, particularmente porque está firmemente enraizada na linhagem da medicina ocidental. Asclépio, Aristóteles, Galeno e Hipócrates, considerados pais da medicina, usaram a imaginação tanto em diagnose quanto em terapia. Suas sensíveis observações sobre a capacidade da imagem, tanto para curar quanto para matar, proporcionaram um legado amplamente posto em prática pelos criativos médicos da Renascença.

Por sermos tão significativamente influenciados pela herança anglo-saxã, incluí uma discussão sobre as tradições de cura da Inglaterra e da Europa, que refletiam na imaginação. Durante séculos, a Igreja católica funcionou como autoridade nos assuntos de saúde. Os tratamentos por ela sancionados eram peregrinações e rituais, que ainda traziam a marca pagã do xamanismo, embora com deuses diferentes. A Igreja primitiva e medieval incorporou os antigos métodos gregos de cura em templos especiais dedicados à premissa de que visão e sonhos continham sementes do conhecimento relacionado à saúde.

Vários estudiosos sentem que as verdadeiras raízes do xamanismo, na civilização ocidental, se assentam nas práticas de mulheres sábias, consideradas as provedoras máximas do sobrenatural e, portanto, da imaginação. No tempo dos celtas, elas eram sacerdotisas, suas sucessoras porém foram condenadas como bruxas. O declínio e a dissolução final da influência das mulheres na medicina e na ciência foram fundamentais no afastamento da cura para longe das clássicas virtudes femininas da nutrição, intuição, empatia e emocionalidade — todas elas vistas como ameaças e impedimentos ao progresso da nova ordem científica. No entanto, gerações de médicos, charlatães, assim como a Igreja, recorreram aos seus conhecimentos específicos, que lhes deram sustentação.

A história das práticas de saúde é fascinante em si, mas, mais importante é que ela nos proporciona um chão firme; ela conta-nos que a imaginação sempre foi uma parte essencial do processo de cura, independentemente do disfarce cultural. Em cada período da história, os dotes da imaginação tiveram prioridade sobre a farmácia e a cirurgia, e aqueles com capacidade para manipular os poderes da imagem alcançaram o mais elevado *status* na hierarquia da cura. A era científica interrompeu bruscamente esse reconhecimento.

Só recentemente tornou-se quase respeitável fazer perguntas (e dar respostas) sobre questões relacionadas à mente e à medicina. O Capítulo 3 descreve o trabalho daqueles que estão envolvidos com essa indagação e que poderiam ser denominados, mais propriamente, cientistas/xamãs. Eles se situavam e situam-se na medicina de ponta e combinaram a antiga sabedoria com a tecnologia moderna. Em sua maior parte, esses praticantes não são estranhos ao campo do espírito e, com sua ajuda, as práticas humanística e naturalista, gradualmente, retornam daquelas fímbrias da medicina a que foram relegadas.

A partir de temas tão diversos quanto hipnose, treinamento autógeno, *biofeedback*, prática médica em geral e reação aos placebos, fica patente que a imaginação intervém nos cuidados com a saúde de modo similar ao descrito na história da cura. Em primeiro lugar, ela faz parte de todos os tratamentos de saúde, em cada interação com as pessoas que atuam nessa área, em cada diagnóstico e tratamento que crie algum tipo de imagem na mente do paciente. Essas imagens, em si e por si, podem alterar o curso da doença. Em segundo lugar, a imaginação está sendo novamente usada em diagnóstico. Devido ao seu íntimo contato com o corpo físico, as imagens parecem expressar uma sabedoria corporal, uma compreensão do *status* e do prognóstico de saúde. Em terceiro lugar a imaginação é usada como terapia — sua aplicação mais controvertida. Finalmente, a imaginação é empregada para ensaiar acontecimentos que provocam ansiedade, tais como o parto e o doloroso tratamento de queimaduras graves.

Antes de passar à pesquisa e à prática inovadoras que, provavelmente, se tornarão os alicerces da medicina do futuro, apresento depoimentos sobre a imaginação e a saúde, relatados do ponto privilegiado em que se coloca o cientista. As descobertas científicas não descartam com suas explicações a eficácia da imaginação na saúde, mas descrevem os acontecimentos de modo diferente. O estudo da imaginação, por envolver a verificação de acontecimentos intrínsecos e privados, é especialmente sensível à natureza caprichosa da necessidade pessoal, bem como às fraquezas dos seres humanos, ao relatar esses acontecimentos. Em conseqüência, o método científico não só é necessário, mas absolutamente crítico, quando se trata de estabelecer informações precisas, válidas, que comportem réplicas e que possam ser usadas em um sentido produtivo na saúde. A ciência, quando bem praticada, é um balé de descobertas, uma vestimenta elegante para o resto do conhecimento do mundo. O mais importante é que ela impede a auto-ilusão, e é isso que diferencia os métodos de observação científicos das outras maneiras de procurar informação.

Mesmo contando com as salvaguardas dos métodos científicos, as descrições que o cientista e o xamã fazem da imaginação e dos processos de cura são mitos. Os cientistas, os artistas, os místicos e os poetas ainda usam seus próprios meios especiais para descrever a imaginação. Pintam quadros em telas de sua escolha. As histórias da ciência não são menos verdadeiras do que as das grandes tradições culturais, mas diferem quanto aos métodos empregados para obter e examinar os dados e quanto ao nível em que se dá a descrição. No Capítulo 4, usando informações provenientes das ciências básicas, descrevi a transição da imaginação à alteração física ou mental para a matéria, como diriam certas pessoas. Embora fique claro que aí não estão todas as informações possíveis, há um número suficiente delas, relacionadas à neuroanatomia, à fisiologia e à bioquímica, para comprovar a existência de trajetórias.

14

As imagens e, na verdade, todos os pensamentos, são acontecimentos eletroquímicos, intricadamente urdidos no tecido do cérebro e do corpo.

Ao considerar a ciência e a imaginação, nos defrontamos com diferentes níveis de descrição, todos obtidos por meio do método científico. As ciências do comportamento e sociais também estudaram a função da imaginação nos sistemas de cura, mas em termos do comportamento do indivíduo e no contexto do meio social. Sua posição deve ser destacada e é esboçada no Capítulo 5. Em vez de considerar a imaginação em um sentido místico, como fariam os xamãs, ou como um fenômeno fisiológico e bioquímico, ela se torna uma construção hipotética, medida apenas pelos comportamentos observáveis das pessoas e suas sociedades. A análise da imagem tende a girar mais em torno das ocorrências psicológicas do que das fisiológicas. Por causa desses cientistas, percebemos a importante distinção entre enfermidade e doença, sendo a primeira um impacto pessoal único da patologia, mental ou física, e a segunda, a própria patologia. É provável que as técnicas que recorrem à imaginação visando à saúde sejam aquelas que afetam a enfermidade, mas não, necessariamente, a doença. É sobretudo aos cientistas comportamentais que se deve a grande riqueza do trabalho experimental e a utilização da imaginação como terapia nos distúrbios psicológicos.

No Capítulo 6, concluo com informações sobre a fronteira da saúde: o campo da imunologia. Na medida em que adquirimos mais conhecimento sobre esse magnífico sistema de defesa, tudo indica que as grandes doenças da humanidade poderiam ser controladas, caso se pudesse treinar o sistema imunológico para funcionar com eficácia. As doenças do sistema imunológico incluem câncer, alergias, infecções, distúrbios ligados às doenças auto-imunes, tais como a esclerose múltipla e a artrite reumatóide, além de uma multiplicidade de outras doenças decorrentes de um sistema imunológico hiperativo ou inerte.

Contamos com pesquisas que vêm sendo realizadas há trinta anos por cientistas do porte de Walter Cannon, Hans Selye e muitos outros, que demonstram o potencial do estresse para prejudicar a função imunológica. Há séries e séries de experimentos realizados com animais em laboratório demonstrando que, sob condições de estresse, o comprometimento do sistema imunológico pode resultar em doença e, até mesmo, em morte. Testemunhamos uma aceitação crescente do conceito de que o estresse exacerba o desenvolvimento do câncer nos seres humanos, desencadeia manifestações em pacientes com artrite reumatóide e faz com que asmáticos procurem o pronto-socorro em busca de oxigênio. O estresse é apontado como um fator do início e de exacerbação de todas as doenças auto-imunes, isto é, aquelas em que o sistema imunológico já não consegue discriminar o eu do não-eu, e o amigo do inimigo.

Felizmente, embora o sistema imunológico seja violentamente agredido por muitos tipos de comportamentos e pensamentos, sabemos que ele também pode ser favorecido e programado por atos conscientes. De acordo com as novas pesquisas, técnicas variadas, tais como imagens específicas, sentimentos positivos, sugestões, aprender como reagir a fatores estressantes de modo relaxado, têm o potencial de aumentar a capacidade do sistema imunológico no sentido de se contrapor à doença. Estudos muito recentes demonstraram que o sistema imunológico está sob controle direto do sistema nervoso central, particularmente as regiões do cérebro envolvidas na transmissão da imagem corporal.

Há uma profunda relação entre cérebro, comportamento, fatores psicológicos e sistema imunológico, embora ainda falte especificar a exata natureza dessa relação. Novas terapias comportamentais que incluem a imaginação, tais como imagens mentais dirigidas, a hipnose, o *biofeedback*, todas elas com um nítido toque de xamanismo, têm sido mostradas como capazes de influência imunológica em situações de testes controlados.

Esse é o drama, na medida em que os impalpáveis mistérios da mente humana começam a esclarecer-se — drama sem paralelo no campo de batalha, ou no espaço, ou na política ou em qualquer outro palco. O paradigma científico modifica-se, as metáforas se misturam. É um bom momento para estar vivo.

O xamã:
mestre curador
dos reinos imaginários

Eu não sei o que você aprendeu nos livros, mas a coisa mais importante que aprendi com meus avós foi que há uma parte da mente que não conhecemos realmente, e que essa parte é da maior importância na doença e na saúde.

Thomas Costeletas Grandes, curador navajo, 100 anos

O trabalho do xamã se dá no reino da imaginação, e sua perícia nesse domínio em prol da comunidade tem sido reconhecida em todos os registros históricos. "As limitações do tempo e do espaço são transcendidas... Rochas e pedras falam. Os homens viram animais e os animais viram homens. É um mundo repleto de simbolismo arcaico, em que o xamã viaja pela amplidão do universo ou ao redor da lua, em missões da maior importância para seu povo."[1] Desde os primórdios da civilização, essas viagens levaram à experiência do Criador, à procura da sabedoria, à cura dos males do corpo. Aqui focalizarei o aspecto curativo, descrevendo o fenômeno nas alegorias do xamã e do cientista.

Se um dia a cura pela imaginação tiver de exercer um impacto sobre a prática da medicina moderna, ela deve ser primeiramente medida e descrita pelos critérios da ciência. Por outro lado, não podemos ignorar a própria sabedoria do xamã. Os xamãs tendem a acreditar que as explicações ocidentais de sua medicina são grosseiramente ofensivas ou chegam aos limites da mais pura tolice. De acordo com Bergman, ao descrever os índios navajos, as explicações dos xamãs sobre o porquê de sua medicina funcionar "...caso eles tenham vontade de dar alguma explicação, tendem a ser insatisfatórias para nós, pois se baseiam no sobrenatural".[2] Não se deve despojar a medicina xamanística de seu significado, pretendendo que ela é algo que não é, ou considerando-a como uma forma primitiva e abastardada de ajuda médica e psicológica para pacificar nativos ignorantes. Provavelmente, não será muito nocivo chamar de "psicoterapia" aquilo que os xamãs fazem, ou de escapatória para uma personalidade aberrante, ou dizer que, na melhor das hipóteses, eles, xamãs, proporcionam uma base para a rede comunitária. Esta qualificação poderia promover boa vontade para com a preservação dessas antigas práticas. No entanto, os caminhos do xamã são, em primeiro lugar e acima de tudo, espirituais. É aqui, como "técnicos do sagrado",[3] que reside sua perícia e onde seu sucesso é medido pelos critérios de sua própria cultura.

O atual interesse pelas práticas xamânicas, tão difundido e geralmente manifesto como uma reverência acrítica por qualquer coisa que se filie vagamente à cultura nativa, deve refletir, certamente, um anseio por uma inclusão mais humanística e espiritual na medicina moderna. Poder-se-ia dizer que a Roda da Medicina da civilização ocidental direcionou-se para o norte por um tempo excessivo, tem muito conhecimento, mas pouca sensibilidade.

O que é o xamanismo?

Xamã é uma palavra derivada do russo *saman*. Weston La Barre observa que o xamã é o mais antigo profissional do mundo e do qual descendem tanto o médico quanto o sacerdote modernos. "O xamã era, originalmente, artista, dançarino, músico, cantor, dramaturgo, intelectual, poeta, bardo, embaixador, conselheiro de chefes e reis, ator e palhaço, curador, prestidigitador, malabarista, jogral, cantor de música folclórica, meteorologista, artesão, herói cultural, trapaceiro — transformador."[4] Mircea Eliade, autor de obras antropológicas e teológicas clássicas, reviu a ampla literatura sobre o xamanismo e verificou que os xamãs eram caracterizados como sacerdotes, médicos, mágicos, feiticeiros, exorcistas, líderes políticos, psicóticos e charlatães.[5]

O conceito popular de xamanismo relaciona-se tipicamente com a prática de qualquer tipo de cura não-médica, folclórica ou mental, ou ainda com qualquer sistema de saúde que não incorpore a medicina ocidental. Os termos *feiticeiro* e *curandeiro* são empregados com freqüência, de maneira intercambiável, associados a *xamã*, mas isso é uma compreensão incorreta. Um xamã pode muito bem ter um conhecimento das ervas ou de crises ou de tratamento de traumas; mas, no sentido antropológico mais restrito, xamãs são aqueles indivíduos que se distinguem por práticas específicas de êxtase ou estados alterados de consciência. Durante esses estados, eles ascendem ao céu ou descem ao mundo subterrâneo da imaginação. A meta da viagem xamânica é obter poder ou conhecimento para ajudar a comunidade ou, então, para curar, embora a doença e, portanto, a cura, possam ter muito pouca semelhança com aquilo que poderia ser reconhecido como tal na medicina convencional.

Eliade e outros consideraram o xamanismo como um sistema de cura que compreende técnicas para penetrar e interpretar a paisagem da imaginação que é encontrada durante a viagem ou "vôo mágico".[6] Há consenso em que a obtenção de um estado de êxtase (ou transe ou estado alterado de consciência) é um aspecto universal da prática xamânica, mas, com certeza, nem todos os extáticos poderiam ser considerados xamãs. Com efeito, o êxtase xamânico tem sido identificado como uma categoria especial e altamente específica de estado alterado, em que se pode entrar e sair à vontade.[7]

Além disso, o xamã é identificado como alguém que tem espíritos guardiães (também denominados, às vezes, animais de poder, espíritos guias, tutelares, totens ou fetiches), dos quais poder e conhecimento são obtidos. Entretanto, nem todos que alegam possuí-los são xamãs; leigos podem ter espíritos semelhantes, que não lhes conferem poder xamânico; ou eles talvez possuam espíritos secundários ou apenas alguns deles.[8] Embora os espíritos dêem proteção ao leigo, do mesmo modo que ao xamã, seu uso para curar os outros ou para a adivinhação é normalmente domínio apenas do xamã.[9]

O xamã, então, é definido por suas práticas e propósitos: a prática xamânica compreende a capacidade de entrar e sair de um estado especial de consciência, a noção de espíritos guardiães, com o objetivo de ajudar os outros.[10] O traço mais característico da prática xamânica, para os objetivos deste trabalho, é que os xamãs foram reconhecidos ao longo da história da espécie humana como pessoas que têm, por excelência, a capacidade de curar pela imaginação.

O xamã no contexto da cura tradicional

Sempre existiram técnicas de cura xamânicas paralelamente a uma medicina de natureza mais mecânica ou tecnológica. Um bom xamã, vendo que um paciente tinha uma flecha cravada entre as omoplatas, provavelmente não entraria em um estado alterado de consciência, pelo menos até que o objeto invasor fosse removido, todos os remédios disponíveis fossem usados para estancar o sangramento, e outros fossem empregados para impedir a infecção e a dor. O nível de capacidade para essas tarefas poderia ser considerável, mas em nada comparável ao que viria em seguida: a determinação dos fundamentos dos poderes do paciente e do inimigo, um exame dos motivos e sistemas de crença, e uma interpretação do trauma no contexto cultural. Tudo isso era trabalho do xamã.

Os xamãs, desempenhando as difíceis tarefas de procurar a conexão entre todas as coisas e proteger as almas dos doentes e dos moribundos, têm sido tradicionalmente procurados como um tratamento a que se recorre como último recurso. Para os problemas simples, a natureza proporcionou remédios óbvios, amplamente disseminados por todo o planeta e muito conhecidos pelas culturas mais antigas. As dores comuns da vida podiam ser aliviadas pela casca do salgueiro, o antecessor da atual aspirina; as dores da morte eram aliviadas pela essência da papoula. Até mesmo as cólicas e irregularidades menstruais podiam ser amenizadas por plantas que crescem em cada nicho fértil da terra. As infecções podiam ser detidas, as febres, diminuídas, e a loucura, refreada pelas oferendas da natureza.

As manipulações mecânicas dos conteúdos do corpo humano também não estavam acima da capacidade dos mais antigos representantes de nossa espécie. A cirurgia do cérebro foi realizada com sucesso, há pelo menos dez mil anos: há crânios desse período que mostram cuidadosa remoção e substituição de material ósseo, e indicam que o paciente sobreviveu, morrendo devido a outras causas.[11] Ossos do paleolítico, mesolítico e neolítico sugerem que os humanos pré-históricos eram capazes de se manterem vivos por cerca de quarenta anos, e observaram-se vários ferimentos muito bem curados. Há pelo menos dois mil anos orelhas e narizes foram substituídos mediante delicada cirurgia plástica.[12]

A remoção de corpos agressores (balas, tumores, farpas e unhas encravadas) exige boa visão e mão firme, mas uma natureza filosófica é opcional. A medicina mecânica, assim como o assentamento de canos e a eletrônica, depende do conhecimento do circuito, mas não, necessariamente, de avaliar como um vaso sanitário ou um rádio (ou um ser humano) se encaixam no cosmo. Fato típico das culturas xamânicas é que há uma hierarquia, em cuja base estão aqueles com um talento singular na manipulação física ou na prescrição, seguidos por especialistas em diagnósticos, e, no topo, estão os xamãs e o emprego que fazem da imaginação para intervir com o sobrenatural.

Nessa hierarquia, há uma quarta categoria de pessoas que também têm reputação de trabalhar com a imaginação de modo poderoso. Sua denominação algumas vezes é, impropriamente, traduzida por "bruxos". Essas pessoas exploram o lado sombrio da magia e são chamadas quando a medicina do xamã falha, particularmente quando se acredita que a doença resulta de um feitiço. Desnecessário dizer que seu poder é muito temido e são reputados capazes de invocar as forças malignas da destruição e, certamente, se dispõem a isso. Os casos documentados da "morte vodu" e bruxaria, nas publicações médicas americanas, atestam sua capacidade para criar situações que têm um desfecho malévolo, por manipulação da imaginação.[13]

O xamã pode ter conhecimento e participar em vários tipos de cura. Seria impensável, entretanto, ir a um bom conhecedor de ossos, que não seja também um xamã, para perguntar como se deve viver a vida ou pedir uma interpretação do significado da doença em um contexto cultural. A distinção entre medicina mecânica, tecnológica e medicina xamânica parece ter sido clara até épocas recentes, tendo a primeira sempre exercido papel primordial no alívio dos tormentos do sofrimento físico. Nesses tempos modernos, a medicina como tecnologia tem sido cercada por expectativas elevadas. Por um lado, ela é considerada a medicina, exclusiva, ignorando-se a contribuição significativa, antiga e persistente da sabedoria do xamã para a saúde global. Por outro lado, é irônico que o próprio médico tenha se deixado influenciar pelo mito do xamã como curador onipotente — noção surpreendentemente incorreta, considerando a falta de formação (e de inclinação) do médico para a antiga prática xamânica.

O modo antigo

O xamanismo é o método mais antigo e mais difundido de cura pela imaginação. Há evidências arqueológicas que sugerem que as técnicas do xamã têm pelo menos 20.000 anos, com evidências vívidas de sua antiguidade nas pinturas das cavernas no sul da França. Na caverna Les Trois Frères há uma representação de uma misteriosa criatura, semelhante a um cervo, em parte esculpida, em parte pintada, que julgam representar um xamã. Entalhes em ossos de rena, da era paleolítica, mostrando um xamã com máscara de animal foram encontrados na caverna de Pin Hole, na Inglaterra. Outro entalhe, em osso de rena, de imenso interesse, mostra uma mulher grávida, deitada sob um cervo, presumivelmente com o propósito de reunir forças para suportar sua provação (o motivo extremamente predominante do cervo como espírito curador será discutido em outros contextos neste capítulo). LeBarre resume as evidências antropológicas que permitem datar o complexo xamânico na *Ur-kultur* do paleolítico e, em sua opinião, o xamanismo é a Ur-religião e a essência de todas as religiões sobrenaturais.[14] (A *Ur-kultur* difundiu-se com os grupos humanos para todas as partes da terra, sendo ainda perceptível em algumas práticas culturais.)

As práticas dos xamãs são notavelmente similares na Ásia, Austrália, África, Américas e até na Europa. Essa consistência leva a uma ampla especulação sobre contatos antigos entre os povos dessas terras. Harner, entretanto, interroga sobre a razão de tais práticas persistirem por cerca de 20.000 anos, enquanto que outros aspectos dos vários sistemas sociais encerram grande contraste. Ele sugere que é porque o xamanismo funciona e, por erros e acertos, as mesmas técnicas de cura foram adotadas por diversas populações. Acredita também que não é preciso compartilhar as perspectivas culturais do xamã para que o xamanismo seja eficaz. "O procedimento antigo é poderoso e se enraiza com tamanha profundidade na mente humana que os habituais sistemas de crença de uma cultura e os pressupostos sobre realidade são essencialmente irrelevantes."[15] Em outras palavras, a crença nas leis imutáveis do universo, invocada na prática xamânica, não é mais necessária para fazê-las funcionar do que a crença na gravidade é necessária para fazer os objetos caírem. Nesse contexto da tradição xamânica, é concebível um meio natural que responde quando a invocamos pelos antigos procedimentos tradicionais que ela aprendeu a compreender. Enfim, estamos lidando com um universo condicionado classicamente. Essa posição de Harner sintoniza-se com a própria explicação do xamã sobre o funcionamento de seu sistema, e explica por que elementos comuns podem ser observados em todas as partes do mundo.

No entanto, os sociólogos e todos que seguem uma orientação psiquiátrica normalmente adotam outro ponto de vista sobre xamanismo ou quaisquer outros sistemas de cura que não recorram à medicina. Essa visão sustenta que qualquer benefício derivado desses sistemas de cura é altamente específico à visão de mundo adotada pela cultura, e que, em conseqüência, não se deve esperar qualquer cura transcultural, a menos que existam pontos em comum, fortuitos, no ritual e no símbolo. Quaisquer semelhanças entre uma e outra tribo seriam explicadas por disporem da mesma matéria básica a partir da qual elaborar o significado ritual; a fisiologia dos seres humanos, intimamente afetada por suas emoções; a inegável necessidade humana de harmonizar o conflito interior e integrar um grupo e o mundo espiritual. Jerome Frank tem sido um porta-voz muito respeitado dessa linha de raciocínio, que leva à conclusão de que qualquer eficácia da cura xamânica é função da elevada expectativa das pessoas doentes ou feridas, e que o verdadeiro benefício das técnicas primitivas consiste em dar alívio emocional e um senso de pertencer a uma comunidade.[16] Essa posição também sustentaria que o xamanismo funcionaria melhor no caso de problemas psicológicos (depressão e ansiedade), diagnósticos que se enquadram no conceito tradicional do "psicossomático" e de todas as condições decorrentes da alienação familiar ou cultural, em oposição à doença "física", como ela é diagnosticada por todos que praticam medicina ocidental. Discutiremos no Capítulo 5 como essas distinções tradicionais entre a chamada doença psicossomática e a doença física estão caindo por terra.

O significado da saúde e da doença no sistema xamânico

É importante considerar as técnicas de cura por imagens mentais usadas pelos xamãs no contexto de sua estrutura habitual de crenças sobre a natureza da saúde e da doença. Na discussão que se segue, assim como em todas as generalizações sobre a prática xamânica, certas particularidades culturais revelar-se-ão exceções à questão que está sendo colocada. Entretanto, há pontos de convergência suficientes, em todas as tradições, que justificam observações mais amplas.

Em primeiro lugar e acima de tudo, evitar a morte não é o objetivo da prática da medicina nas tradições xamânicas. Nossa desconfiança ocidental desses sistemas advém, freqüentemente, da observação de que a cura xamânica pode não ter resultado para prolongar a vida. A cura, para o xamã, é uma questão espiritual. A doença é por ele considerada originária do mundo espiritual e dele adquire seu significado. O propósito da vida, em si, é ser doutrinado e iniciado nas regiões visionárias do espírito e estar de acordo com todas as coisas da terra e do céu. Perder a própria alma é a ocorrência mais grave de todas, pois isso eliminaria qualquer significado da vida, agora e para sempre. Assim, o objetivo de boa parte da cura xamânica é, basicamente, nutrir e preservar a alma, bem como protegê-la de vagar eternamente.

A doença, como é concebida até mesmo no sentido moderno, é vista como algo que penetra de fora no corpo, algo que deve ser removido ou destruído ou de que é preciso proteger-se. No sistema xamânico, entretanto, o problema básico não é o elemento externo, mas a perda de poder pessoal que permitiu a invasão, seja de uma flecha, seja de um mau espírito (como na teoria do "dardo envenenado" dos nativos de Papua-Nova Guiné. Entre estes, algumas doenças, embora nem todas, são classificadas como bruxaria e resultantes do arremesso mágico de dardos envenenados, pelo inimigo).[17] Em conseqüência, o tratamento xamânico de todas as enfermidades dá ênfase, em primeiro lugar, ao aumento do poder da pessoa doente, e apenas em segundo lugar se opõe ao poder do agente que produziu a doença. Todas as medicinas, inclusive a ocidental quando disponível, são usadas em ambos os estágios. Na realidade, este pensamento é um tanto avançado, pois as recentes descobertas da ciência médica apóiam tal descrição dos processos da doença, tópico a ser abordado com alguma profundidade no Capítulo 6. Resumindo, as chamadas causas externas primárias das doenças graves — vírus, bactérias e outros elementos invisíveis no meio ambiente — só constituem ameaça à saúde quando a camada protetora natural de uma pessoa desenvolve uma fraqueza.

Nas sociedades tribais em que o xamanismo floresceu, a prática da cura sobrepõe-se a toda vida secular e sagrada, e a ela está integrada — oração, agricultura, casamento, guerra e tabu. Grossinger observa que o xamã não pode atuar exclusivamente no contexto da doença; a história não proporciona uma base ou tecnologia para isolar a doença do resto da condição humana. Os perigos de isolar uma parte da vida da outra são reconhecidos e há pouco interesse em meramente prolongar a vida, mas sim em restaurar o equilíbrio. Ele observa também, em defesa da medicina xamânica e holística, que quando tratamos a doença como entidade concreta, que pode ser tecnologicamente remediada, perdemos a noção de um sistema integrado. A doença pode manifestar-se externamente, sob a forma de alterações patológicas, "mas também é o lugar em que todas as demais crises e necessidades do organismo se reúnem. É o registro mais íntimo da desordem e das alterações vitais nos corpos individuais e no corpo coletivo da biosfera. Nada, com a possível exceção do sonho ou da visão, força mais o organismo a reconciliar-se imediatamente com os devastadores poderes pagãos de que ele é feito". A doença, afirma Grossinger, arrasta uma pessoa para a realidade da vida biológica e social. A doença pode levar à visão e ao crescimento pessoal e, à luz disso, "o universo dos produtos químicos estéreis e das mesas de operação é uma reversão cruel e uma piada supérflua".[18]

Nas tradições xamânicas, como é de esperar, há uma ênfase muito maior nas perturbações do espírito do que na medicina dos países industrializados. O xamã está muito capacitado a fazer diagnósticos diferenciais das perturbações espirituais. Algumas vezes, ele pode diagnosticar que a alma está aterrorizada, outras vezes deprimida; e, o que é o pior de tudo, que ela partiu (conhecido como *susto* ou "perda da alma", entre as culturas de língua espanhola). Os sintomas físicos e mentais são característicos dos diferentes estados e são considerados muito sérios. Sem intervenção, o paciente poderá morrer sem ter resolvido o problema que causou a doença e, assim, ser condenado a viver eternamente fora de sincronia com o universo.

Qualquer impulso para romantizar a medicina xamânica ou popular, em geral, deve ser contrabalançado pelo conhecimento de que, com freqüência, os remédios prescritos eram claramente errados e prejudiciais do ponto de vista do bem-estar físico. Jilek-Aall descreve procedimentos de parto ditados pelos costumes, em certas partes da África, que desafiam o curso da natureza. O resultado é uma elevada mortalidade infantil e alta incidência de epilepsia — doença que, como se sabe, está relacionada ao trauma do nascimento.[19] Outras condições da antiga vida tribal, tais como graves doenças debilitantes devidas à alimentação e à água impuras, infestações violentas de parasitas e expectativa de vida limitada eram consideradas condições de vida normais. Nossa avançada tecnologia visando às condições sanitárias e à nutrição reduziram significativamente esses problemas nos países industrializados. Até em culturas que ainda mantêm atividades xamânicas, os recursos de saúde importados parecem ser considerados uma providência de primeira linha contra ferimentos, infecções e doenças endêmicas.[20]

24

Infelizmente, a "civilização" criou novos problemas de saúde no lugar daqueles que melhorou. Por exemplo, na medicina ocidental contemporânea, as passagens naturais da vida são vistas como doenças ligadas a uma deficiência que requer atenção médica. Bebês recém-nascidos, grávidas, mulheres na menopausa e pessoas que simplesmente chegaram à velhice são hospitalizadas e medicadas como se houvesse patologia. Até mesmo casamento e morte exigem o certificado legal da sanção médica. Em nossa sociedade, os ritos de crescimento voltaram-se para o sistema de saúde; assim, a maturação natural e a fruição da condição humana são consideradas doenças que requerem intervenção.

Os xamãs são, de modo muito diferente, figuras essenciais nos ritos de passagem de suas respectivas culturas. Sua sabedoria é consultada nos eventos considerados críticos para a vida, tais como dar nome a uma criança, busca da visão ou ritos de puberdade que significam o início da responsabilidade adulta; e cerimônias de nascimento e casamento. Isso é lógico na cultura xamânica, em que o xamã, além de curador, tem o papel de filósofo/sacerdote que convive intimamente com o sobrenatural.

A função de qualquer sistema de saúde de uma sociedade está essencialmente vinculada às convicções filosóficas de seus membros sobre a finalidade da própria vida. Para as culturas xamânicas, essa finalidade é o desenvolvimento espiritual. Saúde é estar em harmonia com a visão de mundo. Saúde é uma percepção intuitiva do universo e de todos seus habitantes como seres de um único estofo. Saúde é comunicar-se com animais, plantas, estrelas e minerais. É conhecer morte e vida, e não ver entre elas diferença alguma. É misturar e fundir, procurando o isolamento e o companheirismo para compreender nossas múltiplas identidades. Ao contrário das noções mais "modernas", na sociedade xamânica, saúde não significa sentir nada; nem significa ausência de dor. Saúde é buscar todas as experiências da Criação e vivenciá-las, sentindo sua textura e seus múltiplos significados. Saúde é expandir-se para além do próprio estado de consciência para experimentar os sussurros e vibrações do universo.

Quem se torna xamã?

Aparentemente, homens e mulheres apresentam idêntico potencial para a prática xamânica, mas, nas culturas em que as exigências da vida diária são grandes e contínuas para as mulheres, os homens podem simplesmente ter mais tempo livre para dedicar-se a um treinamento xamânico prolongado. O conhecimento pessoal e o poder do xamã são obtidos em muitas e muitas viagens aos outros reinos da consciência e "anos de experiência xamânica são habitualmente necessários para alcançar um alto grau de conhecimento do quebra-cabeças cósmico".[21] Assim, a motivação, a disposição e o tempo para se comprometer com um longo período de aprendizado são pré-requisitos para ingressar nesta profissão, a mais antiga de todas.

A prática do xamanismo é sempre considerada repleta de graves riscos para a vida e o bem-estar do praticante e, em certos casos, as mulheres podem estar mais capacitadas ou dispostas a percorrer o território do sobrenatural. Na China, o "despertar da alma", aspecto particularmente perigoso do xamanismo, é quase sempre praticado por mulheres. Kendall, em trabalhos recentes sobre o xamanismo asiático, observa que as mulheres das periferias da família chinesa eram as únicas que ousavam mediar com os ancestrais, pois tinham muito pouco a perder ao se entregarem a uma tarefa tão temível. Quando as circunstâncias econômicas levavam-nas a ter de contar com seus próprios recursos, elas usavam capacidades intuitivas, em uma aplicação sobrenatural, para "esquivar-se das vicissitudes de uma sociedade dominada pelo homem".[22] Isso também acontecia na Europa, onde as oportunidades econômicas, para mulheres que não fossem bem-nascidas, iam do escasso ao inexistente, até este século.

Houve, nos textos antropológicos, um longo debate sobre se o xamanismo seria um abrigo para personalidades perturbadas. Esse tópico será abordado mais tarde, quando discutirmos xamanismo e esquizofrenia. Como a prática xamânica é altamente desenvolvida na área circumpolar, tem havido algumas especulações sobre se transe xamânico e outros comportamentos representariam histeria ártica e seriam função do extremo frio, da solidão desértica e de diversas deficiências de vitaminas. Essa explicação pode ser prontamente descartada, pois práticas xamânicas similares ocorrem nos trópicos.[23] Outros sugeriram que há xamãs porque a sociedade, geralmente, encoraja certas categorias de pessoas oprimidas — habitualmente mulheres, no xamanismo asiático — a usarem a inspiração divina como "estratégia compensatória".[24]

Os requisitos básicos para ser xamã incluem capacidade para criar uma atmosfera de reverência, poder espiritual e onisciência, e resistência para manter um desempenho que exige concentração durante horas e até mesmo semanas.[25] A inclinação para o xamanismo é demonstrada pelo relato de ocorrências sobrenaturais durante a busca da visão, sonhos repletos de mensagens e premonição ou talentos como clarividência. Os comportamentos presumíveis do candidato tendem a indicar uma capacidade imaginativa maior do que a habitual e/ou uma milagrosa capacidade para recuperar-se de uma doença significativa — daí as noções de "doença divina" e do "curador ferido" que prevalecem em toda a literatura sobre xamanismo.[26]

A doença e o chamado iniciático

A doença tem pelo menos dois papéis na escolha xamânica da vocação. Primeiro, ser acometido por certas doenças pode automaticamente incluir alguém nas fileiras dos xamãs potenciais. Na Sibéria, por exemplo, ter epilepsia ou outras doenças nervosas é uma clara indicação de talento xamânico. Em segundo lugar, o chamado iniciático, em que a vocação é revelada, pode sobrevir durante uma crise física ou mental aguda. Essa questão é abordada por Joan Halifax, que conta que a iniciação sobrevém, com freqüência, da crise provocada por uma doença grave que envolve um encontro com forças da decadência e da destruição. "A doença torna-se, assim, o veículo para um plano mais elevado de consciência."[27] Ela se refere ao xamã Matsuwa, que não recebeu o xamanismo até perder a mão direita e mutilar o pé. Só perante a crise iminente é que ele reconheceu seus poderes.

Há um relato da iniciação de um xamã, um homem atacado por varíola, que permaneceu inconsciente por três dias. No terceiro dia, ele parecia tão inerte que quase foi enterrado. Ele teve visões em que descia ao inferno, onde foi carregado para uma ilha sobre a qual se erguia a Árvore do Senhor da Terra. O Senhor deu-lhe um galho da árvore para com ele fazer um tambor. Prosseguindo, ele chegou a uma montanha. Entrando em uma caverna, viu um homem nu, que o agarrou, decepou-lhe a cabeça, cortou seu corpo em muitos pedaços e cozinhou-o em uma caçarola durante três anos. Decorrido esse tempo, seu corpo foi reconstituído e revestido de carne. Durante suas aventuras, ele encontrou xamãs malvados e senhores das epidemias, que lhe transmitiram instruções sobre a natureza da doença. Ele foi fortalecido na terra das mulheres xamãs, que lhe ensinaram a "ler dentro de sua cabeça", a ver misticamente sem seus olhos normais e a entender a linguagem das plantas. Quando, finalmente, despertou ou, melhor, foi ressuscitado, pôde começar a praticar o xamanismo.[28]

Até mesmo na avaliação da medicina e da ciência contemporâneas os xamãs escolhidos por causa da doença física tinham poderes especiais. Uma pessoa que sobreviveu à varíola, a mais temida de todas as pragas, conseguia caminhar entre os doentes e tratá-los sem receio de contrair a infecção. Qualquer contato com a morte, por mais breve que fosse e do qual a pessoa emergisse tendo conhecimento daquele encontro, bem como uma imunidade especializada, deveria ser considerado um claro chamado para curar. É um pressuposto razoável o de que os xamãs tinham um magnífico conjunto de células brancas no sangue.

Morte/renascimento como tema recorrente

Relatos de iniciações assustadoras não são incomuns. Essas provações ocorrem, sobretudo, durante as buscas rituais da visão, quando se procura uma vocação, após dias de jejum e isolamento. Dessa forma, o brio e a motivação dos futuros xamãs são testados. O tema subjacente é, repetidas vezes, o da morte e renascimento, em visões bastante comuns de desmembramento e reconstituição física.

Jilek relata um exemplo contemporâneo do mito de morte e renascimento ocorrido no ritual de iniciação dos índios salish. Esses índios acreditam que o poder xamânico de cura é acessível a todos, sendo "uma compensação divina pelos avanços tecnológicos da civilização branca". Os escolhidos para exercer o poder são chamados de dançarinos do espírito e são iniciados por um período que se estende por mais de uma semana. Durante esse tempo, de acordo com um relato, "chama-se um novo dançarino de bebê, porque ele está começando novamente a viver... ele é indefeso". De acordo com outro testemunho, "eles (os iniciadores) te matam como uma pessoa má, eles te revivem para ser uma nova criatura, é por isso que te dão uma cacetada e você desmaia, mas volta...".[29]

A iniciação xamânica dos salish inclui, primeiramente, um período de tortura e privações: levar cacetadas, ser mordido, jogado de um lado para outro, imobilizado, ter os olhos vendados, ser objeto de caçoadas, passar fome. Quando o iniciado "aprende bem a lição" ou quando a lousa de sua mente é inteiramente apagada, o espírito guardião ou animal de poder aparece. Esta segunda fase da iniciação é acompanhada de uma atividade física significativa: correr descalço na neve, nadar em águas gélidas, dançar e tocar tambor até a exaustão. Durante o período de doutrinação, os índios narram a entrada em estados de transe ou bem-aventurança, que alguns compararam com a embriaguez pelo álcool ou com o uso da heroína. Outros declaram: "Eu dava saltos de dez metros de altura e tive tamanha emoção, foi um sentimento fantástico, como se estivesse flutuando, como se estivesse no ar..."; "Parece-me que este poder é como a eletricidade. É por isso que eu não deixaria ninguém dançar atrás de mim... É uma força que faz você dançar, algo como um choque... você ouve apenas sua canção e os tambores...".[30]

As cerimônias dos índios salish estão sendo novamente praticadas e o número de dançarinos do espírito cresce a cada ano. Essas cerimônias foram suprimidas por cerca de um século, devido ao receio de que pudessem ameaçar a religião e o governo do homem branco. Agora, a dança do espírito serve para reintegrar aqueles que foram alienados de suas comunidades e como tratamento para distúrbios psicofisiológicos ou comportamentais. Os dados de Jilek sobre a eficácia da dança na cura do alcoolismo são impressionantes.

O estado de consciência xamânico

O estado de consciência xamânico (que Harner denomina SSC — *shamanic state of consciousness*) é a verdadeira essência do xamanismo; é fundamental na premissa de que o xamã é, tanto no passado como no presente, o mestre da imaginação como agente de cura. Os xamãs dizem ser capazes de entrar quando querem em um estado especial de consciência, que leva a capacidades especiais para resolver problemas. Os rituais xamânicos — tambores, cânticos monótonos, jejum e permanecer desperto — permitem ao xamã mergulhar em um estado semelhante ao do sonho, algo entre o sono e a vigília, em que são possíveis vívidas experiências mentais.

Risse diz que, no estado de consciência usado na cura xamânica, empregam-se recursos mentais aos quais as pessoas hoje já não têm acesso ou não estão interessadas em usar, por causa da atual confiança no pensamento consciente, racional e coerente. No caso de problemas difíceis, em vez de voltar-se para a racionalidade, o xamã volta-se para as experiências internas para encontrar soluções, recorrendo às memórias sensoriais, bem como às abstrações e aos simbolismos. "Ele relembra o fluxo de suas imagens subconscientes sem usar os poderes críticos ativados pela consciência, como a rede de causalidade, tempo e espaço."[31] O xamã, com efeito, está se ligando a um banco de dados que não pode ser conhecido na vigília, no estado normal de consciência. Uma descrição do estado xamânico de consciência que permita verificação externa, reprodutibilidade e seja confiável para os observadores é o mais confiável para esta geração acostumada à tecnologia científica, para compreender como a imaginação do xamã pode atuar sobre outra pessoa no diagnóstico e na cura, conforme se alega.

Carlos Castañeda, em muitas histórias de sua iniciação por Don Juan, o xamã iaqui, faz uma distinção crítica entre os tipos de consciência. Ou seja, há uma realidade ordinária (o estado ordinário de consciência (OSC — *ordinary state of consciousness*, como Harner a chama) e uma realidade não-ordinária (estado xamânico de consciência).[32] A viagem de cura xamânica acontece na realidade não-ordinária. Negligenciar essa distinção e não compreender tudo que as definições implicam levou a conclusões errôneas sobre a cura xamânica. A crença de que os xamãs lidam basicamente com casos psiquiátricos (usando assim a imaginação para curar apenas males imaginários) ou de que as capacidades do xamã se baseiam em truques e alucinações (isto é, os próprios xamãs seriam casos de psicopatologia) é uma falha do observador em compreender as ramificações dos diferentes estados de consciência.

Para o xamã há vários níveis da realidade e de alguma forma ele existe em todos eles, percebendo freqüentemente uma existência simultânea em um ou vários planos. O xamã poderá estar realizando sua jornada no estado xamânico de consciência, mas, ao mesmo tempo, poderá estar alerta, perceptivo e até mesmo lúcido no estado ordinário de consciência.[33] Os mundos do sonho ou da fantasia não são menos "reais" do que o mundo percebido no estado de consciência ordinário, desperto — só diferentes. O tesouro de informações de que o xamã dispõe é abordado e aplicado em um estado especial, ou "lugar", que permite interações entre vivos e não-vivos, animais e, literalmente, entre todas as partículas do universo. Sobre isso, há uma concordância transcultural surpreendente, o suficiente para envergonhar nossas almas ocidentais por não terem tentado colher mais cedo informações dessa milenar escola médica.

Pessoas acostumadas a pensar em termos de mais de uma realidade, como os metafísicos, certos físicos quânticos e místicos, não têm problemas para compreender as implicações da consciência xamânica. Quando os pensamentos são concebidos como coisas ou as coisas, como pensamentos (ou, mais precisamente, o inevitável, eterno intercâmbio entre massa e energia), então o sistema xamânico, tal como corporificado em um estado especial de existência, pode ser considerado algo mais que um amontoado exclusivo de comportamentos supersticiosos, charlatães desonestos e pacientes crédulos e desesperados (embora não se deva deixar de dizer que há fraude crassa em todos os sistemas de cura, inclusive no xamanismo).

As implicações da existência de uma realidade não-ordinária, mas real, devem ser examinadas primeiramente em termos de rituais e símbolos empregados nas cerimônias de cura. "Ritual" e "símbolo" são conceitos que as culturas ocidentais contemporâneas muito apreciam como atos metafóricos ou pretensamente. No estado xamânico de consciência, entretanto, eles se tornam — e na verdade *são* — aquilo que os xamãs dizem que representam. Quando um xamã veste a pele de seu animal de poder e dança em torno da fogueira, é o poder do animal dançando no estado xamânico de consciência — não o de um homem com uma pele em uma encenação teatral. Quando um xamã suga um objeto sangrento do peito de um paciente enfermo ou aperta a barriga de outro paciente, dela retirando uma aranha e proclamando ter extraído a doença, o cientista ocidental tende a avaliar esse desempenho, similar ao de um mágico, em termos da realidade ordinária. A cura permitiu que o paciente ficasse fisicamente bem? Aquela "coisa" tirada do paciente estava medicamente relacionada com a doença?

Essas perguntas são irrelevantes para o conceito de saúde xamânico. Ficar bem pode ter pouco ou nada a ver com o corpo; e como não há algo como um símbolo, apenas a própria coisa, a moela de uma galinha ou a penugem manchada de sangue são exatamente aquilo que o xamã afirma que elas são — é isto que foi revelado durante o estado xamânico de consciência. Os símbolos são o modo de o xamã filtrar a viagem e apresentar uma informação de modo que a comunidade possa avaliar. Não há mentiras, mas um sistema para comunicar uma realidade pouco compreendida.

O estado xamânico de consciência representa um discreto estado alterado de consciência, de acordo com as categorias propostas por Charles Tart.[34] A realidade encontrada é diferente daquilo que Tart chama de realidade consensual (realidade ordinária de Castañeda e estado ordinário de consciência de Harner), mas não deve ser, necessariamente, equiparada com outros tipos de estados alterados de consciência, tais como os observados nos estados REM, movimento rápido dos olhos, durante o sono ou sono com sonhos, hipnose, meditação, estado de coma ou devido à ingestão de drogas psicodélicas. Peters e Price-Williams analisaram as práticas xamânicas em quarenta e duas culturas e concluíram que o êxtase xamânico era um tipo específico de estado alterado de consciência.[35] A noção de que há apenas uma realidade consensual e de que qualquer percepção diferente é patológica, tem retardado significativamente a taxonomia dos estados alterados de consciência. Proponho que o estado xamânico de consciência é diferente dos estados acima citados, mas pode corresponder ao plano da consciência descrito pelos místicos e exposto por especialistas no assunto, como Evelyn Underhill e William James, isto é, um estado de *insight* da verdade profunda, não explorado pelo intelecto discursivo e usado para estabelecer uma relação consciente com o Absoluto.[36]

O estado xamânico de consciência corresponde, significativamente, à descrição de Lawrence LeShan, da "realidade clarividente", por ele usada para descrever estados vivenciados por místicos e curadores mediúnicos. Ele contrapõe a realidade clarividente e realidade sensorial, em que a informação chega através dos sentidos, o tempo é descontínuo e segue apenas em uma direção, o espaço servindo como barreira para a troca de informações. A realidade clarividente por ele descrita é atemporal e nela pode haver objetos, mas apenas como parte de um todo unificado, e nem o tempo, nem o espaço podem impedir a troca de informações.[37] Sua definição, portanto, se aproxima da idéia de uma realidade não-ordinária, conforme foi descrita por Castañeda, bem como do estado xamânico de consciência. As profundas pesquisas de campo de LeShan, realizadas com refinada visão científica, capacitaram-no a classificar os tipos de cura mediúnica, a reproduzi-las em ambientes controlados e, mais tarde, a desenvolver um quadro teórico para esses eventos. É assim que deve começar qualquer busca científica.

O trabalho de LeShan tem grande relevância para o tema deste livro. Embora eu não tenha mencionado especificamente o termo "psíquico", a cura psíquica, tal como ele a descreve, tem a marca daquele tipo de cura por meio da imaginação que eu já inseri na categoria de cura transpessoal. Pode-se argumentar que os místicos e os curadores psíquicos também são xamãs, pois entram à vontade em estados alterados de consciência para ajudar outras pessoas, trabalham com espíritos-guia etc. No entanto, a definição do xamanismo significa que um papel social é preenchido, integralmente, e reconhecido pela comunidade.[38] Os curadores psíquicos e os místicos, normalmente, não cabem nesta última qualificação. O certo é que aquilo que LeShan e outros denominam fenômenos mediúnicos constituem aspectos do xamanismo: clarividência, premonição, telepatia, mediunidade, métodos especiais de diagnóstico e capacidades de cura. Independentemente da terminologia, o território parece ser o mesmo. É neste espírito que LeShan cita o visionário Louis Claude de Saint-Martin: "Todos os mistérios falam a mesma língua e têm origem no mesmo país".[39]

De acordo com LeShan alcança-se a realidade clarividente por meio de preces ou de técnicas que se acercam daquele a ser curado com uma perspectiva espiritual ou alguma outra técnica, como meditação, que altera o estado de consciência. O curador não tenta fazer o que quer que seja para aquele que procura a cura; simplesmente tenta unir-se à pessoa, fundir-se e tornar-se um só com ela. Uma dedicação ou um amor intenso e profundo, dirigido àquele que vai ser curado, é o cerne do mecanismo de cura. O curador e o paciente, em um determinado momento, "sabem" qual é a parte integral que ocupam no universo, colocando o paciente em uma posição existencial diferente. "Ele (o paciente) estava de volta ao lar, no universo; já não estava mais separado dele... Estava completamente envolvido e incluído no cosmo, com seu 'ser', sua 'unicidade' e sua individualidade intensificadas."[40] LeShan notou que, nessas condições, algumas vezes ocorriam mudanças biológicas positivas.

O estado xamânico de consciência na perspectiva da pesquisa

A "realidade clarividente", o estado xamânico de consciência, a experiência mística que traz do além o conhecimento e a percepção de fontes, só podem ocorrer se as barreiras que separam o eu do não-eu se tornarem fluídas e a imaginação for além do intelecto. Isso significa que as barreiras também são função da imaginação, e podem ser erguidas durante estados específicos de consciência. De acordo com os relatos daqueles que viajaram até essas outras realidades, como observamos em LeShan e outros, basta "estar" lá, com o expresso propósito de se curar, para que a cura aconteça realmente. Cabe lembrar que, no universo xamânico, saúde é harmonia. O curador transpessoal alega ser capaz de rearmonizar ou "curar" o paciente reajustando sua relação com o resto do universo, e pode fazer isso no momento em que reconhece a unidade divina.

Como é que isso pode ser compreendido em um contexto mais científico? As equações e as "experiências com o pensamento" dos físicos quânticos, bem como seus comentários sobre o comportamento do universo como metáfora de suas observações das partículas subatômicas, foram empregadas por LeShan associados ao seu tratamento da realidade clarividente e experiência mística, e por Capra, para estabelecer uma analogia entre a experiência do místico, a realidade xamã, e outras, similares.[41]

Além da validação consensual dos aspectos fenomenológicos do estado xamânico de consciência e das analogias quânticas, há escassas informações sobre seus correlatos bioquímicos ou neurofisiológicos. Joey Kamiya tentou, recentemente, obter registros fisiológicos de Michael Harner durante uma viagem xamânica. No entanto, ele sente que os objetos que se movem forneceram dados cuja validade é questionável.[42] A maior parte do equipamento-padrão usado para monitorar a função fisiológica, particularmente as ondas cerebrais, requer um objeto de estudo que fique parado. Novos avanços nos dispositivos de registro telemétrico deverão ser úteis para registrar e descrever o estado xamânico de consciência para diferenciá-lo de outros tipos de estados alterados.

Dois tipos de dados podem ter relevância para se compreender o estado xamânico de consciência a partir da posição privilegiada da ciência básica. Um conjunto de informações provém de indivíduos que tiveram seus parâmetros fisiológicos registrados durante experiências que eles descrevem como experiência fora do corpo; o segundo provém de estudos dos efeitos do estímulo reduzido. O primeiro exemplo é um estudo de caso simples, mas bem documentado por Tart, que registrou as ondas cerebrais, a reação galvânica da pele e os batimentos cardíacos de uma mulher que viveu a experiência de estar freqüentemente fora do corpo durante o sono. Seus resultados foram bem surpreendentes. Durante o período em que, segundo o relato, ocorria a experiência de estar fora do corpo, a atividade alfa era 1 1/2 ciclo por segundo mais lenta do que o estado alfa normal da paciente, e não foi registrado nenhum movimento rápido dos olhos, que, normalmente, acompanha os sonhos. Outros parâmetros fisiológicos indicaram que não havia excitação fisiológica, apesar dos relatos de uma atividade mental aumentada. Tart notou que um estado como este jamais fora descrito na literatura sobre o sono: não podia ser classificado como quaisquer dos estágios conhecidos do sono, não era um padrão, Estágio N. 1 (sonolência), e não era um padrão desperto.[43]

Embora os xamãs costumem descrever viagens fora de seus corpos, a lugares estranhos e exóticos, os estados fora do corpo parecem ter algo incontrolável, que difere do estado xamânico de consciência. Em conseqüência, os dados da experiência fora do corpo podem não ser verdadeiramente representativos. Podem ser mais relevantes as informações sobre sonhos lúcidos, ou sonhos em que há o controle pela consciência sobre os conteúdos e o sonhador está consciente de existir, simultaneamente, no sonho e na realidade ordinária. O sonho lúcido está associado à experiência mental vívida, a um senso de dissociação e sentimentos de sair do corpo físico. A capacidade de sonhar assim foi bem descrita, por Castañeda e outros, como algo importante para a "visão" xamânica.[44] Tanto quanto eu saiba, ainda não dispomos de parâmetros fisiológicos sobre esse fenômeno.

"Viagens" fora do corpo têm sido registradas após períodos significativos de privação sensorial, sobrecarga sensorial ou estimulação monótona ou repetitiva — os três fazem parte do ritual para alcançar o estado xamânico de consciência. Um dos paradigmas experimentais mais lógicos para investigar este estado, conseqüentemente, é uma situação de privação sensorial controlada ou a técnica de estimulação ambiental restrita (REST — *restricted environmental stimulation technique*, é o acrônimo escolhido pelos principais investigadores dessa área).

O meio experimental costumeiro envolve um tanque de flutuação ou uma sala com estimulação reduzida. As descobertas resultantes de um amplo trabalho nessa área, conforme relatado recentemente em trabalho de Suedfeld, cuidadoso e de grande qualidade acadêmica, indicam que a resposta a uma estimulação reduzida ou restrita é específica de uma cultura e se manifesta de modos determinados e se modifica com o tempo, à medida que a ansiedade, a motivação e todo o contexto da experiência são alterados.[45] A maior parte das pessoas, seguramente, não sofre privação sensorial para alcançar o estado xamânico de consciência, e raramente são realizadas experiências que estudem o efeito da privação sensorial na autodescoberta ou nos estados transcendentais. Generalizações da privação sensorial para o estado xamânico de consciência devem ser feitas tendo essa precaução em mente.

É sobretudo no tanque de flutuação que os vínculos lógicos entre eu e não-eu são rapidamente dissolvidos. O corpo flutua livremente, não é constrangido pela roupa; os sistemas sensorial e motor não são solicitados e não há competição para a energia requerida pela imaginação. O cérebro tem espaço e tempo para funcionar livremente em áreas que estão além da atividade motora. Entre os pesquisadores, há amplo consenso de que, sob tais condições, criatividade e capacidades especiais para resolver problemas são intensificadas, e imagens visuais vívidas são comumente relatadas como fonte de nova informação.

Em alguns dos mais antigos trabalhos realizados na área da privação, Heron e Zubek, Welch e Saunders relataram inusitadas alterações para uma atividade alfa mais lenta, subseqüente a um período de, respectivamente, 96 horas e 14 dias de privação da percepção, correspondente às descobertas de Tart sobre a experiência fora do corpo.[46] Suedfeld, ao revisar as descobertas sobre ondas cerebrais e a privação sensorial, confirma esse efeito sobre a atividade alfa e cita indícios que apontam para sua persistência decorridos alguns dias após a permanência em uma situação de privação sensorial.[47] Nota-se um aumento das ondas teta (ondas cerebrais muito lentas, associadas à criatividade), sobretudo na região temporal do cérebro, mas não com a mesma consistência da alteração das ondas alfa. Em conseqüência, parece que uma redução do ritmo da atividade alfa pode ser relevante para discriminar aspectos do estado xamânico de consciência, mas o significado dessa relação permanece obscuro.

O papel da estimulação reduzida quanto a facilitar estados alterados de consciência ainda não foi bem estudado, embora alterações de consciência, fenômenos extracorporais e experiências transcendentais sejam freqüentemente relatados por pacientes envolvidos na pesquisa.[48] Não surpreende que isso não seja tema da própria pesquisa, tendo em vista a proibição científica de estudar algo além da realidade consensual. O trabalho de John Lily constitui, é claro, notável exceção, na medida em que explorou as profundezas de sua própria consciência durante a flutuação, e analisou-a combinando os pontos de vista científico e místico.[49]

A experiência mental asssociada à privação sensorial foi revista por Zuckerman, que conclui que os fenômenos são, basicamente, visuais (em oposição aos fenômenos auditivos, como no caso das alucinações) e vão do simples ao complexo à medida que aumenta a duração do tempo nas situações de estimulação ambiental restrita.[50] Suedfeld revisa um trabalho de G. F. Reed que descreveu a intensificação da imaginação involuntária, sobretudo a associada à privação sensorial, como um corolário da desintensificação do pensamento lógico, analítico, que é baseado em símbolos verbais. Além disso, ele levanta a hipótese de que a privação dos estímulos aumenta a prevalência dos procedimentos intuitivos, configurativos (tipo de processamento da informação que, com ou sem razão, acabou caracterizando o hemisfério direito do córtex cerebral), às expensas da análise, da linguagem e da lógica (atividades atribuídas ao hemisfério esquerdo). A técnica de estimulação ambiental restrita é sugerida como "um modo ambiental de obter domínio temporário sobre o funcionamento do hemisfério direito... e talvez uma analogia, externamente estruturada, da meditação e de estados similares".[51]

O xamanismo e a esquizofrenia

Trava-se entre os estudiosos um persistente debate sobre se o xamanismo é ou não uma vocação culturalmente atribuída às pessoas mentalmente perturbadas, em particular os esquizofrênicos. Embora esta posição constituísse o ponto de vista antropológico até os anos quarenta,[52] hoje ela tem poucos partidários. Entre os mais freqüentemente citados, estão Devereux, que sustenta com firmeza que não há motivo para não considerar os xamãs neuróticos, e até mesmo psicóticos; e Silverman, que associa o estado xamânico de consciência à esquizofrenia aguda.[53] Por outro lado, Jilek acha o rótulo de patologia "absolutamente insustentável",[54] após seus anos de experiência com xamãs na América do Norte, África, Haiti, América do Sul, Tailândia e Nova Guiné. Ele tem formação em psiquiatria e antropologia, e acredita que a opção pela patologia será progressivamente refutada, à medida que se expandir o campo da psiquiatria transcultural.

Um artigo recente e definitivo, da autoria de Richard Noll, recapitula as colocações dos dois pólos da controvérsia e conclui que a metáfora da esquizofrenia resulta de um fracasso em discriminar diferenças fenomenológicas entre o estado xamânico de consciência e o estado esquizofrênico de consciência.[55] Ele afirma que a distinção mais importante é pertinente à volição: o xamã, como "mestre do êxtase",[56] entra e sai conforme deseja do estado alterado; o esquizofrênico não tem controle algum sobre esta atividade e é uma infeliz vítima da delusão, com uma notável deterioração no desempenho dos papéis. Harner enfatiza que o xamã deve comportar-se de modo apropriado tanto na realidade ordinária, como no estado xamânico de consciência para ser uma pessoa crível e manter seu *status* na comunidade.[57] Distinguir conteúdos dos diferentes níveis de realidade é impossível para o esquizofrênico, mas, conforme coloca Noll, "a validade de ambos os reinos é reconhecida pelo xamã, cuja mestria deriva de sua capacidade de não confundir os dois".[58]

Sem querer estender-me demais nesse assunto — seria de esperar que ele padecesse de morte natural por falta de provas em apoio da posição favorável à esquizofrenia — gostaria de mencionar duas questões relevantes. A primeira delas é uma reafirmação de que o problema da identificação entre o papel e a pessoa do xamã, bem como do místico, decorre da categorização psicológica ocidental de todos os comportamentos que não sejam "norma" (ou comum à maioria) como desviante no sentido negativo. A psicologia tradicional não dispõe de arcabouço teórico para abarcar o "supranormal" — o gênio criativo, o altamente imaginativo, a pessoa que entra em estados alterados de consciência por sua própria vontade —, exceto para classificar esse indivíduo como mentalmente doente ou muito próximo disto. As novas teorias do desenvolvimento da personalidade, propostas por Ken Wilber e Elmer e Alyce Green, e as visões da psicologia propostas por James Hillman, incluem o conceito de que "normal" não é, de modo algum, a possibilidade mais evoluída.[59]

A segunda questão é que tem havido uma tendência, de alguns observadores, de elevar o *status* tradicional da esquizofrenia[60] e da epilepsia,[61] considerando-as capazes de potencializar um tremendo *insight* e uma percepção psicológica que não diferem dos relatados pelos místicos. A prática, antiga e amplamente difundida, de conceder aos epiléticos uma posição favorecida nas fileiras do xamanismo, as observações segundo as quais o êxtase xamânico assemelha-se a uma espécie de ataque controlado, e a forte angústia física e mental associadas à iniciação ou "apelo divino" do xamã[62] devem ser melhor investigadas.

As pessoas diagnosticadas esquizofrênicas e com algumas formas de epilepsia têm em comum uma atividade mental excepcionalmente elevada. Em alguns tipos de epilepsia, as ondas cerebrais do paciente são caracterizadas por repentes de uma atividade cerebral persistente, inicialmente localizada, mas que se expande, recrutando a participação de outros neurônios, até haver uma explosão elétrica, que resulta em um ataque, seguido de um estado de coma. É possível que ocorram auras, alucinações, intensa atividade motora e fenômenos sensoriais estranhos. O esquizofrênico também se vê diante de um desencadear de imagens mentais — de tal modo que a figura não fica bem separada do fundo e o mundo interior torna-se um zumbido ativo e incoerente. A experiência interior e os fatos percebidos por meio dos sentidos não são bem discriminados. Devido à violência do bombardeio dos neurônios, é possível que os pacientes esquizofrênicos e epiléticos possam vivenciar tudo que a mente tem a oferecer, desde imagens as mais primitivas, pré-verbais, até vislumbres de paisagens transcendentais de que falam xamãs e místicos.

Conforme colocou Wilber, sobre o esquizofrênico: "A desorganização das funções de filtragem e de editoração da translação egóica (processo secundário, princípio da realidade, estruturação da sintaxe etc.) deixa o indivíduo aberto e desprotegido nos níveis *mais baixos e mais elevados* da consciência". E ao discriminar o estado místico da fenomenologia do esquizofrênico, ele admite que o místico está explorando e se assenhoreando de alguns dos mesmos planos mais elevados que se apoderam do esquizofrênico. Em contraste, "o místico *procura* uma evolução progressiva. Prepara-se para isso. Tendo sorte, precisará da maior parte de sua vida para chegar às estruturas permanentes, maduras, transcendentais e unitárias". Ele afirma também que "o misticismo não é regressão a serviço do ego, mas evolução por transcendência do ego".[63]

Os estudiosos contemporâneos, que vêem um estado de consciência evoluído como pré-requisito para a vocação, com toda certeza poderão concordar que essas colocações são representativas dos xamãs.

Após essa tentativa de documentar a sanidade dos xamãs, seja ela ou não amplamente aplicável a todos os que se autodenominam xamãs, passemos a comportamentos mais específicos, reputados por invocar os poderes de cura da imaginação.

Preparando o palco: rituais e símbolos

Os rituais e símbolos xamânicos representam uma das sagas mais fascinantes sobre como os seres humanos tentam relacionar-se com o sobrenatural para criar uma condição de saúde no sentido mais amplo. Meu objetivo, porém, não é apresentar um compêndio da prática xamânica, pois isso já foi feito, e muito bem, por autores cujos nomes são citados neste capítulo. Tentarei apenas resumir e dar alguns exemplos.

Pode-se destacar dos volumosos escritos sobre ritual e prática xamânica quatro questões. A primeira, que nunca será devidamente enfatizada, já foi discutida: os rituais e símbolos de cura têm um significado muito diferente e, ainda assim, muito real, na realidade não-ordinária ou estado xamânico de consciência. A segunda questão é que muitos rituais e símbolos são culturalmente determinados e só falam às necessidades de uma população específica. A terceira é que há símbolos e rituais análogos em todas as parte do mundo, indicando uma espécie de inconsciente coletivo. Finalmente, e da maior importância para a tese deste livro: embora esses instrumentos de trabalho não possam de modo algum ser separados ou subtraídos do conceito de xamanismo, não são os instrumentos e rituais que curam, mas o poder a eles conferido pela imaginação.

Antes de mais nada, discutirei as onipresentes práticas xamânicas.

Rituais para entrar em estado xamânico de consciência

Como os xamãs realizam seu trabalho de cura em um estado diverso do estado mental desperto, caracterizado pela onda cerebral beta e pelo pensamento linear, eles naturalmente têm de adotar, em primeiro lugar, modos satisfatórios de sair dessa condição. Isso constitui propriamente o início do ritual de cura, embora a cena do ritual possa ter exigido vários dias de preparação. Virtualmente, tudo que foi usado para realizar um estado alterado de consciência provavelmente foi incluído em um ou outro ritual xamânico, sendo a maioria das técnicas meios para a hipo ou hiperestimulação dos vários sistemas sensoriais. Alguns exemplos incluem:

38

1. Condições de intensificação da temperatura. A sauna ou cabana de suor é um meio comumente usado para induzir um estado alterado de consciência. Uma cabana típica pode consistir em uma armação feita de ramos de salgueiro, coberta com uma lona encerada ou qualquer outro material pesado que retenha calor. Pedras são aquecidas durante horas em fogo alto e, no momento em que a prática vai começar, elas são colocadas no centro da cabana. Em geral, há um modo prescrito para entrar e sair da transpiração, bem como canções e cantilenas de súplica, agradecimento e afirmação da conexão entre todos os aspectos materiais e imateriais do universo. O calor é aumentado periodicamente, jogando-se água sobre as pedras quentes. Ervas como a sálvia e uma espécie de erva-doce podem ser queimadas por seu aroma especial e significado sagrado.

Uma sauna, sem o ritual; é apenas quente; mas com o ritual, ela pode induzir um efeito sistêmico que envolve uma rápida aceleração dos batimentos cardíacos, náusea, tontura e síncope (desmaio) — sinais indicativos da condição que a medicina denomina insolação. Por vezes, eu me concentrei mais em sobreviver àquela provação do que em ter visões, mais em impedir que as lufadas de ar quente que eu inalava continuassem crestando minhas narinas, pulmões e mais além. Os índios não compartilham minhas preocupações sobre os possíveis efeitos negativos do procedimento e, freqüentemente, prescrevem-no como cura para doenças graves, até mesmo para jovens e pessoas idosas. O ritual da sauna tem também um sólido alicerce nas tradições européias, e os escandinavos empregam-no há séculos para promover a saúde do corpo e da mente. É inquestionável que a reação fisiológica a um estímulo tão intenso é parcialmente função do aprendizado.

Do ponto de vista físico, há um componente bioquímico — das altas temperaturas corporais febris, que refletem a reação natural às toxinas — relacionado com o sistema imunológico em ação. As elevadas temperaturas da sauna, artificialmente provocadas, podem imitar essa atividade ou induzi-la (como em um exercício aeróbico prolongado). Além do mais, o suadouro ou a sauna podem atuar como procedimento esterilizador, eliminando bactérias, vírus e outros organismos que proliferam à temperatura do corpo, mas sensíveis ao calor. O crescimento de tumores também pode ser inibido quando a temperatura normal do corpo é significativamente elevada. O calor aplicado em tumores vem constituíndo um tratamento experimental para o câncer em aproximadamente cinqüenta centros médicos nos Estados Unidos. Seymour Levitt, chefe de radiologia terapêutica do Hospital Universitário em Minneapolis, aperfeiçoou o tratamento empregando uma fonte de calor japonesa, que penetra profundamente na pele e aquece o tumor a uma temperatura de aproximadamente 47°. Aparentemente, o calor não é apenas eficaz para exterminar células cancerosas, mas também torna as células cancerosas sobreviventes mais vulneráveis à radiação e à quimioterapia. Em todo caso, tomar muita água e, em seguida, fazer uma sauna, resulta em sensações de desintoxicação e desanuviamento da mente. O próprio calor pode ajudar a criar um estado alterado de consciência e promove a intensa concentração necessária à cura.

Além de recursos externos como a sauna, a capacidade de autogerar calor interno é tipicamente relatada como necessária à cura xamânica. Uma das supostas derivações do vocábulo *shaman* é o védico *sram*, que significa "aquecer-se ou praticar austeridades".[64] De acordo com um xamã esquimó, "todo xamã verdadeiro tem de sentir uma iluminação em seu corpo, no interior de sua cabeça ou em seu cérebro, algo que reluz como fogo, que lhe dá o poder de ver com os olhos fechados na escuridão, nas coisas ocultas ou no futuro, ou nos segredos de outro homem".[65] A concordância com essa premissa encontra-se na publicação muito conhecida de Evans-Wentz sobre os iogues tibetanos que, de acordo com os escritos de Eliade, declaram ter a mesma habilidade do xamã.[66] Ao que se diz, os iogues avançados são capazes de gerar um calor psíquico que torna-os impermeáveis às temperaturas extremas, até mesmo a uma exposição prolongada à neve vestindo apenas uma camisa molhada com água gelada.[67]

Com o intuito de criar esse estado especial, os iogues recorrem à imagem mental, que inclui visualizar o sol em várias partes de seus corpos e o mundo sendo impregnado pelo fogo. Dizem que, em virtude da prática desses exercícios por longo período, o iogue tem a capacidade de conhecer os eventos passados, presentes e futuros.

A relação entre o estado hipermetabólico produzido pelo aumento do calor e a aquisição de um conhecimento inusitado está além de qualquer interpretação científica. Porém, basta levar em conta o inacreditável controle da mente sobre a fisiologia necessário para realizar alterações drásticas da temperatura. A regulação da temperatura é uma das funções autônomas mais complexas do corpo humano. A mera manutenção da temperatura homeostática requer uma interação permanente, a cada momento, entre a temperatura do ar, a temperatura da pele e um centro regulador no hipotálamo pré-óptico no cérebro. Essa regulação é necessária até mesmo quando estamos nus em um cômodo confortável, pois cerca de 12% do calor do corpo perde-se rapidamente nessas condições.

Para manter o calor do corpo em climas extremos, como no gélido Himalaia, ou para aumentar significativamente o calor do corpo acima dos níveis normais, como os xamãs relatam, o corpo dispõe de apenas três mecanismos conhecidos. São eles: tremer ou outra atividade muscular; excitação por substâncias químicas que aumentam os níveis de circulação da norepinefrina e epinefrina e, subseqüentemente, do metabolismo celular; e um aumento da liberação da tiroxina, que também aumenta a velocidade do metabolismo celular.[68] Pode-se elevar a temperatura externa desviando o calor interno do corpo para a periferia, por aceleração da velocidade do fluxo sangüíneo na pele. Conforme a abundante documentação existente na literatura sobre *biofeedback*, isso pode se realizar por meio de várias técnicas mentais, imaginação e relaxamento, bem como *biofeedback* da temperatura. Esses procedimentos foram usados com eficácia para tratar dezenas de desordens, tais como enxaqueca, síndrome de Raynaud e outros distúrbios da circulação, artrite, dor e doenças relacionadas ao estresse.[69] O aumento da temperatura periférica é indicador de uma redução da atividade do sistema nervoso simpático e, portanto, de uma redução da resposta ao estresse. É claro, nada disso tem qualquer relevância para um iogue tibetano ou para os xamãs do Ártico, que também enfrentam um frio extremo, pois o desvio do sangue para a periferia resultaria rapidamente em uma queda fatal da temperatura normal do corpo. Ao que tudo indica, os iogues e os xamãs descobriram um meio de continuar indefinidamente a troca do calor, e isso significa que eles têm a capacidade de regenerar por muito tempo as substâncias químicas envolvidas. Só podemos concluir que há uma poderosa capacidade de autoregular a resposta térmica e acrescentar que aqueles que se envolvem com essas questões consideram o calor interior um caminho para o conhecimento.

2. *Privação física ou sensorial.* A privação física assume muitas formas e a experiência mística a que ela induz não é uma característica unicamente das culturas xamânicas. Suponho que é uma infelicidade, para nós, que vivemos em circunstâncias em que não há privação, que esse conforto físico não gere misticismo. Por outro lado, o aumento do poder da mente de criar visões em circunstâncias de privação tem sido freqüentemente visto como o único fator que tornou a vida tolerável nos campos de concentração nazistas. "Os sonhos", contam os sobreviventes, "aqueles sonhos maravilhosos".

É típico que os xamãs jejuem antes de realizar um trabalho difícil. O jejum pode incluir abstenção de comida, sal e até de água. Outras privações incluem ficar sem dormir por várias noites, o que, aliás, pode ocorrer de qualquer modo no processo de um ritual prolongado. As xamãs européias, as bruxas, eram acusadas de comer apenas beterraba, raízes e frutos como amora, morango e framboesa (isto é, evitavam proteína animal e derivados do leite) para ajudá-las em sua viagem xamânica. Os xamãs huichol tradicionalmente jejuavam durante os vinte e um dias de sua viagem à terra do peiote, seu lugar de poder. Em algumas culturas, aquele a ser curado também pode ser aconselhado a abster-se de comida pelo período de alguns dias.

A abstinência sexual é universalmente usada para alterar os planos de consciência. Essa energia tão vital é redirecionada para a cura ou para produzir estados de bem-aventurança — como na prática oriental da kundalini. O xamã jívaro noviço, por exemplo, deve abster-se de sexo por pelo menos cinco meses, para obter poder suficiente para curar, e por um ano inteiro, para tornar-se realmente eficiente.[70] No cristianismo, entretanto, o celibato tem origem muito diversa e acreditava-se que protegeria os santos padres dos remanescentes do pecado original e assim aumentaria sua divindade.

O estado mental xamânico é intensificado durante a privação sensorial e física. A maior parte do trabalho cerimonial é realizado no escuro ou com os olhos vendados, para isolar da realidade cotidiana. Procura-se as visões permanecendo isolado em cavernas profundas ou na paisagem monótona da tundra ou do deserto. Nordland observou que os estudos sobre privação sensorial (abordados rapidamente no início deste capítulo) podem propiciar *insights* sobre o xamanismo. "Parece ter ficado claro que a monotonia constitui a base de muitas formas de xamanismo: cânticos monótonos, percussão de tambores, música, dança com movimentos rítmicos. Em outros momentos, pode haver restrição do movimento, fitar chamas, escuridão e até mesmo máscaras com efeitos especiais para os olhos."[71]

Em suma, os xamãs recorrem a vários meios de privação culturalmente sancionados para encontrar seu caminho para o estado xamânico de consciência. Seus métodos têm potencial para provocar significativas alterações físicas e mentais, induzindo desequilíbrios dos eletrólitos, hipoglicemia, desidratação, insônia e perda de energia sensorial. Em resumo, os xamãs parecem dispostos a impelir seus corpos aos limites fisiológicos, para despertar a mente. Aquilo que o mundo moderno considera uma ameaça perigosa para a saúde, até para a própria vida, é visto pelos xamãs como caminho para o conhecimento.

3. O uso de plantas sagradas. Substâncias alucinógenas são empregadas em todas as tradições xamânicas de cura como o caminho mais rápido para o encontro com o sobrenatural; é importante, entretanto, compreender que as plantas não são essenciais ao trabalho xamânico. Prem Das, jovem formado nas tradições ioga e huichol, considera as plantas sagradas apenas um passo intermediário, e diz que as práticas avançadas não necessitam delas. O tema cativou a imaginação dos antropólogos, nos anos 1960, quando houve um grande aumento da conscientização sobre as drogas nos Estados Unidos. A volumosa literatura disponível inclui: o papel dos alucinógenos nas tradições xamânicas da

América do Sul, da América do Norte e da Europa, estudado em um livro editado por Harner; Gordon Wasson estudou o uso do cogumelo agárico entre os siberianos, indianos orientais e escandinavos; Weston LaBarre escreveu um tratado clássico sobre o peiote; Peter Furst organizou um volume sobre o uso ritual dos alucinógenos.[72]

O antropólogo Carlos Castañeda também descreveu em amplos detalhes o uso de plantas de poder psicotrópico como ajuda visionária, enquanto esteve sob a orientação de Don Juan, o xamã iaqui. Nos círculos científicos, há diversas reações quanto à autenticidade e significado das experiências de Castañeda, mas concorda-se que, mesmo no caso de serem fabulação, ainda assim são extremamente representativas de encontros transculturais com o sobrenatural.[73]

A maioria das experiências de Castañeda não se encaixa propriamente na tradição xamânica de cura, mas deve ser classificada como feitiçaria ou busca do poder. No entanto, suas viagens para encontrar a passagem "entre os mundos" envolve o emprego de técnicas da imaginação idênticas às dos xamãs curadores. Don Juan guiou Castañeda em episódios posteriores ao uso da datura, do cogumelo psilocibe e do peiote. Mas recorreu às drogas só depois que ficou evidente que o estado de consciência desperto de Castañeda era excessivamente restrito para expandir-se à realidade mística, mágica, não-ordinária. Castañeda declarou que sempre questionaria a validade de suas experiências sob a influência das plantas psicotrópicas, e considerava que o estágio final da expansão da consciência — a percepção pura e extraordinária de ver o mundo sem interpretações — não era possível com drogas.[74]

Por outro lado, como há uma relação entre tradição xamânica e uso das plantas sagradas, devemos levar em consideração seu uso e, certamente, qual papel podem elas ter no renascimento do xamanismo. Em primeiro lugar, como foi mencionado, elas são um meio rápido para alterar a consciência. Em segundo lugar, nas sociedades sem escrita, morte e sonhos prenunciam outros estados, e a resposta a eles, o maior dos mistérios, era, mais provavelmente, procurada na experiência e não no discurso intelectual. Os notórios efeitos psicotrópicos das plantas de poder, tais como perda dos limites do eu, intensificação da percepção do entrelaçamento de todas as coisas e um senso de reverência e temor, deram aos xamãs o *insight* e o conhecimento, pelo qual ansiavam, do mundo além dos sentidos. Por causa dessas propriedades, as plantas são universalmente denominadas "remédios" e referidas como "sagradas". É impensável usá-las com propósitos recreativos.

Ao contrário daqueles com algumas convicções místicas, os xamãs não procuram a iluminação apenas para si, mas com o objetivo explícito de ajudar a comunidade. Seu caminho é circular, isto é, eles transitam para dentro e para fora de outros reinos, mas depois retornam, com conhecimento e poder. Sempre que as plantas sagradas são usadas nas artes da cura, seus efeitos devem ser sutis o suficiente para permitir que o xamã proceda assim.

O trabalho ritual não pode ser realizado em um estado letárgico de alheamento ou quando o controle é abandonado por causa dos efeitos narcóticos. Os xamãs ingerem quantidades apropriadas de plantas que possam lembrar da experiência, após seu término, e para que elas lhes proporcionem suficiente percepção para poderem reconhecer as múltiplas realidades que estão encontrando. Por assim dizer, um dos pés fica plantado na realidade ordinária.

A natureza forneceu um suprimento abundante desse remédio, especialmente nas Américas. O uso do cipó banisteriopsis (geralmente chamado *yagé* ou *ayahuasca*) é particularmente generalizado na América do Sul e Central. O processo visionário dos índios sharanaua, da Amazônia peruana, é particularmente interessante, do ponto de vista da capacidade da imaginação para diagnosticar e curar. O xamã pede aos pacientes seriamente enfermos que descrevam seus sintomas e sonhos. Os pacientes costumam falar de imagens que coincidem com as categorias dos cantos de cura que o xamã aprendeu durante seu longo aprendizado (cantar e fazer invocações é um complemento importante para a *ayahuasca*, já que segundo eles, sem palavras, surgem apenas visões de cobras). As imagens oníricas relatada são, em geral, simples: o sol, uma ave, alguém subindo uma montanha.[75]

No começo da noite da cerimônia de cura, o xamã e outros homens da tribo bebem a *ayahuasca*; os homens entoam cânticos, o xamã entoa cantigas apropriadas e tem uma visão da imagem do sonho do paciente. O xamã descreve-a com grande e intensa clareza. Eis o que diz Siskind: "Compartilhar símbolos entre pelo menos duas pessoas é a base para qualquer sistema de comunicação. O simbolismo do sonho e da visão entre os sharanahua pode não pressupor uma relação necessária entre significado e símbolo, mas tampouco se é totalmente livre para sonhos e alucinações idiossincráticas. Xamã e paciente se restringem aos limites dos símbolos e sintomas classificados nas canções de cura". A seleção dos símbolos deve coincidir com o sistema de símbolos comum à cultura. "Sim, há símbolos em abundância e uma redundância deles, sobretudo no que se refere às graves enfermidades comuns, como a diarréia sanguinolenta, a dor de estômago e a gripe com febre alta, para que os sentimentos individuais sejam expressos pelo paciente e captados pelo xamã."[76]

O uso do peiote é também uma tradição que se expande na América e acredita-se que ele abra as portas da consciência. "Há em nossas mentes uma porta, que habitualmente permanece oculta e secreta, até o momento de nossa morte. A expressão huichol para isso é *nieríka*. A *nieríka* é uma passagem ou interface cósmica entre as chamadas realidades ordinária e não-ordinária. É uma via de acesso e, ao mesmo tempo, uma barreira entre mundos."[77]

Os huichol usam o cacto colhido na Terra Sagrada do Peiote para facilitar a entrada na *nieríka*. De acordo com Prem Das, a tradição xamânica huichol tende a uma natureza mais transpessoal, enquanto a Igreja Nativa Americana, notável confederação de várias tribos indígenas, usa o peiote em um cerimonial cristão e humanista.[78] (A Igreja Nativa Americana, fundada no México há cerca de 150 anos, foi elaborada sobretudo pelas tribos kiowa dos Estados Unidos. Seus membros optaram por trabalhar em problemas do mundo atual, em oposição às viagens xamânicas.)

Espécies de datura e cogumelos com propriedades alucinógenas são freqüentemente usadas pelos xamãs americanos e do Velho Mundo. O cogumelo confirmou-se particularmente estimulante tanto para antropólogos ou não antropólogos, que se aproximaram furtivamente do soma legendário e identificaram nele os cogumelos agáricos da Europa e da Ásia,[79] e provaram a Carne dos Deuses, os cogumelos psilocibes do México, amplamente consumidos neste país.[80] "Os mazatecas afirmam que os cogumelos falam. Se você perguntar a um xamã de onde vem seu imaginário, ele provavelmente responderá: 'Não fui eu que falei, foram os cogumelos...' A função dos xamãs que os comem é falar, são os oradores que entoam cânticos e cantam a verdade, eles são os poetas de seu povo, os doutores da palavra, são eles que dizem aquilo que está errado e como remediá-lo, são os videntes e os oráculos, possuídos pela voz."[81]

Parte da cantiga mazateca de uma curandeira assim reza: "Mulher dos remédios e curadora, que caminha com sua aparência e sua alma... é a mulher do remédio e da medicina. Ela é a mulher que fala. A mulher que une tudo. Mulher doutora. Mulher das palavras. Curadora dos problemas".[82] E assim ela canta, falando de um mundo comum a todos, procurando os caminhos do significado, curando na esteira da transformação química provocada pelo cogumelo mágico.

Na Europa, as bruxas, que Harner e Eliade identificaram como pessoas envolvidas com práticas xamânicas, também transformaram seu estado de consciência com substâncias alucinógenas.[83] Lá, a generosidade da natureza proporcionou uma seleção psicodélica de impacto muito mais considerável do que os delicados cogumelos da curandeira mazateca. Os mortíferos meimendro negro (beladona), raiz da mandrágora e datura foram combinados em várias receitas, formando um "óleo que permite voar" e "...em certos dias ou noites elas untam um pau e nele cavalgam até um lugar combinado ou untam-se nas axilas ou em outros lugares cobertos de pêlos".[84]

O elevado conteúdo de atropina existente na farmacopéia do xamã europeu garantia uma rápida absorção através da pele, sobretudo do sensível tecido vaginal. Um cabo de vassoura, assim untado, tornou-se o corcel das viagens xamânicas, e a perigosa estrada da droga levava freqüentemente a muitos dias de alheamento, seguidos pela amnésia. Por isso Harner não acreditava que as bruxas usassem as plantas em rituais de cura, mas apenas para fazer contato com o sobrenatural.[85]

É preciso avaliar com cautela o aspecto curativo das plantas sagradas. O moderno mundo da medicina ficaria chocado ao pensar em um curador que ingere substâncias químicas poderosas e perigosas, mesmo porque os mesmos estados mentais podem ser obtidos por meios não químicos. Mas não há paralelo entre isso e ministrar ao *paciente* poderosas e perigosas substâncias químicas, enquanto acumulam-se as evidências de que a própria imaginação pode criar qualquer mudança física concebível? As muletas da química, em ambas as instâncias, são apenas etapas evolutivas no aprendizado do uso das forças da consciência, objetivando a cura.

Gostaria de fazer uma observação final sobre esse tema. Quando o caminho sobrenatural é circular — como no caso dos xamãs que vão a esses planos e retornam ao trabalho de cura no mundo —, aqueles que o percorrem trazem de volta algo da glória de suas visões. É nisso que consiste, precisamente, a bela arte sagrada das culturas xamânicas. Os quadros tecidos, os trabalhos com miçangas e as pinturas em areia são tentativas de compartilhar o reino do espírito utilizando meios deste mundo. As experiências visionárias também foram preservadas na trouxa de remédios do xamã: penas, miçangas, esqueletos de animais, pedras, conchas, plantas secas e até mesmo bugigangas européias encontraram espaço nas trouxas sagradas dos índios norte-americanos. Algumas vezes, os objetos representam dádivas especiais ao xamã no estado xamânico de consciência. Grossinger afirma que o gosto por quinquilharias, que o homem branco nunca apreciou verdadeiramente, vem dos paramentos simbólicos da experiência visionária. "Várias gerações após a visão, a trouxa de remédios é uma técnica objetiva de vários tipos. Nela estão guardadas cantigas, ervas, amuletos, histórias, tudo sintonizado com a revelação original e acrescentados por aqueles que usaram o remédio."[86]

Recentemente eu entrei em uma velha casa, erguida na década de vinte por um antropólogo que esteve mergulhado em estudos sobre o índio. Era construída de adobe feito à mão, edificada em torno de grandes lareiras semicirculares, no estilo dos índios que povoavam outrora aquela região. Quando entrei no quarto em que estava a banheira, único conforto moderno da casa, tive uma sensação de constrangimento, pois senti que algo desequilibrado ocorrera ali. Uma comunidade *hippie* deixara a marca de sua ocupação, preservada para sempre nas centenas de pequeninos ladrilhos que cobriam a superfície interna da banheira. Os desenhos caóticos, brilhantes, apresentavam o mesmo aspecto fantasmagórico da arte dos anos sessenta: simbolismo religioso misto e cores estranhas à natureza, até mesmo feias, naquela realidade cotidiana. Tinha "más vibrações", como se dizia naquela época. "Ah!", exclamei, ao reconhecer aquilo como a versão da arte sagrada no culto da droga, tentativa de percorrer o caminho circular e trazer os limites extremos para a mente linear. Tudo aquilo me falava da tentativa dos últimos ocupantes de usar as drogas como remédio; no entanto, como não dispunham de um mapa para guiar sua trajetória, foram apenas capazes de representar a cacofonia de uma consciência não filtrada.

As drogas, tal como eram usadas na tradição espiritual, constituíam um remédio, o melhor que o mundo conheceu por milhares de anos. Mas, para uma cultura em cujas instituições alienou-se progressivamente do mundo espiritual, uma cultura que tentou o mais que pôde separar a mente do corpo, as drogas trazem apenas um sabor torturante de misticismo, que nosso mito cultural não pode explicar e não incorporará.

4. Auxílio auditivo para estados alterados. A estimulação repetida e monótona de qualquer sentido modifica o foco da consciência. Para o xamã, a escolha habitual do estímulo sonoro vem dos tambores, maracás, baquetas ou outros instrumentos de percussão. Outros sons, tais como zumbidos muito agudos produzidos por assovios de cerâmica, encontrados no Peru e na América Central, também podem ter sido usados no trabalho xamânico.[87] É claro que as cantilenas e cantos também são importantes para as cerimônias de cura em todas as culturas.

Normalmente, as cantilenas são fonemas que se encadeiam. Não há para eles uma interpretação imediata ou uma tradução disponível na linguagem da realidade ordinária, apenas nos estados sensoriais. Elas podem servir para ultrapassar a parte lógica de nosso cérebro, responsável pela linguagem, e tocar a intuição (uma devota amiga católica observou que a missa perdeu grande parte de seu impacto quando deixou de ser rezada em latim. "Quando não sabíamos o significado das palavras, nos comunicávamos mais diretamente com Deus.").

As cantilenas podem ter vindo à consciência do xamã na solidão da busca da visão, podem ser uma dádiva de uma águia que passava ou podem ter sido ouvidas em sonhos. Podem também ser cantilenas tradicionais de cura ou de poder, cuja fonte original é desconhecida. Elas têm um ritmo pulsante que, a exemplo das batidas do tambor, sincronizam-se com as funções e movimentos do corpo. Os xamãs também podem usá-las com significado diferente. Os cantos do xamã navajo, por exemplo, são tão inacreditavelmente complicados que um autor achou que poderiam equivaler a uma recitação completa do Novo Testamento, de memória.[88] Mais freqüentemente, os cantos servem para expulsar as doenças, e não para entrar no estado xamânico de consciência.

O tambor do xamã é o meio mais importante para entrar em outras realidades, e constitui uma das características mais universais do xamanismo. O tambor pode ser feito de quase tudo que provoque um tom razoavelmente baixo. De acordo com Drury, ele é feito com a madeira da Árvore do Mundo e o couro, algumas vezes, está diretamente ligado ao animal que o xamã usa para encontrar o lugar do espírito.[89] É maravilhosa a percussão dos tambores de água, que são feitos com velhas panelas de metal parcialmente cheias de água e envolvidas na pele de um animal — processo que exige tempo e deve ser continuamente repetido durante longos cerimoniais.[90]

O som de instrumentos de percussão e de maracás é um método há muito empregado para alterar a consciência e acredita-se que tenha um efeito analgésico ou entorpecedor. "Em um nível contemplativo", afirma Drury, "o som do tambor é como um foco para o xamã. Ele cria uma atmosfera de concentração e de determinação, capacitando-o a mergulhar fundo no transe enquanto dirige sua atenção para a viagem interior do espírito."[91] Vários fatos fisiológicos apóiam o papel do som. Em primeiro lugar, o trato auditivo passa diretamente para o sistema ativador reticular (SAR) do tronco cerebral, que é uma "rede de nervos" compacta e coordena as informações sensoriais e o tônus motor, alertando o córtex para a informação que está chegando. O som, percorrendo essa via, pode ativar todo o cérebro.[92] Teoricamente, um bombardeio neuronal forte e repetitivo nas vias auditivas e, finalmente, no córtex cerebral, como o experimentado ao som dos tambores, poderia concorrer com êxito para a consciência cognitiva. Outros estímulos sensoriais da realidade ordinária, inclusive a dor, poderiam ser assim evitados ou filtrados. Então, a mente estaria livre para expandir-se para outros planos.

O modelo de dor proposto por Melzack e Wall (isto é, a teoria da barragem) pode ser aqui aplicado, com propriedade. Seu modelo é o mais amplamente citado e universalmente aceito sobre o mecanismo da dor (com os recentes avanços na identificação das substâncias químicas que regulam a dor, como as endorfinas, a teoria da barragem foi considerada apenas parcial). Melzack e Wall propuseram que, como a mensagem da dor viaja por fibras pequenas e vagarosas, a percepção da dor pode ser efetivamente bloqueada por outros estímulos, que percorrem fibras com capacidade de condução mais rápida.[93] Esse modelo tem sido usado para explicar os efeitos do alívio da dor decorrentes da acupuntura, da estimulação elétrica suave na região transcutânea e da massagem. Sons fortes, tais como os do tambor, com capacidade de ativar todos os centros cerebrais, bem poderiam preencher os requisitos de uma estimulação mais rápida, mais competitiva.

Em um estudo realizado com bebês vítimas de queimaduras graves, empreguei sons da batida do coração gravados no útero — cuja natureza é muito semelhante às batidas do tambor — para criar anestesia. Os sons do coração podiam induzir o sono, até durante as dolorosas trocas de roupas. Depois que as crianças se acostumavam com o gravador em seus berços, elas adormeciam poucos minutos após ele ser ligado. As setenta e duas batidas por minuto de um coração comum são muito mais lentas do que o padrão teta, mas pode ser que os sons tenham estimulado o padrão das ondas cerebrais delta, que vai de 0,5 a 4,0 ciclos por segundo. De qualquer modo, não havia a menor dúvida de que aquilo funcionava como um bloqueio sensorial eficaz, qualquer que fosse o mecanismo atuante.

O efeito direto da estimulação acústica sobre o cérebro foi registrado em um estudo clássico de Neher. Ele registrou ondas cerebrais de pacientes normais enquanto ouviam sons, de baixa freqüência e alta amplitude, de um tambor. O objetivo do estudo era determinar se o tamborilar poderia provocar "condução auditiva", assim chamada porque sabe-se que alguns estímulos "conduzem" ou provocam um padrão de freqüências que se alternam rapidamente em sistemas periféricos.[94]

No trabalho de Neher, as respostas auditivas provocadas pela condução ocorreram a três, quatro, seis e oito batidas por segundo e os pacientes fizeram relatos subjetivos de imagens visuais e auditivas. Neher concluiu que a sensibilidade à estimulação rítmica é intensificada pelo estresse e pelos desequilíbrios metabólicos (hipoglicemia, cansaço etc.; todos podem ocorrer em um ritual xamânico). Ele também propôs que a estimulação sonora na faixa de freqüência de quatro a sete ciclos por segundo seria mais eficaz no trabalho cerimonial, pois isso poderia intensificar os ritmos teta, que ocorrem na região temporal auditiva do córtex. Eu acrescentaria que também já foi demonstrado que os ritmos teta estão relacionados à criatividade, resolução incomum de problemas, imaginação vívida e estados de devaneio.[95] Infelizmente, embora a premissa de Neher seja sólida, seu estudo foi criticamente invalidado, porque não controlou os movimentos. As experiências em ondas cerebrais não diferenciam piscadas de olho, acenos de cabeça e ondas cerebrais propriamente ditas e se aquilo que Neher gravou era um desses ou tudo isso em compasso com o ritmo do tambor.

Jilek dá outras informações sobre a capacidade dos tambores de conduzir ao estado teta, em seu trabalho com os índios salish durante a cerimônia de dança dos espíritos. Analisando as gravações da percussão dos tambores, ele determinou que os ritmos abrangiam uma faixa de freqüência de 0,8 a 5,0 ciclos por segundo. Um terço das freqüências estavam acima de 3,0 ciclos por segundo ou muito próximo da freqüência das ondas teta.

Jilek também notou que a estimulação acústica e rítmica nas cerimônias envolve muitos tambores, e é significativamente mais intensa do que aquela que Neher usou em suas experiências.[96] Examinemos agora o mecanismo pelo qual os estímulos auditivos podem alterar a função do cérebro. Um neurônio, que transporta informações através do complexo sensorial do sistema nervoso, pode disparar ou não e, em todos os sistemas, as mensagens se baseiam na freqüência desse disparo (isso será abordado em detalhes, no Capítulo 4). Por exemplo, suponhamos que a informação sensorial de algum sistema fosse capaz de "conduzir" todo o córtex motor. Então, a velocidade de disparo dos neurônios, no córtex motor, seria idêntica a quaisquer freqüências no sistema sensorial. Caso isso acontecesse facilmente (e, aparentemente, não é assim, a não ser em casos graves de epilepsia), poderiam ocorrer efeitos estranhos, de má adaptação. A maior parte do trabalho sobre "condução" foi realizada com o sistema visual. Em estudos realizados com animais, com epiléticos e com pessoas normais, foi demonstrado que um estímulo visual repetitivo, como a luz estroboscópica, pode provocar um "dirigir fótico" em amplas áreas do córtex.[97]

Há evidências de que a atividade cerebral, impulsionada pelo estímulo original, pode continuar por muito tempo após a cessação da estimulação e pode haver reação à contínua descarga neural, como se a luz ainda estivesse piscando.[98] Aquilo que parece ser experiência alucinatória, na verdade, tem um componente neurológico no sistema visual. Considerando essas descobertas, há motivos para acreditar que o sistema auditivo, desde que testado apropriadamente, teria um poder similar para controlar a função cortical (os estudos visuais também apontam uma base neurológica para alterar estados de consciência, olhando-se fixamente para a fogueira ou para velas acesas durante os rituais).

Pesquisas sobre meditação indicam que o estímulo auditivo não precisa ser exterior, apenas imaginado, para que se efetue uma alteração fisiológica significativa.[99] A meditação transcendental, o relaxamento (adotado por Herbert Benson) e outras adaptações do *raja yoga* incluem imaginar uma palavra ou som (ou mantra) muitas e muitas vezes. Poderíamos chamar isso de canto imaginário. Foram notados benefícios e reações fisiológicas, que incluem redução dos batimentos cardíacos, da pressão sangüínea e da tensão muscular, e um aumento das atividades alfa e teta nas ondas cerebrais. Tais métodos foram altamente elogiados por sua importância no controle do estresse e por introduzir um "estado hipometabólico desperto",[100] que pode restaurar o corpo para um confortável e saudável equilíbrio homeostático.

50

5. Aliados espirituais. O último aspecto da imaginação que citaremos é uma das características mais marcantes do xamanismo: os auxiliares espirituais. São formas espirituais, habitualmente animais, que protegem os xamãs em um trabalho perigoso e que estes proclamam como fonte de seu conhecimento. Essas formas são as professoras da escola médica do além. Para o xamã japonês, elas podem ter a forma exaltada de uma transformação do Buda.[101] Um esquimó considerado um dos grandes xamãs de seu tempo, contava com nada menos de sete espíritos — um escorpião do mar, uma orca, um cachorro preto sem orelhas e espíritos de três pessoas falecidas.[102] Nas tribos indígenas dos Estados Unidos, os espíritos podem ser animais com um significado cultural especial — ursos, águias, lobos.

Os cervos são universalmente associados ao trabalho xamânico. Na Sibéria, renas verdadeiras compartilhavam com o xamã as viagens com cogumelo agárico.[103] No Irã e na China, e o chifres de cervos ainda são apreciados como magia e remédio [104] e o chifre em pó é largamente vendido como afrodisíaco. Acreditam que o espírito do cervo espalhe os botões do peiote sagrado, como pista para guiar os xamãs em seu trajeto sobrenatural, de acordo com os mitos dos huichols. Parece que até mesmo em épocas pré-históricas, os cervos tinham um significado de cura, de acordo com representações artísticas homem/cervo, datadas do início da história.

Na Europa, os animais de poder das bruxas, que, segundo se acredita, praticavam a cura xamânica, eram muito temidos. Em um livro impresso em 1618, intitulado *The County Justice*, de Michael Dalton, senhor de Lincoln, dois dos sete métodos por ele citados para descobrir as bruxas falavam de seu relacionamento com animais: "Costumam ter um mascote ou um espírito que aparece para elas" e "Os ditos mascotes se aninham em um lugar de seu corpo, onde as chupam".[105] O fato de ter um animal de estimação imediatamente lançava suspeitas sobre uma mulher e, durante o reinado de Luís XV, na França, sacos contendo gatos condenados foram queimados em praça pública, onde as bruxas eram torturadas. Especulou-se que a violência das pragas aumentou devido à destruição maciça do inimigo natural dos ratos infestados.

Nem sempre os espíritos aliados têm de ser animais. Às vezes, eles se metamorfoseiam em seres humanos. Um antigo relato de uma xamã descreve um guia que adota a forma de uma jovem que lhe diz com quem ela deveria se casar na vida real, dando-lhe instruções sobre como cuidar do marido. O próprio guia gerou dois filhos na xamã, que ela mais tarde levou para o outro mundo.[106]

Os curadores podem ter como guias pessoas que existiram realmente na terra, em determinada época. Krippner e Villoldo, em seu livro *Realms of Healing*, escrevem sobre dona Pachita, "médium cirurgiã" mexicana, cujo guia é Cuahutemoc, o grande príncipe asteca, e sobre Arigó, um curador brasileiro cujo guia era o "Dr. Fritz", médico alemão presente em suas visões desde a juventude.[107] Pode-se inquirir se esses dois exemplos se encaixam em uma verdadeira definição de xamanismo; mas não há dúvida de que guias imaginários são usados com freqüência na prática da cura tradicional.

Embora as circunstâncias variem, acredita-se que os espíritos estão sempre por perto, embora irreconhecíveis para seus iniciados terrenos. O xamã não apenas tem aliados excepcionalmente poderosos, mas pode permanecer em comunicação com eles, e isso diferencia-o dos leigos, que também podem ter espíritos auxiliares. O xamã é escolhido pelos espíritos após um período tumultuado que, dependendo do ponto de vista, poderia ser classificado como "crise psicológica aguda, verdadeira experiência religiosa mística, doença física ou psicose".[108]

"A possessão pelo espírito", como é descrita na literatura antropológica, sobre o xamanismo, deve ser cuidadosamente diferenciada da possessão demoníaca. Os espíritos não induzem o xamã a praticar maus atos: na verdade, são mestres. Os períodos de desconforto durante os quais, segundo dizem, os espíritos "possuem" uma pessoa, devem ser uma experiência necessária de aprendizado para aqueles que têm vocação para a cura. Noll, ao rever as opiniões sobre esse assunto, conclui que "... muito do que é sumariamente tachado de 'possessão' por observadores experientes, pode ser, para o xamã, uma experiência visionária desejada".[109]

Com os instrumentos da ciência, agora é possível analisar a utilização de espíritos-guias e deduzir que há razões perfeitamente sadias e aceitáveis para quaisquer verdades resultantes da comunicação com os espíritos. Se os espíritos simbolizam apenas a intuição, então a comunicação seria algo que muito se assemelharia ao lado esquerdo do cérebro perguntando ao lado direito: "O que está acontecendo?" e os xamãs seriam os indivíduos que melhor conseguiriam combinar lógica e intuição. No entanto, no xamanismo, os seres humanos estão naturalmente em comunicação com animais, espíritos e até com pedras, pois são unos na grande e unitária ordem das coisas. Os xamãs são aqueles capazes de sentir agudamente e mover-se na trama dos universos, aqueles que, no caminho da cura, são guiados por fontes de sabedoria, que se manifestam como espíritos-guia. As qualificações do xamã se baseiam, inegavelmente, em sua demonstração de uma imaginação vívida e capacidade para manter o controle em uma situação — independentemente de onde provenha sua informação.

Práticas culturais específicas

A prática do xamã está altamente integrada ao sistema de crenças da cultura e ele deve ser capaz de criar uma atmosfera cheia de confiança, de credibilidade, criatividade e audácia suficientes para comunicar ao paciente que algo poderoso está para acontecer.

Os xamãs da Sibéria usam mantos de metal tilintante; cantam, tocam tambores e, quando as emoções atingem um patamar elevado, tentam assustar e afastar os espíritos com gestos aterrorizantes. Na África, os xamãs fazem uma figura de palha, representando o porco, e levam-na à cerimônia de remoção da doença do paciente, e ela passa para o porco. Depois o animal é posto em uma estrada, e aquele que passar por ela e chutar o porco absorverá a doença.[110]

Nas curas extremamente sérias, como no caso da perda da alma, os índios salish, do estreito de Puget, fazem o ritual do espírito da canoa. São convocados entre seis e doze xamãs e, enquanto eles se posicionam em fileiras paralelas, são formadas canoas imaginárias. Cada xamã empunha uma vara ou remo para impelir a canoa e mantém a seu lado sua prancha mágica de cedro e coberta com a arte visionária de sua primeira aventura com o espírito da canoa. Com o acompanhamento de maracás, tambores e cantos, os espíritos dos xamãs penetram na terra e cada qual entoa a canção de seu próprio espírito guardião. As viagens podem durar de duas a cinco noites ou até que a alma do paciente seja recuperada.[111]

Os xamãs da Guatemala recorrem a uma mistura de crenças indígenas tradicionais e cristianismo, a despeito das fervorosas tentativas dos espanhóis para eliminar o paganismo nas Américas. Os xamãs invocam a intervenção de santos e espíritos, na cura e na adivinhação, usando pedras mágicas — em geral, fragmentos de antigas esculturas maias, como veículo de comunicação. Os serviços dos xamãs, assim como dos "bruxos" que praticam o lado mais negro da magia, são dispendiosos para o povo pobre, equivalendo a uma soma que pode ir de cinqüenta a cem dólares. A taxa cerimonial cobre o custo dos preparativos e ingredientes necessários: incenso, velas, flores, jantar, imensa quantidade de bebidas destiladas que os xamãs tomam até ficarem tremendamente loquazes.[112]

O xamã esquimó entra em transe, viaja ao outro mundo, ao fundo do mar e visita a deusa marinha Sedna, para descobrir as causas da doença ou para pedir por outras necessidades dos viventes. Acreditam que Sedna controle a fonte dos alimentos e de todas as calamidades que o esquimó sofre. Em outras épocas, máscaras de animais de poder magnificamente esculpidas e coloridas eram usadas como ajuda para a imaginação do xamã e para que ele fizesse contato com os espíritos dos animais.[113]

Os índios crow, como os guatemaltecos, usam pedras como remédio. Essas pedras, encontradas e reconhecidas intuitivamente como portadoras de propriedades de cura, são um instrumento para evocar visões. Mulher-Com-Um-Filho, esposa abandonada de um patife chamado Vê o Touro Vivo, achou a mais famosa de todas as pedras curativas. Na mais profunda das depressões, deixou o acampamento para retirar-se nas montanhas, onde esperava morrer. Diz a história que ela encontrou novas razões de viver ao encontrar uma pedra multifacetada; de um lado, viu seu marido e, do outro, a silhueta de um búfalo; no terceiro, viu uma águia e, no quarto, um cavalo. Observou também que a pedra tinha as marcas das patas do cavalo e do búfalo. A mesma pedra mais tarde ficou famosa por muitos fatos: deu sorte no jogo, comandou expedições de guerra, revelou-se fonte de longevidade para seus proprietários e, por aumentar a capacidade visionária, proporcionou um conhecimento antecipado do gado que viria a ser introduzido e do estilo das casas européias.[114]

A medicina dos navajos foi um dos melhores meios para o estudo do xamanismo americano. A pintura em areia é o elemento central da cura entre os navajos: representa a paisagem espiritual e física em que o paciente vive, a etiologia da doença e a mitologia escolhida para a cura. Gladys Reichard descreve o ritual como uma combinação de vários elementos, tais como a trouxa de remédios com seus conteúdos sagrados, varetas de oração de madeira e penas, pedras, tabaco, água de lugares sagrados, cordas e intricados quadros em areia.[115] Dão ênfase aos cânticos, à oração, à pintura corporal, à transpiração e aos eméticos (purificação), à vigília, visando à concentração e à clareza do pensamento. Durante o ritual de cura, a pessoa doente senta-se perto do cantor e no centro do povo navajo, que se reuniu para a cerimônia. O poder irradia do centro, na direção de todos os presentes. Durante todo o longo ritual, o paciente é envolvido em um drama simbólico, em especial porque é encorajado a desenvolver e manter continuamente imagens do processo pessoal de cura. A participação nos cantos e nos quadros não é passiva, de modo algum. É preciso concentrar-se com persistência em seu conteúdo mitológico para que o poder do ritual de cura se realize.

De acordo com Reichard, o sistema navajo combina adivinhação e visualização. A adivinhação é um corolário dos procedimentos de diagnóstico da medicina ocidental. A informação pode vir da natureza ou dos espíritos. Os navajos determinam a doença olhando fixamente o sol, a lua ou as estrelas, ouvindo ou tremendo. O tremor ou movimentação da mão é induzido durante ritual apropriado. Os tremores podem levar a grandes tremores corporais e o adivinho entra em outro estado de consciência: nesses estados de poder os símbolos da cura são visualizados. Reichard descreve o olhar fixo, que também pode acompanhar o tremor, como visualização do símbolo como imagem posterior do corpo celeste em que a concentração se focaliza.

Os navajos recorrem aos ervanários apenas para obter alívio dos sintomas, mas o verdadeiro trabalho curativo é realizado pelos cantores ou cerimonialistas. O fato de esses curadores não usarem substâncias orgânicas é visto como uma posição de *status*. Bergman, médico que estudou em uma escola navajo para "curandeiros", relatou a memória e a energia necessárias para levar a cabo de cinqüenta a cem horas de cantilenas rituais. Bergman fez uma demonstração de hipnose para os curadores com quem estava estudando. Disse que, em vez de parecerem meio adormecidos, como costumava acontecer durante seus encontros, mantiveram os olhos bem abertos, admirados (embora notasse que mal pareciam respirar). Thomas Costeletas Grandes, venerável curandeiro de 100 anos de idade, declarou estar surpreso de ver que o homem branco conhecia algo tão valioso! Os curadores notaram a semelhança entre o estado hipnótico e o tremor que usavam para o diagnóstico e pediram a Bergman que sugerisse à mulher hipnotizada que fizesse um diagnóstico. Bergman achou que era um assunto sério demais para brincar, mas concordou em pedir à mulher que fizesse uma previsão do tempo para os próximos seis meses. Chuva ligeira, ela previu, seguida por um período de seca que duraria seis meses, e depois um verão tardio e bem úmido. "Nada pretendo, além de fazer um relato verdadeiro dos fatos", disse Bergman: "A previsão dela foi precisa e correta".[116]

Conclusão

A que conclusão poder-se-ia chegar examinando essas diferentes manifestações culturais? Ao avaliar um material tão altamente subjetivo, pode-se concluir que a viagem através das passagens para a consciência superior é a mesma, independentemente de como e onde começou a viagem xamânica na realidade ordinária. As descrições dos vários métodos xamânicos de diagnóstico e cura são muito semelhantes: entrar no paciente, tornar-se o paciente e restabelecer o sentido de vinculação com o universo. Em todas as tradições, tudo isso acontece em um estado de consciência muito diferente daquele que vigora quando se guia um carro ou se escreve uma receita. As contribuições culturais aos princípios básicos da cura são em grande parte decorrentes dos tipos de recursos locais que possam servir como "remédio". A medicina, então, pode ser descrita de duas maneiras: primeiro, como veículo que transporta o xamã (e, freqüentemente, o paciente) para o estado de consciência necessário; segundo, como símbolos materiais do estado de cura — trouxas de remédios, arte sagrada, objetos invasores removidos do paciente, animal de poder, pedras que curam etc. No entanto, como foi mencionado, um xamã completo, teoricamente, não precisa desse tipo de remédios, usando, em vez deles, apenas seus bem desenvolvidos poderes imaginários. Símbolos e rituais que culturalmente têm poder, ao que parece, são necessários para abrir o mecanismo de cura para o paciente, que, espiritualmente, não é tão bem treinado quanto o xamã. Finalmente, para os xamãs de todos os tipos, não há distinção entre corpo, mente e espírito. O corpo é mente e a mente é espírito. Embora a terminologia por mim empregada pudesse indicar que os xamãs estão lidando com corpo, mente e espírito como entidades separadas, não é assim no sentido literal. Nem mesmo tecnicamente os xamãs se deslocam dos lugares físicos para os reinos espirituais, porque são a mesma coisa. O ser é a pedra, e a pedra é o universo. O xamã não pensa: "O espírito entra na matéria", mas "presume que o espírito está desde sempre na matéria, é a matéria, não apenas na doença, mas desde o momento da corporificação e no início da própria criação".[117] Entretanto, não é incorreto, ao mesmo tempo, reconhecer as qualidades individuais do corpo, da mente e do espírito. Nesse sistema todos são considerados partes um do outro e separados entre si, assim como a árvore é parte e está separada da terra e do céu.

Para compreender essa unidade total, é importante perceber como somos tolhidos pelas limitações lingüísticas. A atividade da consciência e imaginária é mais poesia do que prosa, e é imperfeitamente compreendida quando a língua é usada para descrevê-la. Para descrever propriedades que não podem ser observadas, os físicos recorrem à matemática e às analogias visuais; do mesmo modo, os xamãs recorrem aos símbolos e rituais. Em um livro como este, porém, estamos limitados a um sistema de linguagem que evoluiu de uma visão muito específica da realidade e, assim, as expressões verbais nele empregadas devem ser consideradas meras tentativas de apontar para a dinâmica não-verbal da imaginação.

O fio dourado:
a imaginação e
a história da medicina

Um fio dourado perpassa toda a história do mundo, consecutivo e contínuo, obra dos melhores homens por eras sucessivas. Ele ainda segue de um ponto para outro e, ao dele nos aproximarmos, sentimo-lo como se fosse aquela luz irresistível, clara, brilhante, que a Verdade irradia quando as grandes mentes concebem-na.

Walter Moxon. *Pilocereus Senilis and Other Papers*, 1887.

Poderia parecer que o modo xamânico do usar a imaginação para a cura não tem relevância para nossa moderna visão de mundo. Neste capítulo examinarei a história da medicina ocidental, traçando o percurso da imaginação na cura através dos tempos. Começarei afirmando que o juramento de Hipócrates, código ético de honra feito por todos os médicos ainda hoje, é uma consagração à mítica família fundadora da medicina, cuja contribuição foi um método para curar por meio da imaginação. O juramento começa assim: "Juro por Apolo, o Médico, por Asclépio, por Higéia, Panacéia e por todos os deuses e deusas, tomando-os como testemunhas, que, de acordo com minha capacidade e meu discernimento, cumprirei este juramento e este pacto".

Embora sonhos e visão sejam, universalmente, o método mais comum de investigar a causa e a cura da doença,[1] jamais a investigação foi tão bem sistematizada e integrada à prática cultural da medicina quanto no tempo dos gregos, quando a luz da medicina reluzia com o mesmo brilho de uma explosão estelar antes de sua fria e escura decadência na Idade Média.

Asclépio, o semideus cultuado como figura de proa do apogeu da civilização grega, foi representado na *Ilíada* de Homero como aristocrata, médico e rei guerreiro que muito contribuiu com naves e homens para a Guerra de Tróia. Diz a lenda, embelezando significativamente suas aventuras, que ele nasceu de um encontro romântico entre o deus Apolo e a mortal Coronis. Esta traiu Apolo desposando Isquis, apesar de grávida do deus. Apolo mandou executar os dois amantes. Enquanto Coronis ardia na pira funerária, Apolo raptou seu filho, Asclépio, enviando-o para junto de Quíron, que, como centauro encarregado de criar os filhos bastardos dos deuses, tinha amplo conhecimento das artes da cura. Asclépio revelou-se um discípulo capaz e sua habilidade para salvar vidas era tão grande que Zeus, receando que em breve o além acabaria despovoado, atingiu-o com um raio e levou-o para o céu como divindade.

Asclépio tinha uma famosa família de curadores: sua mulher, Epione, acalmava a dor; suas filhas, Higéia e Panacéia, eram divindades da cura e do tratamento; seu filho, Telésforo, acabou por representar a convalescença ou a reabilitação. O próprio Asclépio tornou-se patrono, semideus e principal representante da cura durante séculos. A lenda de Asclépio fundiu-se com a de Imhotep, o deus egípcio da cura, e com a do deus Serapis dos Ptolomeus. Segundo os historiadores: "Aparentemente, a lenda era tão persuasiva, e Asclépio de tal modo preenchia a ânsia por uma divindade pessoal, compassiva, que herdou, substituiu ou fundiu-se com o poder e a influência de cada deus curador local, em todos os lugares onde os ritos asclepianos eram introduzidos".[2] A lenda foi incorporada até mesmo pelo cristianismo, com os santos Cosme e Damião dando continuidade às tradições de cura.

A terapia onírica de Asclépio ou sono divino

Separando os fatos da fantasia, parece que Asclépio foi realmente um mortal influente. Mais de 200 templos foram erguidos em toda a área da Grécia, Itália e Turquia para honrá-lo e às práticas da medicina por ele preconizadas. Esses *Asclepia*, como eram chamados os templos, foram os primeiros centros de tratamento holístico. Localizavam-se geograficamente em belas regiões e neles havia banhos, *spas*, teatros e locais de recreação e culto religioso. Todos que neles procuravam tratamento eram aceitos, independentemente de sua possibilidade de pagar. Essa política se harmonizava com o ensinamento básico de Asclépio, segundo o qual, antes de mais nada, um médico era a pessoa a quem aqueles que estavam sofrendo ou tinham algum problema deveriam procurar. Os mais famosos desses templos estão sendo atualmente escavados e reconstruídos na ilha de Cos (berço de Hipócrates) e Epidauro.

Nos Asclepia, a terapia onírica ou sono divino, mais tarde chamado sono de incubação pelos médicos cristãos, alcançou a perfeição como instrumento de cura. A terapia onírica é um exemplo primário da imaginação na cura e no diagnóstico. A maior parte dos pacientes que recebiam essa terapia estavam gravemente doentes e os remédios habituais se haviam revelado ineficazes. À noite, os pacientes iam para o templo ou para as edificações circundantes, para esperar os deuses. Para prepará-los, "os sacerdotes fazem o solicitante abster-se de comer por um dia e de beber vinho por três dias, a fim de lhe dar uma perfeita lucidez espiritual e permitir que absorva a comunicação divina".[3]

O diagnóstico e a cura ocorriam durante aquele estado especial de consciência, imediatamente anterior ao sono, quando as imagens irrompem automaticamente como pensamentos projetados em uma tela (atualmente isso é chamado de "sono hipnagógico"). Contam que neste momento carregado de sensibilidade e susceptibilidade aparecia uma personificação de Asclépio como um curador belo, gentil e forte, que curava ou prescrevia um tratamento. Empunhava um bastão rústico com uma serpente enrolada— como o símbolo da profissão médica, conhecido como caduceu (na verdade, hoje o caduceu foi identificado como muito anterior até mesmo aos gregos e os mitos transculturais atribuem ao emblema da serpente o significado de parceiro de cura). Dizem que, durante as experiências com os sonhos nos templos de Asclépio, as serpentes rastejavam até o paciente e lambiam suas feridas e pálpebras — isso, para a maioria, no mínimo dispararia uma descarga de adrenalina!

Como os templos foram instalados muito após a época de Asclépio, os rituais eram desempenhados pelos sacerdotes/médicos, vestidos como Asclépio, acompanhados por um séquito representando sua família, e até mesmo por animais como gansos, pois acreditava-se que, além da serpente, eles tinham algum potencial de cura. Indo de um para outro paciente, o grupo carregava instrumentos de médico, tais como remédios e instrumentos cirúrgicos e fazia ou apenas simulava a realização de tratamentos médicos-padrão, além dos ritos mágicos. Na penumbra, na presença dos representantes terrenos das divindades curadoras, com a música tocando ao fundo, cercados pela pompa e circunstância dos magníficos santuários, qualquer potencial inato de cura que os pacientes possuíssem, diante de suas graves moléstias, era grandemente realçado. Era uma situação perfeita para que a imaginação se pusesse a trabalhar; e aparentemente ela se punha a trabalhar.

Contam a história de uma cega que, após ser colocada em "sono divino", visualizou Asclépio censurando-a pela fraqueza de sua fé. Ainda no estado onírico ela percebeu Epidauro pingando gotas de loção em seus olhos. Quando despertou, recuperara a visão. Há alguns indícios de que até mesmo cirurgias mais complexas eram realizadas nessas condições. Muitas e muitas outras curas foram atribuídas às técnicas de Asclépio: cegos, coxos, surdos, impotentes, estéreis, aqueles com veias varicosas, enxaquecas, furúnculos e doenças em todos os órgãos concebíveis deixaram imagens votivas ou descrições escritas de suas curas adornando as paredes dos antigos templos.

Aristóteles, Hipócrates e Galeno

Aristóteles, Hipócrates e até mesmo Galeno foram formados na tradição de Asclépio e todos se referiram ao papel que a imaginação desempenhava na saúde. Aristóteles acreditava que o sistema emocional não funcionava na ausência de imagens. Estas seriam formadas pelas sensações experimentadas e trabalhadas pelo *sensus communis* ou o "senso coletivo". Tais imagens levavam a transformações em funções corporais e interferiam na cura e na produção da doença. Aristóteles também sugeriu que as imagens especiais do estado onírico eram vitais. Escreveu na *Parva Naturalia*: "Até mesmo os médicos científicos dizem que devemos prestar diligente atenção aos sonhos, e adotar esse ponto de vista é razoável também entre aqueles que não praticam, sendo apenas filósofos especulativos".

Hipócrates, o "Pai da Medicina", simbolizou a transformação da prática da medicina, dos princípios místicos aos naturais. Acreditava que o papel do médico consistia essencialmente em compreender e assessorar a natureza, saber o que eram os seres humanos no que se refere à alimentação, à bebida, ocupações e quais efeitos teriam uns sobre os outros. Ele também adotava o método asclepiano de suavidade, dedicação, amor e dignidade.

Galeno, cujas máximas influenciaram a prática da medicina por nada menos de quarenta e cinco gerações, foi o último grande pilar no milênio de proeminência médica dos gregos. De fato, alguns anos antes de Galeno, a medicina já começara a declinar das antigas glórias. Assim, aquilo que foi incorporado e praticado pela Europa medieval não era, de modo algum, a suprema realização dos médicos gregos, mas algo bem menos importante. A influente abordagem de Galeno baseava-se nas teorias hipocráticas dos quatro humores, no conceito dos dias críticos para a saúde (antecessor dos biorrítmos) e nas teorias errôneas de pulso e à função da urina.

Galeno, porém, foi o primeiro a fazer uma descrição madura do efeito da imaginação sobre a saúde, mostrando que compreendia em um sentido muito moderno a relação entre corpo e mente. Na falta de testes de laboratório, acreditava-se que a imagem mental ou o conteúdo dos sonhos do paciente desse informações clinicamente importantes para o diagnóstico. Por exemplo, imagens de perda ou de dor se relacionavam

60

com um excesso de melancolia (bile negra) e imagens de terror ou medo refletiam um predomínio de cólera. Galeno deu ênfase à circularidade inerente aos humores excessivos, que então nutriam imagens correspondentes, que, por sua vez, produziam uma elaboração do humor. Ele reconhecia as implicações desse círculo vicioso para a terapia e enfatizava a importância de interrompê-lo, em algum ponto, para recuperar a saúde.[4]

De acordo com Osler, "a visão grega do homem era a própria antítese daquilo que São Paulo impôs, a partir do mundo cristão. Uma idéia perpassa de Homero a Luciano como um aroma — o orgulho do corpo como um todo. Sob a forte convicção de que "nossa alma enredada em seu roseiral" é tão ajudada pela carne quanto a carne é ajudada pela alma, o homem grego entoava sua canção: "Pois é agradável esta carne". Pródico declarou, no quinto século a.c.: "Aquilo que beneficia a vida humana é Deus". Isso supõe um princípio de unidade que empresta às artes gregas da cura um sabor metafísico e uma bondade que, em si e por si, não se contrapunham à consciência cristã prestes a se disseminar por todo o mundo ocidental.

Por vários séculos, a característica atenção dos gregos às necessidades físicas e à saúde não constou entre as prioridades do homem, em especial no Ocidente. No entanto, Asclépio, como personificação de um curador respeitado, sobreviveu ao expurgo cristão dos deuses pagãos — as semelhanças entre ele e Jesus eram por demais óbvias para serem negligenciadas. A tradição asclepiana resistiu ao tempo, até a Igreja ressuscitar certos aspectos do pensamento grego — inclusive a obra de Galeno — sacralizando-os. Estátuas da família asclepiana, o símbolo do caduceu e o juramento de Hipócrates persistiram através das eras como um lembrete de que o tema da sabedoria permeou toda a história da cura — e ele especifica que a missão de cura deve ser de amor e respeito pela humanidade. Como declarou Hipócrates: "Onde há amor pela humanidade, há amor pela cura".

A medicina anglo-saxã da Idade Média

Durante a Idade das Trevas ou Idade Média não houve, no mundo ocidental, estudo sério ou prática da medicina independente da tradição religiosa ou popular. Por esta razão é extremamente difícil relatar com precisão o papel da imaginação na medicina durante o período que vai da época grega à Renascença, embora, provavelmente, a imaginação possa ser considerada responsável por muitas curas. Parte da obscuridade desta época se deve ao fato de que os praticantes da cura popular e religiosa viam os ritos de cura como mistérios que deviam ser compartilhados com iniciados e preservados por meio de relatos orais. Enquanto os métodos religiosos sancionados pela Igreja Católica podem ser inferidos, por extrapolação da prática moderna, as técnicas de medicina popular praticada pelas mulheres anglo-saxãs tiveram por muito tempo uma legislação subterrânea ou desapareceram. As práticas curativas das mulheres daqueles anos devem ser deduzidas, em sua maior parte, dos documentos obtidos nos processos e julgamentos das bruxas.

Reunindo fatos provenientes dos relatos históricos da Europa e das Ilhas Britânicas, parece que o período que se estende de 500 d.C. até aproximadamente o ano 1300 pode ser descrito como extremamente colorido e criativo, em termos de uso da imaginação. Os métodos usados remontam à aurora da civilização e se misturam com raízes xamânicas de outros continentes. As divindades invocadas nos rituais de cura têm sua contraparte tanto nos mitos gregos como nos romanos.

A cura, entre os anglo-saxões, era território das curandeiras e da Igreja Católica, durante os séculos de sua supremacia. A charlatanice também era desenfreada, embora, naquela época, ao contrário de agora, não houvesse grande pressão para discriminar adequadamente o "charlatão" do "não charlatão". De qualquer forma, o pouco que se conhece das práticas desses grupos traz documentação histórica e comprovação da primazia da imaginação na intervenção médica e da capacidade do corpo humano de se curar, em geral a despeito dos disfarces usados em nome da medicina.

A mulher como curadora

Nessa época eram as curandeiras que empregavam os aspectos não racionais e intuitivos da mente na capacidade de curar. Elas forneciam remédios à humanidade e, no entanto, suas artes curativas foram marginalizadas, primeiro pela Igreja e depois pelos governos da Europa, Inglaterra e Américas. As mulheres e suas capacidades tão precisas foram as perdedoras de uma batalha social e política pela jurisdição sobre os cuidados com o corpo humano. Estranho é que não há indicação alguma, nos relatos de seus contemporâneos, de que elas, apesar disso, não tenham sido poderosas e eficientes.

Paracelso, gigante da medicina renascentista e fundador da química moderna, creditava sua compreensão das leis e práticas da saúde às suas conversas com as curandeiras. À medida que insuflava vida na arte da cura, desafiando postulados decadentes e ultrapassados da medicina grega, Paracelso jogou seus livros de medicina no fogo e voltou-se para a sabedoria da medicina das mulheres. Matilda Gage, meticulosa e inspirada escritora do século XIX, especializada em política adotada pela Igreja e pelo Estado para as mulheres, disse sobre Paracelso: "Não tenho a menor dúvida de que seu admirável e magistral trabalho sobre

Doenças das Mulheres, o primeiro escrito sobre este tema, tão amplo, profundo e terno, deriva de sua experiência especial com aquelas mulheres a cuja ajuda os outros recorriam, as feiticeiras, que faziam os partos, pois naquela época um médico nunca seria admitido junto a uma mulher".[5]

Independentemente do respeito de Paracelso e outros pelas curandeiras, as bruxas (como em geral eram chamadas) enfrentaram um destino inglório. De acordo com alguns estudiosos, o termo *bruxa* significava conhecimento superior ou sabedoria. O erudito Henry More, formado em Cambridge por volta de 1600, afirmou que a terminologia indicava uma mulher possuidora de capacidade incomum, *mas não ilegal*. A origem do termo inglês é objeto de debates, mas *wekken*, "profetizar", e *witan*, "saber", são possibilidades. A expressão eslava para bruxa é *vjedma*, derivada do verbo "saber". O termo russo para bruxa é *zaharku*, também derivado do verbo *znat* ou "conhecer". Em consonância com as evidências esmagadoras de que a bruxa estava associada ao conhecimento e à prática das antigas artes da cura e não aos cultos satânicos ou à prática do mal, empregarei respeitosamente o termo *bruxa*, alternando-o com o termo *curandeira*.

As curandeiras, seguidoras das práticas pagãs, eram inteiramente xamânicas por acreditarem na unidade e vida de todas as coisas e por sua tentativa de usar as forças da natureza com propósito de cura. Conheciam os remédios feitos com ervas e encantamentos mágicos, e sua capacidade de aliviar a dor e curar sobreviveram ao longo da Idade Média. O emprego de anestésicos naturais era valioso em uma época em que a maior parte da humanidade era atormentada por vários tipos de dor. As solanáceas, sobretudo a beladona, atenuavam as dores e perigos da maternidade. "Por ocasião do parto, a mão maternal instilava o suave veneno, levando a mãe a dormir e suavizando a passagem do bebê para o mundo, à maneira do clorofórmio moderno."[6]

As propriedades ativas de alguns de seus estranhos remédios foram identificadas. A bufotenina, alucinógeno poderoso, encontrada nos sapos, era remédio popular entre as bruxas. As raízes da mandrágora, misteriosa e muito usada, contêm escopolamina e, quando combinadas com a morfina, podem produzir anestesia cirúrgica. Ficou demonstrado que até mesmo o alho tem efeitos positivos sobre o sistema cardiovascular. Essas mulheres empregavam claramente tratamentos empiricamente baseados, que, conforme foi demonstrado, funcionavam em várias ocasiões. Eis como Gage descreveu sua perspicácia científica: "O saber superior das bruxas era reconhecido na muito divulgada crença em sua capacidade para fazer milagres. A bruxa era, na verdade, o mais profundo dos pensadores e o mais avançado cientista daquela época".[7]

No entanto, examinando o arsenal de remédios da curandeira, é preciso concluir que, embora existisse uma magnífica tradição popular sobre as ervas, boa parte das curas se baseava no efeito dos rituais e invocações sobre a imaginação, e não em ingredientes e poções. Excretos de várias origens e as diversas partes dos cadáveres de homens enforcados eram usados pelas curandeiras e, mais tarde, pelos médicos, os quais, obviamente, esperavam emular o sucesso delas, ao tratarem de uma ampla variedade de males. Recorria-se à imposição da mão de um defunto para curar quistos sebáceos; o sangue recém-extraído era um específico para a epilepsia. O limo que crescia no crânio de uma pessoa que padecera de morte tão pouco natural quanto o enforcamento era uma panacéia muito apreciada, à qual se referiam apropriadamente como *usnea*. Cortar a língua de uma raposa, envolvê-la em um pano vermelho e enrolá-lo em torno do pescoço era remédio para catarata. Usava-se sangue de dragão, qualquer que fosse a substância de que era feito, em numerosos tônicos.

Durante os anos das grandes pestes que reduziram a população da Europa e da Inglaterra a meras sombras, o conhecimento especial das bruxas era procurado até mesmo pelos membros das classes superiores, embora secretamente. Nenhuma das lições, sobrecarregadas de teorias, ensinadas nas universidades, havia preparado os médicos para lidar com as epidemias e era crença generalizada que apenas os praticantes do sobrenatural poderiam deter aquela maré mortífera. Parece que praticamente todo mundo *acreditava* na magia das curandeiras, mas *praticá-la* se tornara muito arriscado. Qualquer coisa que cheirasse a sobrenatural era declarado pela Igreja como absoluta heresia e punida pelos meios mais severos. O curador cauteloso precisava ater-se às regras de seu tempo. Paradoxalmente, a astrologia e a alquimia eram consideradas medicina natural; eram praticadas pelos médicos da época e incluídas nos ensinamentos da Igreja. Mas as ervas e benzeduras administradas pelas parteiras eram tidas como obra do demônio. Das mulheres esperava-se que se submetessem a uma contínua penitência pelas transgressões de Eva e as dores do parto eram encaradas como um mal menor. Qualquer tentativa de mitigar o incômodo era encarada como um ato perigoso contra a Igreja. De qualquer modo, é bem provável que a heresia fosse sempre definida a partir de quem estava praticando o que em quem.

A curandeira como xamã

Os antropólogos, a partir de informações transculturais sobre as práticas de saúde xamânicas, concluíram que as curandeiras (bruxas) agiam de acordo com as perenes tradições pagãs das tribos européias, cujas práticas eram essencialmente xamânicas (aqui deve ser feita uma ressalva: provavelmente nem todas as mulheres acusadas de praticar bruxaria estavam envolvidas. As primeiras vítimas podem muito bem ter sido perseguidas por suas crenças pagãs, mas quando a caça às bruxas chegou a um clima de loucura, as acusações correram soltas e até as mulheres suspeitas acusaram grande número de inocentes para dar um fim rápido às torturas de que eram vítimas).

Margaret Murray, em seu texto clássico, mas controvertido, *The Witch Cult in Western Europe*, foi a primeira a examinar de modo sensível e científico esse material. Propôs que a bruxaria poderia remontar a eras pré-cristãs, a uma religião centrada em uma antiga divindade que encarnava sob a forma de um homem ou animal, mais freqüentemente de uma mulher. Diana, a forma feminina do deus romano Jano, era a figura em que se baseava a maioria dos cultos europeus. Murray afirmou que os cultos estavam comprometidos em grande parte com atividades que garantiriam a fertilidade das colheitas e animais.[8] Mircea Eliade, um dos mais prolíficos e respeitados pesquisadores da história das religiões tradicionais, convenceu-se, após estudar documentos indianos e tibetanos, de que a seita da bruxaria não poderia ser a criação falsificada da religião ou da política, nem uma seita demoníaca dedicada a Satã. ''...Todos os traços associados às bruxas européias são — com exceção de Satã e do Sabá — reivindicados também pelos iogues e mágicos indo-tibetanos. Eles também, supostamente, voam pelo espaço, ficam invisíveis, matam à distância, dominam demônios e fantasmas...''[9]

Eliade também estuda os cultos dos *benandanti* na Itália e a religião popular romena. Dizem que deles participavam pessoas especiais, que travavam batalhas espirituais em transe, voavam até suas reuniões, mudavam de forma e curavam com magia. Ambos os grupos reconheciam Diana como divindade; mas, ao contrário das bruxas, ambos sobreviveram sem ser vítimas de perseguições indevidas.

Michael Harner, antropólogo e xamã, também acredita que as bruxas participavam da tradição xamânica.[10] Ele chama a atenção para suas viagens ao mundo superior da imaginação cavalgando suas vassouras, subindo por chaminés e delas saindo junto com a fumaça. Harner sugere, além disso, que os contos de fada europeus foram, outrora, histórias de aventuras xamânicas: como no caso de Mamãe Gansa, que andava em cima de um ganso, e de Papai Noel, em seu trenó puxado por renas — como o cervo é universalmente visto como um espírito-guia para o inconsciente, ter oito totens como esse certamente tornava um xamã poderoso.

Os xamãs e as bruxas têm um profundo respeito pela natureza e acreditam e usam a interconexão entre todas as coisas como algo integral para o ritual de cura. A idéia de voar em outro estado de consciência para reinos em que a imaginação reina livremente, em que pode ser feito um trabalho que cure a estrutura social da comunidade, assim como corpos e almas, é comum a ambas as práticas. Mas, como sempre acontece quando as velhas religiões são substituídas, as antigas divindades tornam-se demônios na nova ordem. Até mesmo ao "Chifrudo", consorte das bruxas, foi atribuído o malvado papel de Satã nas religiões modernas. Ele, no entanto, provavelmente representava o espírito do cervo e usava chifres como parte das insígnias sagradas típicas dos xamãs em virtualmente todas as culturas (é interessante notar o que fazemos com nosso simbolismo. Na arte da Inglaterra medieval, a figura de Cristo foi freqüentemente representada sob o aspecto de um cervo).

Outro ponto de comparação entre as bruxas e os xamãs é o uso de drogas. As bruxas, provavelmente, não realizavam seus rituais de cura em transes induzidos por droga, e isso as diferencia de muitos xamãs do continente americano. As drogas que, segundo se sabe, elas empregavam, eram extremamente fortes e perigosas. Registros da Inquisição indicam que as mulheres pareciam ficar entorpecidas durante vários dias, após se esfregarem com seu "óleo de voar" — mistura de meimendro negro, datura, beladona ou raiz de mandrágora. A morte por doses excessivas deve ter sido bem comum. Harner, ao examinar essa questão, acredita que os transes eram de tipo a tornar o trabalho ritual impossível e que as conseqüências de um sono longo e profundo, seguido de amnésia, eram também incompatíveis com a cura. Harner sugere que as bruxas, como o jívaro com quem ele estudou, empregavam os alucinógenos solanáceos simplesmente para ter acesso ao sobrenatural, mas não para quaisquer atividades, tais como rituais de cura, que exigiriam consciência da realidade ordinária.[11]

Os poucos relatos sobre o uso do ungüento para voar ou de um similar razoável, em condições de auto-experimentação, indicam que as drogas induzem a sensações de vôo, bem como imagens mentais vívidas. Ao aviar uma fórmula do século dezessete, composta de beladona, meimendro negro e datura, Will-Erich Peukert e seus colegas, após esfregá-la em suas testas, "caíram em um sono que durou vinte e quatro horas, durante o qual sonharam com cavalgadas desenfreadas, danças frenéticas e outras estranhas aventuras associadas às orgias medievais".[12]

Charlatanismo

Durante a Idade Média e por toda a Renascença houve muita preocupação com o charlatanismo e a prática indevida da medicina. Os charlatães eram vistos como um grupo diferente dos médicos e não eram menos condenados do que as curandeiras. Após examinar todos os métodos-padrão empregados por esses práticos — sangue de dragão, *usnea*, invocações e súplicas, que faziam parte de uma ordem ritual — parece que pode ser um problema deslindar quem eram os charlatães verdadeiramente. O charlatanismo não se relacionava e ainda não se relaciona com as técnicas empregadas, pois havia uma grande coincidência quanto às práticas curativas. O charlatão e o médico podiam usar os mesmos procedimentos ou emprestar um do outro um repertório já deixado de lado.

Eric Maple, em seus escritos sobre a história médica desse período, sugere que o charlatanismo, naquela época como agora, não estava relacionado com motivo, educação, práticas ou fraudes, mas com a posição social, pois os charlatães eram membros da classe social desde sempre conhecida como "de fora".[13] Os leigos, que durante a Idade Média se autodenominaram médicos e cirurgiões, é que lhes deram esse epíteto. Eles eram os "que estavam dentro", porque se organizaram em corporações, por meio das quais os barbeiros e cirurgiões, médicos e boticários se uniram com base nas semelhanças de seus instrumentos de trabalho. A maioria deles não tinha instrução e estava profundamente ligada aos conceitos da magia. É preciso, portanto, tomar cuidado ao determinar o que é medicina de verdade e o que é charlatanismo; caso contrário, cairemos na armadilha de praguejar contra nossas raízes e futuro.

Curas em santuários e mediante relíquias

Além das curandeiras, médicos e cirurgiães leigos e charlatães, a outra classe que tratava dos cuidados com a saúde, no início da era cristã no Ocidente, era a dos sacerdotes, inflexíveis na sua posição de que somente a fé religiosa traria a cura. O advento do cristianismo afetou de tal modo o exercício da medicina, que alguns estudiosos acusam-no de ter provocado o maior obscurantismo na atenção à saúde. Os pagãos (e, particularmente os gregos, romanos e egípcios) haviam elevado a arte da cura a uma altura que não voltaria a ser vista por séculos. À medida que o cristianismo difundia seu Evangelho, tudo que fosse pagão, inclusive o exercício pagão da medicina, caiu na marginalidade. A Igreja promoveu a teoria de que a doença era provocada por Satã, não pelos espíritos pagãos; em conseqüência, a medicina pagã não poderia ter papel algum no exorcismo da doença. Em outras palavras, a Igreja expurgou do rol dos tratamentos disponíveis as refinadas habilidades cirúrgicas e herbáceas dos gregos, substituindo-as por práticas muitas vezes brutais, como a mortificação da carne. Isso levou o exercício padronizado da medicina física a uma prolongada situação desfavorável (por volta do século XIII a situação mudou um pouco, em conseqüência dos escritos de São Tomás de Aquino, que reformulou o pensamento aristotélico, tornando-o uma doutrina inabalável por toda a Idade Média.

A medicina de Aristóteles, Hipócrates e Galeno, na medida em que pôde ser interpretada após séculos de estagnação intelectual e médica, inseriu-se nesse movimento). Por outro lado, com o declínio da medicina física, floresceu a medicina da imaginação. Os tratamentos de escol especificados pela Igreja em seus primórdios eram a medicina da imaginação em todos os sentidos: curas em santuários, procissões e peregrinações a lugares sagrados, relíquias de santos e mártires. Estas últimas eram vendidas e os ganhos consideráveis iam para os cofres da Igreja, como denunciou mais tarde Martinho Lutero, em um acesso de ressentimento que levou o cristianismo a um teste supremo de divisão. Aparentemente, as relíquias sagradas tinham poder de cura, embora a maior parte delas, sem dúvida, fosse mera falsificação. De acordo com os registros "O santuário de Santa Úrsula, em Colônia, conservou sua popularidade mesmo após ser aprovado que os esqueletos das onze mil virgens eram de homens" e "após descobrir-se, mais tarde, que os ossos milagrosos da bendita Santa Rosália, em Palermo, eram de um bode".[14]

No declínio do período medieval, os santos assumiram progressivamente certas especializações, seja pela devoção de certas populações, seja por motivos mais tênues. Santa Teresa d'Ávila tornou-se protetora dos cardíacos porque um anjo supostamente disparou uma flecha em seu coração. Havia os especializados em fertilidade, lepra e praga. As drogas, se é que podemos assim chamá-las, consistiam em raspas de pedras dos túmulos desses homens e mulheres santos, na água de poços situados nas proximidades de seus santuários ou na sujeira que seus pés haviam calcado. Essas substâncias eram misturadas em poções ou usadas como amuletos. Proliferaram os testemunhos das curas alcançadas.

A incubação ou sono divino dos santos

O fio dourado da cura pela imaginação, associado aos templos asclepianos da Turquia e da Grécia, permaneceu intacto, a respeito da forte influência da Igreja, corporações médicas e curandeiros populares. Em vez de Asclépio e seu séquito, os milagres da cura foram atribuídos aos santos Cosme e Damião, gêmeos submetidos a um martírio grotesco durante a perseguição movida por Diocleciano (ano 278 d.C.). Mais tarde tornaram-se padroeiros das profissões dedicadas à cura na civilização ocidental. Esses homens trabalhavam incessantemente e ofereciam seus serviços sem cobrar, na esperança de arrebanhar conversos para o cristianismo. As igrejas de que eram patronos estavam abertas noite e dia, para tratar os doentes, e nelas adotava-se o método da *incubatio* ou sono de incubação, que tinha por modelo as curas por sono divino dos gregos. Durante o estado limítrofe entre o adormecer e o despertar, os pacientes recebiam imagens de curadores reverenciados que propiciavam diagnósticos e realizavam curas. A reputação das técnicas foi registrada e embelezada nas lendas, aumentando as expectativas dos pacientes e amadurecendo sua disposição para a cura. Um dos relatos mais famosos (e preservado em uma obra de arte anônima, exposta no Museu do Prado, em Madri) fala de um homem com câncer na perna que pediu um milagre aos santos; entrou em uma igreja dedicada a Cosme e Damião e, enquanto orava, caiu naquele estado apropriado vizinho ao sono. Cosme e Damião apareceram-lhe, como em um sonho. Após diagnosticar o problema, amputaram o membro gangrenado; depois, procurando à sua volta algo que o substituísse, só conseguiram encontrar, como doador, um negro sepultado na igreja. O beneficiário do tratamento sagrado despertou, notou que suas pernas eram de cores diferentes, mas funcionavam muito bem, e foi cuidar da vida. Apesar do exagero no relato dos milagres, a reputação dos santos difundiu-se rapidamente e seus nomes feitos, ganharam importância para médicos, cirurgiões, boticários e barbeiros.[15]

A prática do sono de incubação continuou nas igrejas cristãs da Inglaterra, e gozavam da reputação perene de promoverem curas excepcionais. Assim, os métodos dos xamãs e das curandeiras — curar na realidade não-ordinária e invocar visões de espíritos guias — fizeram parte do cristianismo desde seus primórdios. Só os nomes mudaram.

O fim oficial da medicina popular

Cabe aqui uma discussão sobre o fim da tradição da medicina popular. Isso poderá parecer uma digressão da descrição histórica das práticas de cura que invocam o poder da imaginação; mas, na realidade, os eventos a seguir deram início ao ostracismo dessas práticas, as quais caracterizaram a medicina da civilização ocidental até o século XVI: na Rússia, Europa Oriental, Ásia, certamente nas Américas do Sul e Central, persistiram tradições xamânicas viáveis, muitas vezes apesar da supressão e da negação oficial de sua existência. Este não é o caso da tradição médica nos Estados Unidos que, em geral, inclui as tradições inglesa e da Europa Ocidental (não ignoro exemplos de grupos como o Wicca, que afirma praticar os antigos rituais celtas de cura. Entretanto, eles não estão integrados à cultura e não refletem sequer uma atitude cultural minoritária).

Em 1518, os médicos e cirurgiões se agruparam em uma estrutura organizada e o Colégio dos Médicos foi fundado. As Atas de Incorporação definiam claramente quem podia ou não exercer a medicina. Ficaram de fora os artífices comuns, como "ferreiros, tecelães e mulheres", acusados de ignorância grosseira, de recorrerem à feitiçaria e à bruxaria e de prescreverem medicamentos nocivos, para grande desagrado de Deus. Note-se que os homens eram excluídos do exercício da medicina segundo o critério de sua profissão e as mulheres, com base em seu sexo.

Foi então que a realidade econômica da criação de uma profissão de elite atingiu o campesinato com toda força. Os médicos e cirurgiões licenciados não tinham nenhum interesse de tratar dos casos por caridade. O rei Henrique VIII interviu em favor das hordas de pobres vítimas das doenças e decretou que os curadores não licenciados poderiam curar todas as doenças da superfície do corpo, mas apenas com emplastros, cataplasmas e ungüentos. Assim, por meio desse documento, que se tornou conhecido como *Alvará do charlatão*, o exercício da magia, da cirurgia e da medicina era expressamente proibido aos curadores populares.

Para complicar ainda mais o problema de manter a exclusividade do exercício da medicina, na Inglaterra, por causa de sua separação de Roma, passaram a existir hordas de monges desempregados, que saturaram o mercado de trabalho após o fechamento dos mosteiros. A medicina era um caminho que muitos procuraram, alguns com limitada prática de enfermagem, outros com conhecimentos da cura pela fé e alguns movidos pelo desespero. Um deles, um certo Thomas Pail, declarou: "Para poder manter-me, nada mais me resta senão tornar-me médico. Só Deus sabe quantas vidas isso custará".[16]

O destino das curandeiras

Em meio à atmosfera de transformação, introduzida pelos mandatos oficiais determinando quem deveria dar assistência aos doentes, iniciou-se — e não por coincidência — um dos episódios mais tristes da história das mulheres e da cura: a grande caça às bruxas. Esses acontecimentos foram extraordinariamente bem-sucedidos na eliminação da influência das mulheres sobre as artes da cura, até hoje. Na verdade, foram extraordinariamente bem-sucedidos em eliminar as mulheres. Ponto final. Segundo as estimativas, de milhares a nove milhões de mulheres foram mortas entre 1500 e 1650, muitas por suspeita de prática da medicina. Novecentas mulheres foram eliminadas em um ano, na tranqüila cidade universitária de Wurzburg, Alemanha, e cem delas nas vizinhanças de Como, Itália. Em Toulouse, quatrocentas foram mortas em um só dia, e no Bispado de Trier, em 1585, em duas aldeias, sobraram apenas duas mulheres.

As mulheres foram acusadas de causarem todos os males da Europa, Inglaterra e América. Se um médico licenciado falhasse, a bruxa era a culpada. Se o leite de uma vaca secasse, a bruxa era acusada. Mulheres foram torturadas com os meios mais engenhosos, aperfeiçoados pela Santa Inquisição e praticados com zelo calvinista, até que elas confessassem ter praticado todos os horrores imagináveis: manter relações sexuais com o demônio, provocar tempestades e regalar-se com carne de bebês mortos. Os supostos crimes das bruxas podem ser classificados em três amplas categorias. Em primeiro lugar, eram crimes sexuais contra homens. O tratado a que se recorria amplamente por ocasião dos julgamentos, *Malleus Maleficarum*, escrito em 1486, por Heinrich Krames e James Sprenger, afirmava que "toda bruxaria provém da lascívia carnal, que, nas mulheres, é insaciável". A segunda maior ofensa era as bruxas serem organizadas, que pode ou não ter sido verdade. Talvez elas tivessem liderado rebeliões camponesas, e há indícios de que se reuniam em grupos, nas aldeias. Em terceiro lugar, e mais pertinente, elas foram acusadas de terem o poder mágico de afetar a saúde, não só por sua capacidade de curar, como de provocar doença e morte. [17]

A questão não era distinguir entre boas e más bruxas ou entre magia "branca" e "negra". De fato a distinção legal foi deixada de lado em 1563, na Escócia, onde as bruxas boas eram consideradas uma ameaça tão grande quanto as más. William Perkins, destacado caçador de bruxas, declarou que a "boa bruxa é um monstro mais horrível e detestável do que a má" e "se a morte pode ser devida a qualquer uma delas... então mil mortes se devem à boa bruxa".[18] Além disso, foi declarado que seria mil vezes melhor para o país se todas as bruxas, especialmente aquela que abençoava (a bruxa boa), pudessem sofrer a pena de morte. Kramer e Sprenger eram da opinião de que as parteiras causavam maior dano à Igreja Católica do que qualquer outra criatura.

De acordo com o que escrevem Ehrenreich e English em seu livro *Witches, Midwives, and Nurses: A History of Women Healers*, a Igreja via seu ataque às bruxas como um ataque à magia, mas não à medicina. "Quanto maiores seus poderes satânicas para se ajudarem, menos dependiam de Deus e da Igreja, e mais potencialmente capazes de usar seu poderes contra a ordem de Deus." Os amuletos mágicos não eram desprezados e considerados menos eficientes do que a oração, "mas a oração era sancionada e controlada pela Igreja, enquanto as invocações e amuletos não o eram". Ao que parece, poder-se-ia distinguir facilmente as curas por Deus das curas pelo demônio, pois Deus atuava por intermédios dos sacerdotes e médicos, em vez de agir por intermédio das mulheres.

A fúria contra as mulheres tornou-se autoperpetuadora. As acusações originais foram obscurecidas e as mulheres eram atacadas indiscriminadamente, pelo crime exclusivo de não terem nascido homens. Eventualmente, só as de sangue nobre gozaram de uma certa segurança. Duas vezes, neste século, presenciamos um pânico tão irracional: na Alemanha nazista e na caça aos comunistas, nos Estados Unidos, durante o macarthismo. Em ambos os exemplos, e ao contrário das bruxas, as vítimas conseguiram sobreviver, para contar seu lado da história e reclamar seus direitos.

Enigmas não resolvidos

O destino das bruxas e suas práticas são de grande interesse ao se considerar o papel da imaginação na saúde: seu destino é relevante porque restringiu para sempre a atitude da civilização ocidental para com as mulheres e sua medicina da imaginação; suas práticas são pertinentes, devido à sua reputação que ainda sobrevive.

Nem todos os estudiosos concordariam com a posição segundo a qual as mulheres estavam praticando uma medicina eficaz ou até mesmo que elas praticassem a medicina. Gregory Zilboorg, uma autoridade moderna, examinou as informações sobre as bruxas e chegou à conclusão de que dever-se-ia considerar seriamente a natureza das acusações contra elas, ou seja: de que as bruxas eram "heréticas. Na verdade, elas pecavam contra os Sacramentos... rebelavam-se contra o sinal-da-cruz ou temiam-no — e tudo isso porque eram mentalmente doentes, é claro".[19] Essa opinião ainda é defendida pela Igreja, talvez para absorver-se de uma culpa histórica. É de notar que as idéias de Zilboorg sobre insanidade também foram apoiadas por psiquiatras modernos. Em nenhum momento, na moderna literatura psiquiátrica, a doença mental foi associada ao comportamento dos perseguidores.

Outros historiadores, em particular Marvin Harris, acreditam que não houve crimes verdadeiros, nem bruxas; na verdade, todas as acusações contra as bruxas foram tramadas pela nobreza, para encontrar um bode expiatório para os problemas que a Europa enfrentava na época das revoltas camponesas, da irrupção dos movimentos messiânicos e da transformação decorrente da Reforma.[20] Mary Daly, reconhecida feminista radical, propõe que a caça às bruxas foi um movimento sexista, da mesma categoria da mutilação dos pés, da excisão do clitóris, das receitas desnecessárias e das cirurgias mutiladoras em mulheres do mundo civilizado.[21]

As questões econômicas certamente contribuíram para essa caça. Em primeiro lugar, considere-se a ameaça econômica aos praticantes da medicina, individualmente ou reunidos em corporações, em um mercado inundado de curadores. As mulheres eram significativamente mais vulneráveis ao ostracismo do que as corporações de padres ou de médicos. E embora elas fossem muito mal remuneradas por seus serviços (se é que eram pagas), seu conhecimento superior e reputação representavam, com toda certeza, uma grave ameaça. Além disso, pagava-se aos tribunais uma determinada quantia, sobre os bens das mulheres acusadas, para cobrir as custas dos julgamentos, e os caçadores de bruxas ganhavam grandes somas toda vez que identificavam uma bruxa que eventualmente fosse acusada. Os torturadores e carrascos também obtinham bons proventos.[22] E, enfim, todas as posses terrenas da mulher tornavam-se propriedade da Igreja.

A mulher como natureza

De uma perspectiva mais filosófica, as mulheres curadoras se defrontavam com as fissuras provocadas pelo paradigma mutável da ciência. Quando a humanidade começava a se preparar para a nova visão de mundo que repercutiria sobre o método científico, tudo que era irracional e intuitivo ficou sujeito a expurgo. A ciência e a medicina das mulheres eram alvos privilegiados. Desde o início dos tempos acreditava-se que as mulheres guardavam os segredos da vida em seu verdadeiro ser. E nesses mistérios elas geravam, davam à luz, curavam e nutriam o crescimento das coisas vivas. Por essa capacidade de dar a vida e salvá-la elas primeiro foram divinizadas e depois torturadas. Teriam as mulheres conhecimento intuitivo suficiente das leis naturais para poderem alterar o curso de uma tempestade ou de uma vida? Os pais da Igreja assim pensavam, bem como a maior parte da população.

O que se testemunhou ao longo dos séculos foi uma extravagante mistura de metáforas, tais como se terem tornado inseparáveis Mulher como Natureza e Natureza como Mulher. Nos grandes momentos de transformação que levaram à Renascença e ao longo dela, mulher e natureza foram desnudadas, e seu interior foi revelado. A Natureza/Mulher estava sendo forçada a confessar seu conhecimento (na Inglaterra, os jurados e outros participantes dos julgamentos violentavam as mulheres em grupo, antes dos interrogatórios. A prática era tão comum que sequer era incluída como parte da documentação das torturas, sendo apenas um simples acontecimento que precedia os julgamentos). Encontra-se um exemplo pertinente nas observações de Sir Francis Bacon, o grande empirista a cuja obra se credita a união da ciência com a tecnologia. Ao descrever seus novos métodos de investigação, ele declarou que a natureza precisava ser "acossada em suas perambulações", "dominada" e "escravizada", e que o objetivo da ciência era "extrair da natureza seus segredos, mediante tortura".[23] Bacon parece ter-se inspirado nos julgamentos das bruxas que ele presidiu, na qualidade de Ministro da Justiça do Rei Jaime I. Capra escreve o seguinte: "Com efeito, sua visão da natureza como mulher cujos segredos devem ser arrancados mediante tortura, com a ajuda de aparatos mecânicos, sugere, com grande eloqüência, o quanto estava difundida a tortura de mulheres, nos julgamentos das bruxas realizados no início do século XVII. A obra de Bacon representa, assim, um notável exemplo da influência exercida pelas atitudes patriarcais sobre o pensamento científico".[24]

A "condição da mulher" não foi apenas escandalosamente desafiada em termos do papel das mulheres na ciência e na medicina. Mais precisamente, as qualidades tradicionalmente associadas às mulheres representavam uma ameaça àquilo que acabou por ser conhecido como visão de mundo newtoniana, ou seja, o conceito de que o corpo, assim como o universo, era uma grande máquina. A intuição, os sentimentos, o pensamento não-racional, o holismo, a nutrição e a imaginação ocupam acanhado espaço no modo de pensar de um universo feito de rodas e engrenagens. Na verdade, acredita-se que a ciência, partindo do pensamento mágico, atingiu seu atual *status* principalmente porque essa "bagagem" foi posta de lado. No entanto a compreensão científica que vem emergindo nos campos da física, da bioquímica e da fisiologia sugere algo bem diferente. Atualmente, parece que os mistérios da vida que ainda persistem e, em um plano mais prático, a melhoria das condições de vida neste planeta, estarão fora de nosso alcance até entrarmos na era que reconheça precisamente essas qualidades femininas como legítimas e apropriadas à busca científica.

O ostracismo do aspecto xamânico da medicina das mulheres, inicialmente econômico e político, mais tarde tornou-se necessário porque a ciência não conseguia dar conta de fenômenos que pareciam transpessoais. Em conseqüência, criou-se uma legislação que colocava-os fora da existência. Os modernos avanços da ciência sugerem hoje que essa decisão não foi adequada. No capítulo 4 apresentarei provas que confirmam a eficácia da imaginação, usando informações provenientes da ciência básica, sem recorrer a uma interpretação sobrenatural.

O período renascentista de Paracelso

Mesmo sendo extremamente perigoso para as mulheres praticar a cura, durante a Renascença a imaginação, que tanto permeava suas técnicas, continuou a ser incorporada à medicina. Ela se associou à prática médica de vanguarda, porém autorizada, e basicamente por intermédio do trabalho de Paracelso. Um dos médicos mais audazes de sua época ou de qualquer outra, seus biógrafos a ele se referem como o prócer tempestuoso da medicina, o Lutero da medicina, arquicharlatão, curandeiro bêbado, fundador da química moderna e o Cristo da Cura na Renascença. Curou homens, brigou com eles, os fez pensar, conforme escreveu Osler, "criando um alvoroço, como não se fazia há quinze séculos".[25]

Paracelso cometeu o ato bárbaro e imperdoável de dar suas aulas em alemão, sua língua materna, em vez do latim habitual. Além disso, desdenhou anos de tradição, muito embora dissociada pelo progresso, ao mandar montar uma fogueira e nela queimar o *Canon*, bíblia da medicina de sua época. Defendia audaciosamente o juízo independente entre os médicos e o aprendizado da medicina por intermédio do atendimento ao paciente acamado. Seus contemporâneos se queixavam dele e seus pacientes adoravam-no, e com bons motivos. O ópio, com suas abençoadas propriedades anestésicas, foi trazido do Oriente e guardado no cabo de sua bengala, para aliviar os padecimentos daquela época, que devem ter sido inenarráveis. Lembrem-se de que era uma época em que as embarcações percorriam a metade do mundo, singrando as famosas "rotas do comércio da canela", com o intuito de obter especiarias para tratar os ferimentos — não para curá-los, mas para disfarçar o fedor da carne pútrida. Bons tempos aqueles... Em vez de fazer ouvidos moucos ou, o que seria pior, em vez de ridicularizar a medicina popular, Paracelso ouviu as benzedeiras e os curandeiros populares, incorporando seus conhecimentos à sua medicina, particularmente à obstetrícia, que os médicos praticavam literalmente no escuro, já que raramente se lhes permitia sequer dar uma olhadela na anatomia das futuras mães durante os trabalhos de parto e nascimento.

Paracelso reiterou o tema, tão evocativo dos antigos gregos, de que três *principias* foram incorporados à humanidade: o espiritual, o físico e os fenômenos mentais. Stoddart, em 1911, assim parafraseou Paracelso: "O homem é seu próprio médico e encontra as ervas curativas apropriadas em seu próprio jardim; o médico está em nós e em nossa própria natureza encontram-se todas as coisas de que necessitamos".[26]

Quanto ao tema da imaginação, Paracelso teria declarado o seguinte: "O homem é uma oficina de trabalho visível e invisível. A oficina visível é seu corpo, a invisível é a imaginação (mente)... A imaginação é o sol na alma do homem... O espírito é o mestre, a imaginação o instrumento, e o corpo, o material plástico... O poder da imaginação é um grande fator na medicina. Pode causar doenças... e pode curá-las... Os males do corpo podem ser curados por meio de remédios físicos ou pelo poder do espírito que age através da alma".[27]

Teorizando sobre a imaginação: pré-Descartes

Para compreendermos as teorizações dos médicos pré-cartesianos, precisamos lembrar que, para eles, assim como para curandeiros xamânicos e curadoras, as imagens eram uma realidade fisiológica, tanto quanto quaisquer outras funções corporais. Eles não tinham conhecimento direto de anatomia e fisiologia, já que eram forçados a especular sobre elas, na falta de métodos de mensuração de observação tecnologicamente avançados. McMahon, que fez a revisão do papel da imaginação em vários períodos históricos, formulou o sistema de crenças daquela época: "Quando uma imagem se tornava uma obsessão, ela se espalhava pelo corpo, sujeitava o coração, agarrava-se aos nervos e aos vasos sangüíneos e dirigia a carne de acordo com sua própria inclinação. Em breve, sua essência tornava-se manifesta na tez, na fisionomia, na postura e no modo de andar de sua vítima. A imaginação tinha maiores poderes de controle do que a sensação e, assim, a expectativa de um acontecimento temido era mais prejudicial do que o próprio acontecimento; o horror à morte matava com a mesma autenticidade de um ferimento infligido externamente. Uma vívida imaginação, relacionada a certa doença, tal como a febre, a paralisia ou o sufocamento, bastava para produzir certos sintomas".[28]

O pensamento médico pré-cartesiano era, invariavelmente, holístico e o princípio da inseparabilidade da mente, do corpo e do espírito nos cuidados com a saúde estava em sintonia com a visão de mundo de então. Quando essa visão se modificou, para incorporar o modelo cartesiano de dualidade — a separação entre as funções da mente e do corpo —, a abordagem holística tornou-se logicamente inconsistente. O próprio Descartes asseverou que nada havia no conceito de corpo que pertencesse à mente e, do mesmo modo, nada na mente que pertencesse ao corpo.[29]Hoje temos permissão implícita para dissecar, seccionar, examinar e invadir o corpo humano, sem receio de causar danos à alma. A questão é que, na essência da prática da medicina, a imaginação perdera seu *status*.

O xamã/cientista:
usos da imaginação na medicina moderna

> *É destino comum a todo conhecimento começar como heresia e acabar como ortodoxia.*
>
> Thomas Huxley

Após a Renascença, e até bem recentemente, o uso sistemático da imaginação foi considerado absolutamente tangencial à visão institucionalizada da medicina. Hoje, práticas com vestígios do conhecimento xamânico podem ser observadas em ambientes médicos modernos. Essas técnicas, que se apóiam no poder da imaginação, raramente são consideradas essenciais à prática da medicina tecnológica; mas, pelo menos, são consideradas úteis ao bem-estar psicológico do paciente.

Para que a imaginação passe de seu atual papel coadjuvante na medicina e lhe seja conferida a estatura a que chegou no sistema xamânico de cura, dois fatores devem fazer-se presentes. Em primeiro lugar, deve ser gerado um corpo de pesquisas sólidas e convincentes para dar sustentação ao papel da imaginação na saúde global. O ônus da prova e a responsabilidade pela pesquisa cabem àqueles que defendem a reintegração da imaginação na atenção à saúde, não aos cientistas que defendem o *status quo* da medicina alopática. Em segundo lugar, aqueles que curam no mundo da imaginação precisam também compreender e falar a língua do cientista, para terem credibilidade e serem acolhidos na comunidade médica. A melhor medicina será exercida por aqueles que recorrem ao que há de melhor no xamã e no cientista.

Este capítulo descreve algumas das técnicas empregadas por indivíduos que estão tentando reunir os dois mundos. Poderíamos dizer que são xamãs/cientistas praticantes. Sempre que for possível, serão documentados os resultados da prática clínica, além de apresentados estudos do caso. Os terapeutas modernos usam a imaginação de três maneiras essenciais: em diagnóstico, em terapia e em experimentos mentais para aliviar a dor e a ansiedade associadas às condições médicas. Os modernos xamãs/cientistas, ao contrário de seus predecessores na arte da cura, não reivindicam estar atuando no modo transpessoal de cura pela imaginação. Eles, provavelmente, se percebem como professores ou guias, e qualquer benefício associado à cura ou ao diagnóstico provém do interior dos próprios pacientes. Pode-se generalizar, afirmando que eles aderem à noção pré-verbal de cura pela imaginação, considerando-a uma capacidade humana natural, mas freqüentemente latente. A cura transpessoal bem pode ser considerada pelos xamãs/cientistas viável em certas aplicações clínicas, mas ela não constitui a base teórica para os instrumentos e técnicas da imaginação que estão sendo integradas atualmente ao cenário da medicina.

A imagem como parte da atenção global à saúde

Antes de passar à discussão dos instrumentos e técnicas da prática da imaginação, gostaria de enfatizar o papel tácito que a imaginação desempenha até na mais ortodoxa de todas as práticas médicas ocidentais. A imagem é uma variável sempre presente em todas as questões relacionadas à saúde. Ela pode não ser reconhecida, manipulada ou usada de modo sistemático no tratamento ou em diagnóstico, mas está presente como um determinante crítico da saúde. A imaginação não é apenas naturalmente concomitante a toda cura, mas está envolvida em todas as interações dos profissionais de saúde com seus pacientes.

Antes de mais nada, quando as sensações corporais chegam à nossa consciência, sobretudo quando são alarmantes, é criada a imagem de uma paisagem interior. Exatamente como os médicos do século XV, que não dispunham de máquinas para esquadrinhar o cérebro, radiografar ossos ou avaliar os componentes do sangue, nós também formamos imagens mentais por uma espécie de avaliação cognitiva dos sintomas. Consideremos o seguinte roteiro, um tanto comum, em que sintomas relativamente inofensivos tornam-se sinais de uma catástrofe iminente, em função de nossa vívida imaginação:

"Minha garganta está coçando e eu não tinha notado isso antes. O que será que significa? Talvez esteja ficando resfriado. A última vez que me resfriei lembro-me desta sensação, antes que minha garganta ficasse realmente dolorida. Vou verificar o que está acontecendo de novo." A esta altura, costumamos nos concentrar atentamente na sensação, notando onde o problema se localiza, quanto a sensação se espalha e avaliamos a situação. "Bem, não está doendo realmente, mas deve significar algo." Então, um verdadeiro dilúvio de diagnósticos alternativos inunda nossas mentes. "Talvez eu tenha ficado tempo demais naquela sala cheia de fumaça, ontem à noite. Ou, quem sabe, aquele café quente demais queimou minha garganta. Talvez seja apenas o tempo. Alergias. Ora, provavelmente não é nada (pausa). Poderia ser câncer. E se for câncer?" Costuma aparecer um excesso de imagens, que tentamos rapidamente expulsar de nossas mentes. "Acho que vou esperar um dia ou dois e irei me consultar para saber o que está acontecendo." Nesse meio tempo, à espera de que a situação piore, ela simplesmente deixa de existir (é o que acaba acontecendo com a maior parte das coisas) ou, então, até que esqueçamos o assunto, algum tipo de atividade mental prossegue, e formulando imagens, até nos fixarmos em uma delas, que está de acordo com nosso diagnóstico particular.

Supondo que a coceira na garganta se transforme em uma queimação. Você sente um aperto na garganta, engolir dói e está com febre. Na verdade, não é nada muito incomum, mas, depois de três dias você não se sente nada melhor. Vai correndo ao médico, que perscruta sabiamente sua garganta com seu confiável instrumental. "Humm", diz ele, e repete: "humm". Naquele estado tremendamente vulnerável e frágil em que se encontra, você se põe a pensar: "Por que ele não diz alguma coisa? Já sei. Ele nunca viu difteria em um adulto". Enfim, o médico dá seu palpite: "Parece que você está com um abcesso em ambas as amígdalas". "Que piada!", você pensa, "nem sabia que ainda tinha amígdalas e, ainda por cima com abcessos." É agora que o componente visual faz sua entrada. O último abcesso que você viu na vida foi um furúnculo no pescoço do menino do banco da frente durante a aula, no curso colegial. Decorridos tantos anos, você se lembra de ter espiado com nojo e fascinação como o furúnculo ficava cada vez mais vermelho, crescia e, finalmente, explodia, deixando uma cratera que levou o semestre inteiro para cicatrizar. Você leva as mãos à garganta, imaginando a que estágio nojento chegaram os abcessos em suas amígdalas.

A imagem se apodera de você. Sua garganta fica incrivelmente mais apertada, sua boca se enche de saliva. Seu coração bate descompassadamente no peito. Talvez você nunca mais consiga engolir. Talvez essa coisa maldita fique tão grande que você acabará com falta de ar e morrerá. Você faz o possível para não pensar que ela está explodindo e drenando. O enjôo toma conta e você se agarra nas bordas da cadeira. O médico continua: "Não é nada grave, daqui um ou dois dias isso passa". Ele pega o bloco de receitas, você sorri meio sem graça, engole e nota, com algum constrangimento, que, ao se levantar, seus joelhos dobraram ligeiramente. No espaço de alguns segundos você tirou o pé da cova e quase chegou a se restabelecer.

Se os comentários imediatos do médico tivessem sido mais sérios, a situação acima descrita teria tido todos os componentes potenciais de morte provocada por macumba. As imagens se traduzem tão prontamente em uma alteração física que morrer por ter recebido um diagnóstico temido, formulado por um médico digno de credibilidade, é tão factível quanto a morte provocada por bruxaria, para um haitiano vitimado por uma maldição. Esses casos já não são mais questionados pela comunidade médica e muitos deles foram relatados na literatura científica.

Uma das primeiras experiências de meu marido com o poder mortal da imaginação foi quando ele presenciou uma mulher, que acabara de fazer uma biópsia do seio, ser diagnosticada com câncer em seus primeiros estágios. Ela morreu em algumas horas, com a atônita família, médicos e atendentes em volta de sua cama. Qual foi a causa da morte? Certamente, não o câncer. Este, em seus primeiros estágios, não mata. É mais do que provável que a morte tenha ocorrido devido a algo que jamais constaria do relatório de um magistrado encarregado de investigar uma morte suspeita: óbito devido à atividade da imaginação. Aquela mulher cuidara da mãe, que sofrera morte dolorosa e prolongada devido à mesma doença, e sustentou veementemente que jamais passaria pela mesma situação. Enquanto ela processava mentalmente o diagnóstico, seu corpo, como é óbvio, interrompeu suas funções vitais.

Por outro lado, virtualmente, qualquer pessoa que tenha tido contato com o universo médico tem para contar pelo menos uma história de um paciente que, após o exame do órgão doente, foi "dispensado" pelo cirurgião, que o mandou morrer em casa. Por um ou outro motivo, as pessoas, ocasionalmente, não compreendem que seu diagnóstico é fatal. Elas se recusam a ouvir ou simplesmente ouvem mal o que lhes está sendo dito, ou então sua "crença" nos poderes curativos da cirurgia é tão grande que são incapazes de entender qualquer outra coisa. Essas pessoas sobrevivem contra todas as probabilidades; retomam sua vida cotidiana e só serão descobertas daí a alguns anos, quando voltarem a procurar o auxílio da medicina padecendo de outros problemas.

Um exemplo assim é o de uma mulher que foi levada para o hospital municipal de Dallas. Ao dar entrada no hospital, estava letárgica, paralisada e o diagnóstico foi o de um grande tumor cerebral. Seu filho de treze anos tentara cuidar dela por várias semanas, no pequeno *trailer* em que moravam, antes que alguém descobrisse aquela angustiante situação e chamasse uma ambulância. O cirurgião removeu o tumor com toda a prudência possível e, como a consideravam muito perto da morte, não tentaram aplicar nela radiação ou quimioterapia. Foi, porém, submetida a alguma terapia física, para que se sentisse um pouco mais confortável.

Em vez de morrer, a paciente foi ficando cada dia mais forte e mais vivaz. Quando tudo indicava que ela poderia ir para casa, prescreveu-se *biofeedback*, para ajudá-la a treinar novamente as funções da perna. Como sua terapeuta no *biofeedback* pude observar o progresso que ela realizou em um ano e meio. No fim desse período, ela não tinha mais indícios de tumor. O que ficara, após a cirurgia, foi limpo e removido por seu próprio sistema imunológico. Quando ia à clínica, apoiava-se em uma bengala e em um aparelho curto na perna; mas em casa, onde se sentia mais segura de seus passos, não usava nada.

Era uma mulher inteligente, dotada de muito bom senso e relativo grau de instrução. A palavra "tumor" não implicava necessariamente um câncer fatal ou maligno, nem algo que não pudesse ser superado com a mesma determinação que ela empregara durante toda a vida para abrir seu caminho no mundo. Tinha mais de cinqüenta anos, e sustentava sozinha o filho adolescente e uma mãe inválida. As provações e atribulações não lhe eram estranhas. Suas imagens eram de recuperação, não de morte, e ela desafiou todas as agruras. Da última vez que a vi, estava muito envolvida com sua horta orgânica e até saíra para dançar algumas noites.

Na introdução ao livro de Norman Cousin, *The Healing Heart*, Bernard Lown escreveu sobre sua experiência de cardiologista e declarou que certas palavras têm não apenas o poder de afligir, mas também de curar. Citou o exemplo de um paciente em estado crítico, cujo músculo cardíaco estava irreparavelmente comprometido e para o qual todos os meios terapêuticos estavam esgotados. Durante as visitas, Lown mencionou para seus auxiliares que o paciente se encontrava em bom "ritmo de galope", expressão que na verdade era um sinal de uma patologia significativa e costumava indicar um coração em estado precário. Daí a vários meses, o paciente foi fazer um exame e apresentava um notável estado de recuperação. Disse a Lown que sabia o que o fizera melhorar e quando isso ocorrera exatamente. "Na quinta-feira de manhã, quando o senhor entrou no quarto com seu grupo, aconteceu uma coisa que mudou tudo. O senhor auscultou meu coração; pareceu ter ficado satisfeito com o que descobriu e anunciou a todos que estavam junto da minha cama que eu tinha um bom 'ritmo de galope'." O paciente raciocinou que seu coração deveria ter muita energia e, portanto, não poderia estar à morte. Ficou sabendo na hora que se recuperaria.[1] Aquelas palavras, que transmitiam ao paciente a imagem de um cavalo que ainda tinha energia, obviamente foram responsáveis por seu novo estado de saúde.

Outros depoimentos sobre o papel da imaginação na doença provêm de estudos que demonstram que aqueles que não conseguem compreender as mensagens transmitidas pela sociedade e sua medicina morrem de causas diferentes daqueles que as compreendem. Em um estudo recente, Ira Collerain, Pat Craig e eu examinamos os registros computadorizados que listavam a causa da morte entre indivíduos mentalmente retardados e emocionalmente perturbados, no estado do Texas, por um período de quatro anos. As taxas de morte por câncer neste grupo são consistentemente baixas, e isso é significativo: apenas 4% de óbitos são devidos ao câncer, ao passo que, na população mais ampla, a incidência varia de 15 a 18%.[2] Estudos realizados nos Estados Unidos, Grécia e Reino Unido acusaram resultados semelhantes. Um estudo bastante recente, na Romênia, confirmou essa verificação, com 7% das mortes ocorridas em uma instituição mental atribuídas ao câncer, contra uma taxa de 13% para a população global[3] (essas diferenças poderiam ter ocorrido por acaso apenas uma vez em 1.000, conforme as estatísticas). Além disso, nenhum caso de leucemia foi registrado entre os anos de 1925-1978.

As observações clínicas provenientes das instituições em que esses indivíduos vivem sugerem que eles desenvolvem caroços de vários tipos; mas, quando é feita uma biópsia, verifica-se que eles são benignos. Após a publicação de meu estudo, um médico especializado em oncologia e radiação escreveu-me confirmando os resultados obtidos em sua experiência clínica. Ele assumira um posto em um novo centro de tratamento de câncer na Costa Leste, patrocinado pelo Estado, destinado à internação de pessoas mentalmente desfavorecidas. O médico afirmou que, para sua grande surpresa e para surpresa geral, o centro ficou significativamente subutilizado, não havendo qualquer caso de câncer a tratar.

Desde 1976, foram publicados muitos estudos, mostrando que o sistema imunológico dos esquizofrênicos é diferente, sob vários aspectos, dos não esquizofrênicos.[4] Certos aspectos de sua imunologia parecem mais competentes do que o normal, e outros, menos. A noção de uma base bioquímica para a proteção contra o câncer e outras doenças imunes e auto-imunes não nega a possibilidade de que fatores cognitivos também interfiram nesse quadro, nem explica descobertas similares no campo do retardamento mental e outros tipos de perturbações mentais.

Seria o curso natural da doença diferente quando não há medo e nem imagens de morte? Esses estudos apontariam para esta conclusão. Então, questões éticas se impõem: se as pessoas estão morrendo do diagnóstico da doença e não da própria doença, deverão ser mantidas na ignorância sobre sua condição de saúde? As informações devem ser mantidas fora de alcance, de modo que apenas as autoridades médicas tenham acesso a elas? Parte da culpa pelas epidemias que assolam a civilização poderá ser atribuída à mídia e aos educadores como eu, que vivem tentando popularizar o conceito de que as pessoas devem ser responsáveis por sua própria saúde? A resposta é um enfático não. Diagnósticos são nomes estapafúrdios, culturalmente determinados e têm muito pouco significado ou poder, em si e por si. Não é o diagnóstico que mata (ou cura), mas as expectativas e as imagens que o acompanham. Não é o que se diz aos pacientes que é tão crítico para a saúde, mas *como* se diz, como são atendidos, ao receberem o diagnóstico e, obviamente, como escolhem receber a mensagem no contexto de seu próprio sistema de crenças.

Meus próprios pacientes provaram-me, repetidas vezes: a profissão médica é onipotente, ao criar um imaginário. As imagens podem determinar a vida ou a morte, independentemente de qualquer intervenção médica. É desnecessário dizer que a responsabilidade não deve ser assumida com leviandade, mas receio que isso aconteça com freqüência.

Uma de minhas pacientes mais esclarecidas foi uma mulher de 38 anos, diagnosticada com câncer no seio. Seu primeiro cirurgião disse-lhe que devia "fazer as pazes consigo mesma" e viver o melhor que pudesse a vida que lhe restava. Embora o câncer tenha sido encontrado em muitos nódulos linfáticos, o prognóstico de uma sobrevida de cinco anos e até mesmo de cura chega a ser otimista, se comparado com outros tipos de câncer. O parecer desse médico foi desnecessariamente cruel.

Essa mulher, que tinha formação em enfermagem e terapia familiar, sabia que não tinha que viver e não podia viver com semelhante atitude. Escolheu fazer sua opção: procurou outro médico, que lhe ofereceu a vida ao invés da morte. Encontrou alguém que apoiava sua necessidade de ter esperança e sua intensa busca de todos os possíveis remédios alternativos, dizendo-lhe coisas como: "Você e eu lutaremos contra isso juntos"; "Você é jovem, saudável e tem boas chances de viver pelo menos mais quarenta anos". São colocações muito simples, que, no entanto, têm o poder de expulsar o horrível senso de fatalidade iminente que costuma sobrevir no meio da noite.

O médico que ela escolheu não praticava tipos alternativos de terapia. Ele também não entendia exatamente as técnicas de imaginação às quais ela era tão dedicada, mas reconheceu que tinham uma significativa importância para ela e lhe davam apoio. Ela contou que telefonara para Linus Pauling, na Califórnia, e para seus colegas, na Escócia, e que estava seguindo suas recomendações sobre o uso da terapia com vitamina C. O médico deu sua aprovação tácita. Acompanhou-a durante uma quimioterapia altamente tóxica, que não teve nenhum dos efeitos colaterais habituais, exceto perda dos cabelos. Foi-lhe recomendada uma segunda mastectomia "profilática", em vista de sua crônica doença no seio e o alto risco de um câncer adicional. A cirurgia suplementar foi muito aceitável e ela se recuperou completamente em três dias. O médico e a paciente continuaram a ser parceiros nesse esforço e, por parte dele, nunca houve a menor insinuação de que ela poderia sucumbir apesar de seus esforços.

As imagens também são criadas pelas estatísticas, como as publicadas pela Sociedade Americana do Câncer, Instituto Nacional do Câncer e pesquisadores subvencionados por agências estatais. Ao receberem um diagnóstico de doença grave, os pacientes quase sempre perguntam: "Quanto tempo me resta?". Em primeiro lugar, não é uma pergunta agradável a fazer a qualquer mortal. Em segundo lugar, as respostas devem ser cuidadosamente formuladas, para refletir a verdade. Apresenta-se habitualmente um espectro grosseiramente derivado de uma expectativa média de vida ou daquele ponto em que 50% dos pacientes morreram e 50% ainda vivem, dadas as variáveis da condição. "Você tem seis meses de vida, no máximo um ano" é a frase mais comum. De acordo com minha experiência, os pacientes tendem a lidar muito bem com a sentença que recebem. A tragédia é que um espectro em torno da média é um quadro absolutamente incorreto. As estatísticas que nos chegam são, freqüentemente, coletadas entre pacientes sem meios financeiros, que se sujeitam a ser objeto de estudo para conseguir atendimento médico gratuito. As pessoas pobres com câncer simplesmente não vivem tanto quanto aquelas que estão bem de vida e, assim, as estatísticas são distorcidas.[5] Além do mais, recorrer a um espectro em torno da média é apenas parte da descrição da trajetória da doença.

Por exemplo, uma de minhas pacientes, que chamarei de Jan, é também escritora na área médica, com interesse especial pela imunologia e pelo câncer. Há pouco tempo diagnosticaram nela um tumor no cérebro e comunicaram-lhe que, provavelmente, tinha seis meses de vida. Esta é, com efeito, a *expectativa* de vida *média*, baseada em tabelas fornecidas pelo Instituto Nacional do Câncer. No entanto, com base em informações contidas nessas mesmas tabelas, vemos que 38% dos pacientes de sua faixa etária têm a expectativa de viver três anos e, acima dessa faixa, 27% vivem pelo menos dez anos, e estão bem. Quando examinamos essas tabelas, Jan declarou: "Então eu já tirei de letra!". Antes disso, ela estava de tal modo ansiosa que seu comportamento emocional tornava-se mais prejudicial a seu bem-estar do que o próprio tumor. Com medo de sofrer dores, ela pediu elevadas doses de Dilantin, até ficar intoxicada e confusa. Carregava um sedativo onde quer que fosse e tomava-o sempre que sentia a iminência da dor. Isso, para ela, representava uma segurança. Embora soubesse muito bem que o sedativo não entraria com velocidade suficiente em sua corrente sangüínea para abortar a dor, ainda assim o remédio funcionava. É provável que seu choro descontrolado e sua profunda depressão estivessem mais relacionados às doses maciças de Valium do que à sua situação. Ela também passou por mudanças pessoais inacreditáveis, ao tentar "viver em paz" com ela mesma. O estresse causado por tantas mudanças, o excesso de medicação e a ansiedade se misturavam com os efeitos do próprio tumor.

Após nossa nova leitura das estatísticas e graças ao apoio recebido da equipe da clínica onde a tratávamos, Jan começou a pensar e agir novamente como uma pessoa saudável. Daí a dois dias sua fala tornou-se mais articulada, sua memória melhorou e a tosse persistente desapareceu. Insistiu em seguir um programa de terapia física para fortalecer o braço e a perna, e solicitou que fosse reduzida a elevada dose de tranqüilizantes e soníferos. O neurologista que trabalhava conosco ficou muito surpreendido com seu rápido progresso: "É incrível o que pode acontecer quando o medo é controlado". Não tínhamos a menor idéia se o tumor estava diminuindo, pois as tomografias não eram tão precisas. Com certeza, diminuíram os problemas, que, segundo se acreditava, se relacionavam com o tumor e o edema próximo dele.

Então Jan decidiu tornar-se voluntária de uma experiência com um novo tratamento. Ela foi entusiasticamente encorajada nesse sentido por uma família bem-intencionada e por um médico que não conheciam nenhum outro tratamento. Afirmaram-lhe que esta era sua única esperança. Jan submeteu-se a uma avaliação e os médicos do centro médico em que a experiência estava sendo realizada manifestaram interesse em recebê-la. Enfatizei para ela a importância de estudar bem o tratamento proposto, ler os artigos, que pudesse localizar e fazer aos médicos perguntas importantes sobre a sobrevida após o tratamento, as complicações etc. Ofereci-me para ajudá-la a interpretar as estatísticas. Seguindo meu conselho, ela procurou outro grande centro médico em que trabalhava o profissional que iniciara aquele estudo, na esperança de conversar pessoalmente com ele. Em vez disso, uma de suas assistentes (que não era médica) atendeu ao telefone e disse a Jan que ela estava perdendo tempo. Embora jamais a tivesse visto e ignorasse as particularidades de seu estado de saúde, começou a discutir qualidade de vida e a explicar a Jan, com alguns detalhes, como ela morreria: sem dor, sem perceber o que estava à sua volta.

Foi um ato criminoso, embora provavelmente bem-intencionado, e poderia ter tido conseqüências calamitosas se a assistente representasse para Jan uma figura de autoridade. Assim que ela desligou o telefone, entrou imediatamente em depressão. Seu modo de lidar com a ansiedade era telefonar para a rede de pessoas que lhe davam apoio e conversar durante horas. Quando me telefonou, perguntei-lhe se conhecera alguém com sua doença que sobrevivera. Era uma velha pergunta e ela sabia a resposta, mas queria ouvir muitas e muitas vezes aquilo que eu chamo de "histórias de cura", para expulsar para bem longe suas dúvidas. Após algumas horas de confusão, ela pareceu lembrar o nome de um jovem residente do hospital em que ela estava recebendo tratamento. Teve a presença de espírito de localizar o número do telefone da casa dele e, mais uma vez, tranqüilizou-se. Ele disse: "Seu tumor é bem pequeno". Ninguém lhe dissera isso antes. Ele também revelou que era o tipo de tumor sensível ao tratamento que eles aplicariam (outra informação que ela desconhecia). Então Jan tomou a decisão final de participar da pesquisa.

Mais tarde, Jan mandou uma carta eloqüente àquela assistente que lhe dera uma sentença de morte via interurbano. Escreveu que não tinha realmente a intenção de morrer, mas, caso a morte fosse iminente, não seria nem fácil nem desprovida de dor, conforme lhe foi dito. Renunciar à vida que ela tanto apreciava, deixar uma filha jovem e cancelar seus sonhos e esperanças provocaria a maior dor psíquica que se poderia imaginar. Sem o apoio positivo da rede que se formara em torno dela, sem sua própria determinação, Jan poderia muito bem ter morrido antes — não do tumor, mas de terror ou desesperança.

O efeito placebo

Quando a imaginação é considerada a curadora derradeira, aspectos daquilo que ficou conhecido como "efeito placebo" estarão sendo abordados. O *efeito placebo* é apenas outro termo para descrever uma alteração física que ocorre sem que haja qualquer intervenção médica conhecida ou aceita. O efeito placebo intervém devido à imaginação, mas não é sinônimo da própria imaginação. Sua tenaz presença nos estudos clínicos sobre drogas e cirurgia é prova eloqüente do efeito da mente sobre a química do corpo.

O termo *placebo* é derivado do latim e significa "agradarei". Teoricamente, pode ser qualquer simulação ou procedimento cirúrgico classificado como inerte. A definição está tornando-se irrisória, pois absolutamente nada que intervém no corpo, acompanhado de um pensamento consciente, é quimicamente inerte. Quando uma substância é quimicamente inerte, ela não pode reagir para formar componentes. Cada pensamento é acompanhado por uma mudança eletroquímica; o pensamento é isso: uma modificação eletroquímica. Assim, se tomamos uma pílula e sentimos que ela irá nos curar, ela é metabolizada em um meio muito diferente daquele que ocorre quando pensamos que a pílula é um veneno. É modo grosseiro de resumir a excitante pesquisa que hoje se faz, dos aspectos bioquímicos do placebo, abordada com maiores detalhes no capítulo 4. Pelo menos no caso da dor, as descobertas têm sido claras: já se determinou que quando se dá um placebo a um paciente, o alívio da dor é função da capacidade do placebo de aumentar a produção das substâncias químicas do corpo responsáveis pelo alívio — as endorfinas ou encefalinas. É claro que o mecanismo ativo é a imaginação do receptor. A magia não está na pílula de açúcar ou na injeção de água, mas na crença a elas ligada.

O tratamento com placebos funciona para outros problemas além da dor, embora se conheça menos sobre os mecanismos bioquímicos envolvidos. Segundo o que se verificou, o placebo é responsável pela cura em 30 a 70% de todas as intervenções cirúrgicas ou de tratamentos com remédios. Até mesmo a recuperação de tecidos danificados tem sido estimulada com o uso do placebo.[6] Ele, sem dúvida, é responsável pela cura, quando tratamentos impróprios são prescritos, e até por alguns dos efeitos positivos de tratamentos adequados. Os placebos, a exemplo da imaginação, da hipnose e do *biofeedback*, com toda certeza, devem ter um efeito direto sobre o sistema imunológico, mas é preciso que seus componentes ainda sejam cuidadosamente pesquisados.

O placebo, na verdade, está dando permissão para a cura; é um símbolo que a imaginação pode incorporar e traduzir em assombrosas alterações bioquímicas que, no momento, ainda estão além da compreensão das mais refinadas mentes científicas. O médico sensato que vive em cada um de nós sabe como fazer a dor desaparecer e os tumores se diluírem. Ele sabe quando mobilizar as células T, as histaminas ou endorfinas — tudo em ordem apropriada e combinação. O placebo apenas desencadeia o processo: "Atenção, aprontem-se e vão!". Certamente não está distante o tempo em que já não precisaremos recorrer a um estímulo artificial e todo o processo poderá iniciar-se por força de vontade.

De acordo com Jerome Frank, "o poder do placebo decorre de ser um símbolo tangível do papel do médico como curador. Em nossa sociedade, o médico valida seu poder prescrevendo medicamentos, assim como o xamã, em uma tribo primitiva, pode validar o seu cuspindo um pedaço de algodão embebido em sangue no momento apropriado".[7] As esperanças e temores, as experiências anteriores, os sistemas de crença arquetípicos e, sobretudo, a expectativa, tudo isso é a base da qualidade e do grau da reação.

O efeito placebo foi bem demonstrado em ambientes experimentais e deve ser "controlado" em todos os estudos sobre drogas. Em outras palavras, quando uma droga é testada, dá-se placebos ou simulacros parecidos com o remédio verdadeiro, para descobrir exatamente quanto da eficácia da droga se deve à imaginação do paciente. Em um determinado estudo, pacientes psiquiátricos experimentaram uma melhoria em vários estados de espírito e comportamentos enquanto recebiam uma cápsula. Os ingredientes não contavam, somente a cápsula era importante.[8] O fato de o efeito placebo ter sido identificado em milhares de estudos sobre drogas é um testemunho perfeito e incontestável do papel da imaginação na saúde. É de estranhar que os cientistas tenham investido tão grande esforço em seu "controle" e tenham mostrado tão pouco empenho em identificar como ele poderia ser usado de forma melhor no atendimento à saúde.

Entretanto, a eficácia do placebo varia, dependendo do quanto o paciente espera se beneficiar. Por exemplo, Volgyesi, em 1954, referiu-se a pacientes portadores de úlcera péptica que foram hospitalizados com hemorragia. Aplicaram neles injeções de água e disseram-lhes: 1) que as injeções os curariam; 2) que lhes estavam sendo dadas injeções de uma eficácia indeterminada. 70% de pacientes do primeiro grupo apresentaram excelente melhoria em seu estado de saúde, que se manteve durante o período de acompanhamento de um ano. Apenas 25% de pacientes do segundo grupo apresentou tal melhoria.[9]

Até mesmo as propriedades ativas das drogas podem ser suplantadas pela imaginação. Wolf relata o caso de uma mulher grávida, que, tendo enjôo matinal, tomou ipecacuanha, após lhe dizerem que aquilo curaria sua náusea. A ipecacuanha é um emético conhecido, usado para provocar vômito quando certos venenos são ingeridos e que quase sempre funciona. A mulher, entretanto, sentiu seu incômodo passar, embora vômitos e aumento do enjôo tivessem ocorrido quando tomara a droga anteriormente, sem que nada lhe fosse dito.[10] Embora sejam obtidas algumas informações valiosas desse tipo de relato de caso, ele e muitos outros, similares, são eticamente questionáveis. A tendência atual é fornecer uma informação completa sobre todos os possíveis efeitos negativos, o que, em si, é problemático, dada a inclinação de muitos pacientes a esperar pelo pior. Um grupo de oncologistas com que conversei está convencido de que esse tipo de abertura aumentou os efeitos colaterais da quimioterapia.

É a Norman Cousins — grande força jornalística a instigar a atitude coletiva do século XX a novas dimensões em saúde — que se deve a última palavra sobre os placebos: "O que há de mais significativo quanto aos placebos, não é tanto o veredicto que eles proporcionam sobre a eficácia das novas drogas, mas uma prova clara de que aquilo que passa pela mente pode provocar alterações na química do corpo. Fatos como esse indicam que os mesmos caminhos e conexões que intervêm no uso dos placebos podem ser ativados sem eles. O principal ingrediente é o sistema de crença dos seres humanos. A confiança na capacidade de mobilizar os próprios recursos é uma prodigiosa força em si. O próximo grande avanço na evolução humana pode muito bem ser representado pela capacidade dos seres humanos de trabalharem com uma nova compreensão da química cerebral, de presidirem a si mesmos".[11]

A imaginação em diferentes escolas de pensamento

Theodore B. Barber e outros hipnotizadores afirmam que a eficácia da hipnose está na imagem criada por sugestão hipnótica. Pesquisadores e clínicos, como Elmer e Alyce Green, Steve Fahrion e Pat Norris, do muito conceituado laboratório de *biofeedback* da Fundação Menninger, reconhecem na imaginação um elemento crítico no aprendizado para alterar uma reação física em formação em *biofeedback*. Escolas de psicoterapia e teoria psicológica, inclusive a Gestalt, a psicossíntese e a terapia comportamentalista racional, recorrem à imaginação para modificar o comportamento, a atitude e a saúde. Para todas essas escolas, assim como para a cura xamânica, a capacidade de alterar a função física ou mental depende, em primeira instância, da imaginação do paciente ou daquele que vai ser curado e, em segunda instância, da imaginação do terapeuta. Em vez de fazer terapia, tratamento ou algo "para" o paciente, os terapeutas atuam como guias através dos reinos da consciência, sugerindo, orientando, usando sua própria experiência interior como um mapa para penetrar nesse território.

No resto deste capítulo farei uma abordagem rápida desses vários métodos. O leitor interessado encontrará uma ampla bibliografia a respeito; outras publicações serão citadas e rapidamente descritas no capítulo 5, conjuntamente com a ciência social e do comportamento. Todas essas diferentes técnicas são caminhos que levam ao mesmo lugar. São todas manipulações sistemáticas da imaginação e todas funcionam para alguém. Integramos a imaginação ao *biofeedback*, à terapia de grupo, ao aconselhamento individual e ao trabalho corporal; Larry LeShan usa a imaginação com psicoterapia tradicional e meditação; Larry Dossey e outros médicos criam imagens conscientemente, em um diálogo cuidadosamente estruturado com seus pacientes. Joe D. Goldstrich e Dean Ornish usam a imaginação com nutrição, exercício e outros programas para as doenças cardiovasculares; Carl e Stephanie Simonton são pioneiros no uso da imaginação com pacientes de câncer, combinada com tratamento médico, psicoterapia e mudanças no estilo de vida.[12]

Os tópicos a seguir são representativos do trabalho geral que está sendo desenvolvido pela moderna medicina de ponta. Com isso não quero insinuar que todas essas técnicas sejam necessariamente aceitas pela corrente conservadora da medicina alopática mas que praticantes e práticas têm uma filiação com a medicina de ponta, foram formados ou estão atuando dentro de seus limites.

Terapia autógena

Uma extensa literatura em apoio ao uso da imaginação na medicina foi compilada por J. H. Schultz e registrada em uma série de sete volumes cuja edição foi organizada por Wolfgang Luthe.[13] As técnicas narradas por Schultz e Luthe são conhecidas coletivamente como "terapia autógena" e são antecessoras imediatas da atual aplicação da visualização ou imaginação dirigida à saúde. Cuidadosas descrições clínicas dos métodos e resultados cobrem aproximadamente 2.400 casos, que receberam todo tipo de diagnósticos.

Schultz e Luthe recorreram a seis exercícios padronizados, a serem realizados com os pacientes sentados ou deitados, em estado de relaxamento. As instruções preliminares eram imaginar-se em contato mental com certas partes do corpo, concentrar nelas sua atenção, repetir uma frase especial e manter uma atitude despreocupada quanto aos resultados. A essência da terapia envolvia relaxamento, imaginar a parte do corpo e (recorrendo à "volição passiva") deixar o exercício atuar, em vez de tentar forçar uma mudança. Esses são os ingredientes principais de todas as técnicas que usam a imaginação para curar.

O seis exercícios específicos que Schultz e Luthe desenvolveram são feitos em uma seqüência. O primeiro deles é declarar repetidas vezes: "Meu braço direito está pesado" (o paciente pode pensar isso silenciosamente ou ser guiado por um instrutor). No segundo exercício, a tarefa é imaginar sentir calor nos braços e pernas. No terceiro exercício, o paciente continua a fazer o mesmo, com outros sistemas do corpo: por exemplo, "Meu coração bate com calma e regularidade". O quarto exercício focaliza a respiração; o quinto, o aquecimento do plexo solar; e o sexto, refrescar a fonte. Há variações para as diferentes doenças. Os exercícios adiantados são complexos procedimentos imaginários, cujo objetivo é ajudar a ter acesso a uma informação que não está conscientemente disponível.

A documentação sobre a terapia autógena indica que ela é bem-sucedida em doenças agudas e crônicas, inclusive asma, enxaquecas, diabetes, artrite, dor na região lombar, gastrite, intervenções cirúrgicas e tratamentos dentários. As mudanças físicas medidas incluem efeitos positivos sobre o potencial dos músculos, temperatura da pele, taxa de açúcar no sangue, contagem de glóbulos brancos, pressão sangüínea, freqüência cardíaca, secreções hormonais e ondas cerebrais.

Schultz e Luthe reconheceram o poder de cura dessas técnicas, se usadas apropriadamente; mas também têm ampla consciência do mal que uma visualização inadequada poderia causar. Por exemplo, uma frase usada junto com o relaxamento dos músculos abdominais é "meu plexo solar está quente". Eles afirmam com toda clareza que semelhante frase não deve ser usada por pessoas com gastrite, pois esses pacientes já sofrem de intensa motilidade gástrica. Nesses casos o aumento do calor (devido a uma intensificação do fluxo sangüíneo) é contra-indicado.

90

O parto

A imaginação é usada sistematicamente para alcançar vários propósitos durante o parto: relaxar, eliminar medos e ansiedades, diminuir a dor, sensibilizar a mãe para as funções de seu corpo e ensaiar mentalmente o próprio nascimento da criança. Os métodos do parto natural, propostos primeiramente pelo médico inglês Grantly Dick-Read, na década de 1930, contam agora com muitos seguidores e todos eles centrados no treinamento da futura mãe, para controlar conscientemente sua fisiologia e sua reação emocional à gravidez e ao parto. Dick-Read acreditava que a dor excessiva associada ao nascimento resultava basicamente de lendas de sofrimento contadas de uma geração a outra. Achava que a dor seria significativamente reduzida se o medo e o imaginário que acompanharam séculos de representações equivocadas do processo de nascimento pudessem ser esclarecidos.

Ele começou por contradizer a história, substituindo a expressão "dor uterina" por "contração uterina" e incentivando os pais a desempenharem um papel ativo no parto. Foram desenvolvidos exercícios a serem usados durante o trabalho de parto, para relaxar a musculatura pélvica. Dick-Read achava que o medo tinha um efeito direto sobre o fluxo do sangue para o útero, provocava a formação de excreções e ativava o sistema nervoso simpático. Julgava que a tensão ativada pelo medo poderia levar os músculos inferiores do útero a se contrair e pressionar a abertura do colo do útero, detendo ou retardando o processo do nascimento. Dick-Read achava que o medo criava diretamente uma condição anormal e torturante.

Ele pretendia que o parto fosse uma ocasião mais espiritual e consciente para a mulher, em que ela pudesse envolver-se completamente e, ao mesmo tempo, não ser privada das vantagens da medicina obstétrica. Há hoje ampla aceitação de seus métodos, embora, no início, ele fosse proibido de praticá-los no âmbito do Serviço Nacional de Saúde da Inglaterra. Agora há provas de que ele estava absolutamente certo na maioria de suas afirmações sobre o efeito físico do medo.

O segundo capítulo do livro clássico de Dick-Read, *Childbirth Without Fear*, cuja primeira edição é de 1942, foi dedicado a uma discussão sobre o papel da imaginação. "A lembrança ou até mesmo a visualização de um incidente pode revestir uma função natural e fisiológica de uma aura de dor ou prazer tão vívidos que os reflexos normais são perturbados... O medo do parto torna-se então o grande perturbador da harmonia neuromuscular."[14] A mensagem é clara: se as atitudes e as imagens forem mudadas, então os processos corporais serão dramaticamente afetados e o parto adquire uma perspectiva inteiramente nova.

Os médicos russos, pondo em prática o trabalho do grande fisiologista Ivan Pavlov, aproximaram-se dessa premissa por meio de sua idéia do reflexo condicionado. As respostas aos estímulos podem ser aprendidas ou condicionadas, de tal modo que ocorrem com alguma regularidade; mas também podem ser desaprendidas. No caso das atitudes relacionadas com o parto, acreditava-se que se o repertório cultural de informações fosse modificado, a própria resposta seria alterada. O termo que empregaram para descrever seus métodos foi *psicoprofilaxia*, o que significa, literalmente, "prevenção mental". As mulheres eram ensinadas a se dissociarem mentalmente do extremo desconforto físico e, portanto, sentiam-no menos agudamente.

Em 1949, a primeira mulher treinada por esses métodos deu à luz, atraindo a atenção do ginecologista francês Fernand Lamaze. Em sua viagem a Leningrado, ele ficou surpreendido ao observar uma parturiente não só acordada durante as seis horas de seu trabalho de parto (naqueles tempos recorria-se à forte sedação), mas aproveitando-as. Levou para seu país as idéias aprendidas na Rússia, modificou-as e difundiu-as pela Europa e Estados Unidos, e, mais tarde, ficaram conhecidas como "parto sem dor". Lamaze evidencia o treinamento do relaxamento e da respiração de modo muito metódico durante o trabalho de parto e o próprio parto. A concentração na respiração serve para ajudar fisicamente o nascimento, com um suprimento adequado de oxigênio, para produzir o efeito muscular correto durante as contrações e o intervalo entre elas, e também (e é aqui que a psicoprofilaxia intervém) para ajudar a mulher a dissociar-se mentalmente de seu desconforto.

Um dos métodos modernos de parto, "o parto natural", é uma combinação dos métodos de Dick-Read e Lamaze, com um viés feminista, holístico, homeopático e um grande apelo de uma mulher a outra. Sua fundadora, a inglesa Danae Brook, assim se refere ao aspecto de prevenção mental do parto: "O seu modo de respirar é uma distração. Usando-o, você poderá dissociar-se da turbulenta atividade de seu corpo. Se quiser distrair-se enquanto ocorrem as mais fortes contrações em todo seu corpo, faça-o. A exemplo de uma técnica de meditação, esse tipo de respiração lhe dá uma espécie de quietude no olho de um furacão". Treinar para o parto natural permite um profundo treino da imaginação para o grande acontecimento, levando as mulheres a se familiarizarem com seus corpos, para serem capazes de, conscientemente, "perceber, sentir e controlar certos músculos, particularmente os músculos internos que participam do parto, mas dos quais poucas pessoas têm consciência na vida cotidiana, antes de dar à luz".[15] As mulheres também treinam a liberação de emoções negativas tais como dor, tensão, sentimentos de inibição e constrangimento. No trabalho de parto, estas emoções só servem para complicar a dor e impedir o progresso. As mulheres praticam sentar com as pernas abertas e relaxadas, gemem e resmungam durante o treinamento. Se uma delas se queixar de falta de dignidade, lembram-lhe do quão absurdo é sentir vergonha de funções naturais.

Treinar mentalmente um acontecimento temido para reduzir seu impacto prejudicial sobre a fisiologia é um dos aspectos mais bem documentados do uso da imaginação no campo da medicina. Pode estar ligado aos rituais de imaginar vividamente movimentos futuros que os atletas reconhecidos associaram ao auge de um desempenho.[16] Com o treino, o corpo aprende para responder de modo esplêndido e automático, por ocasião do acontecimento real.

O sentimento de transcendência, freqüentemente relatado por mães que participaram ativamente do processo do parto, e o sentimento do atleta de fusão em um cosmos atemporal, durante os melhores momentos de seu desempenho, são experiências de grande conteúdo espiritual, que parecem fluir de uma fonte comum: a preparação através do treino. Estar preparado permite vivenciar acontecimentos sem distração desnecessária e mantém a atenção e a energia concentrados. "Quando sua mente e seu corpo estão sendo dirigidos para outro senso da realidade, outra dimensão, por uma experiência tão profunda quanto o orgasmo ou o nascimento, as delineações entre consciente e subconsciente devem acabar, o eu físico, que sente, e o eu que avalia intelectualmente a sensação devem ser um só."[17] Para que um desempenho máximo seja conseguido, o ego não deve ficar no caminho.

A pesquisa em apoio da preparação para o parto para a mulher e para a criança é volumosa. Apenas reduzir os medicamentos para eliminar a dor pode resultar em melhoria dos reflexos no ato de mamar, do ritmo do pulso, do coração e da respiração e, em geral, resulta em um bebê mais saudável, esperto, intensificando o contato entre mãe e filho. Nos Estados Unidos, é necessária uma preocupação particular com os meios de melhorar a saúde dos bebês, pois informações coletadas pelo Escritório de Estatística confirmam uma taxa de mortalidade infantil abominável e indesculpável. Em 1950, os Estados Unidos estavam entre os seis países mais industrializados; mas, em 1973, quando foram publicadas as mais recentes estatísticas oficiais, ele caíra para o décimo sexto lugar, muito atrás, não só dos países escandinavos, medicamente adiantados, mas também de Hong Kong, Nova Zelândia e Canadá. Algo está errado.[18]

Uma pesquisa de âmbito mundial, realizada em 1973, demonstrou que os Estados Unidos registram 28,3 mortes de bebês em cada 1.000 nascimentos, e a Suécia registra a taxa mais baixa: 9,6. Além disso, os Estados Unidos têm a maior taxa de mortalidade infantil devida a condições tais como asfixia pós-natal e danos decorrentes do parto, que ocorrem com maior probabilidade se as mães receberem medicação contra a dor.[19] (De acordo com uma pesquisa independente, realizada por Carl Haub, por volta de 1980, nos Estados Unidos a taxa de mortalidade infantil já havia caído para 19. Hoje a taxa de mortalidade infantil para cada 1.000 nascimentos caiu para 12,5.)

A imaginação na enfermagem

A imaginação encontrou uma calorosa recepção entre as enfermeiras que, como grupo profissional, estão à procura de instrumentos clínicos sólidos que permitam reforçar sua identidade e independência e aumentar a eficácia de sua prática profissional. Na enfermagem, a imaginação é chamada de "informação sensorial", embora o formato usado seja semelhante à imaginação dirigida, já discutida neste capítulo. Credita-se a Jean Johnson ter incentivado esta questão com suas pesquisas. Ela foi além dos limites habituais de instruir os pacientes (isto é, dialogar com eles sobre os procedimentos médicos), fornecendo-lhes também informações sobre os aspectos sensoriais do tratamento. Os pacientes se vêem envolvidos previamente em uma viagem na fantasia, imaginam o tipo específico de tratamento a que serão submetidos e aquilo que experimentarão com todos seus sentidos. As pessoas que precisam de cuidados médicos estão basicamente preocupadas com sua experiência pessoal, e apenas secundariamente nos detalhes técnicos desses cuidados. Quando foram apresentados aos pacientes vários estudos sobre a colecistectomia, remoção de aparelhos de gesso, exame pélvico e endoscopia, as descobertas foram impressionantes. Os indivíduos que recebiam informação sensorial, em geral, reagiam melhor ao tratamento médico do que os grupos de controle, a ponto de cair significativamente o número de dias de internação hospitalar. Esses pacientes apresentavam resultados ainda melhores quando recebiam instruções para relaxar, antes dos procedimentos sensoriais.[20]

Johnson e outros que usam a informação sensorial, sempre que possível, escolhem sinônimos para palavras como *dor* e tomam cuidados ao usar palavras e conceitos que façam parte do vocabulário do paciente. Johnson também dá ênfase à importância de não dizer aos pacientes que a informação sensorial reduzirá suas aflições ou até mesmo que ela os capacitará a lidar com elas de forma mais eficaz.

A abordagem da informação sensorial proporciona uma versão modificada da imaginação dirigida, que, em muitos aspectos, é mais palatável ao universo padronizado da atenção à saúde do que várias outras técnicas de imaginação. A estratégia se destina a ajudar as pessoas a lidar com os procedimentos hospitalares, e isso é sempre bem-vindo. O efeito incidental sobre o tempo de cura é tão minimizado que o sistema médico não é ameaçado. Só a terminologia garantirá ao futuro praticante maior acesso aos hospitais do que palavras como "visualização da cura", "meditação" e "imaginação dirigida", ainda consideradas altamente suspeitas para a maioria dos médicos. Com a informação sensorial não veremos a magia de um procedimento, mas o poderoso efeito de uma mente preparada sobre um corpo a ser curado. O efeito do ensaio mental é primordial, embora a expectativa, o mais importante aspecto da cura pela imaginação, seja deliberadamente omitida. Isso também torna a abordagem aceitável para os profissionais da medicina que, como corporação, considera a "falsa esperança" como forma de charlatanice.

Preparação para o parto, informação sensorial e imaginação dirigida têm uma base educacional, em sintonia com aquilo que foi imaginado para o papel da medicina. Thomas Edison disse certa vez: "O médico do futuro não dará remédios, mas interessará os pacientes nos cuidados com o corpo humano, a nutrição, e nas causas e prevenção das doenças". O próprio termo *doutor* vem do latin *doceo* "ensinar" e foi apenas na medicina moderna que ele foi relacionado com a prática de receitar pílulas e fazer cirurgias.

A imaginação e o toque terapêutico

Pat Heidt, Gretchen Randolph e outras enfermeiras treinadas em toque terapêutico incorporaram a imaginação ao seu trabalho. O "toque terapêutico" é uma espécie de imposição científica das mãos, desenvolvida por Delores Krieger, do Departamento de Enfermagem da Universidade de Nova York. A técnica foi objeto de várias análises experimentais e constatou-se que está associada a alterações nos sinais vitais, na química do sangue e a mudanças moderadas na recuperação física. As pesquisas sobre o toque terapêutico não deduzem que ele efetue curas dramáticas, rápidas como um raio, mas que é uma técnica estabilizadora, relaxante, que ajuda a alcançar a homeostase fisiológica.[21]

Entre todas as técnicas atualmente praticadas no campo da medicina, o toque terapêutico é o que mais claramente se alinha à noção de mecanismos transpessoais de cura pela imaginação. Seus praticantes são treinados para concentrar os próprios pensamentos e ser sensíveis o bastante para receber e enviar mensagens não-verbais ou "energia" através das mãos. Bloqueios que possam provocar doença ou dela resultar são identificados por alterações no "campo energético" que envolve o paciente. A exemplo da imaginação, o toque terapêutico se propõe a ser um instrumento suplementar para uso das enfermeiras, independentemente, na cura. Ele também faz parte daquela medicina "suave", intuitiva, não-invasiva, que as mulheres sempre praticaram. Randolph integrou o toque terapêutico e a imaginação à prática do *biofeedback*, e Heidt combinou-as com sua prática anterior de psicoterapeuta. As enfermeiras que combinam essas modalidades sentem, em geral, que elas têm um efeito potenciador e sinérgico, sobretudo porque outras técnicas envolvem a participação do paciente. No toque terapêutico o paciente é, essencialmente, um receptor passivo e acredita-se que a técnica seja eficaz, quer ele saiba ou não que ela está sendo aplicada.

Heidt desenvolveu um método de tratamento e diagnóstico após uma abordagem que desenvolvemos para os pacientes de câncer,[22] e combinação com toque terapêutico. Ela forneceu aos pacientes fitas gravadas, com instruções para ajudá-los a relaxar e fazer uma viagem mental através de seus corpos. Em seguida, lhes pedia para desenhar imagens relacionadas com sua doença ou mal-estar, como imaginavam que se livrariam deles e como seu tratamento poderia auxiliar o processo. Era feita uma entrevista para explorar esses temas. Ao trabalhar com os pacientes em ambiente hospitalar, ela descobriu que a imaginação tinha três funções principais: 1) ajudava-a, como enfermeira/pesquisadora, a estabelecer uma relação mais íntima com o paciente, em um tempo breve; 2) facilitar para os pacientes a expressão do que sentiam por estarem na posição de doentes; 3) ela pôde tomar conhecimento de quais eram as crenças dos pacientes sobre sua própria capacidade de participar no processo de cura, informação esta vital para a recuperação, mas que não se obtém facilmente em relatos médicos habituais.[23]

Sua experiência é de que as pessoas, geralmente, querem contar suas histórias aos profissionais de saúde que demonstram interesse por elas. "Parece que, consciente ou inconscientemente, eles querem que os profissionais da saúde compreendam como elas 'enxergam' suas próprias doenças e passem a planejar o tratamento a partir dessas percepções."[24]

A imaginação na prática médica geral: Michael Samuels e Irving Oyle

Apresentar uma pesquisa convincente sobre a eficácia do uso da imaginação na prática geral da medicina continua sendo um desafio não resolvido. Em primeiro lugar, raramente os médicos recebem formação de pesquisadores (o doutorado, e não o mestrado, é o grau que exige a realização de pesquisas), e os poucos que têm inclinação pela pesquisa têm evitado persistentemente a complicada questão sobre interação corpo/mente. Além disso, os médicos interessados na aplicação da imaginação na prática clínica estão muito ocupados com o tratamento de seus pacientes e raramente dispõem de fundos ou se inclinam a levar as pesquisas adiante. Os recursos do governo ou das fundações particulares, que permitiriam aos médicos dedicar tempo e energia a tais estudos, jamais estiveram disponíveis. Um dos maiores impedimentos à compreensão do efeito da imaginação, em si e por si, é que quando ela é empregada na prática geral, raramente é usada independentemente de outros tipos de atendimento médico ou até de terapias não-cirúrgicas, sem drogas, como o *biofeedback*. É difícil isolar os efeitos da imaginação quando o paciente tem de receber os melhores cuidados possíveis, com o emprego de todas as modalidades apropriadas.

Como os médicos não conseguem realizar uma pesquisa sobre a imaginação, há falta de credibilidade, para a ciência e seus pares, mas não necessariamente para o usuário de saúde. Há uma enorme quantidade de material disponível relativo à saúde, escrito por médicos que incluíram instruções sobre o uso da imaginação. Dois médicos contemporâneos, Irving Oyle e Michel Samuels, escreveram sobre um tratamento médico que incorpora a tradição xamânica. Eles não estão sós e é, basicamente, devido à sua associação com a medicina geral, em contraposição a um campo especializado, e a seus livros acessíveis e leitura fácil que escolhi seu trabalho como exemplar. Dean Ornish, Tom Ferguson, Robert Searinger, Bernard Siegel, Norman Shealy, Carl Simonton, Joe D. Goldstritch, os muitos médicos que participaram de nossos *workshops* e nos escreveram sobre o uso da imaginação em sua prática médica, nossos queridos amigos, Larry Dossey, Edmund Tyska e Rafael Toledo — todas essas pessoas, coletiva e corajosamente, estão reintroduzindo a imaginação, há muito destronada.

Michael Samuels, co-autor de *The Well Body Book, Seeing with the Mind's Eye* e *Be Well*, dá ricas informações sobre os aspectos históricos da imaginação, bem como de sua aplicação. Formado na Universidade de Nova York, trabalhou no Hospital de São Francisco, na reserva dos índios hopi, em uma instituição municipal de saúde pública e em uma clínica holística. Atendendo essa clientela tão variada, ele ficou admirado com a falta de compreensão das pessoas quanto aos seus próprios corpos. Ele acreditava que, com o tipo apropriado de informação, as pessoas poderiam lidar com grande parte das próprias demandas de saúde. Embora, aparentemente, não estivesse comprometendo-se com um bom procedimento médico, Samuels optou por usar a imaginação como instrumento de educação e atenção básicos à saúde.

Samuels faz uma importante distinção entre aquilo que ele chama de visualização receptiva e de visualização programada, e propõe exercícios para ambas. É, essencialmente, a mesma que fiz entre diagnóstico *versus* imaginação terapêutica, e descrevi como os dois modos como a imaginação foi usada na saúde, em milhares de anos. A imaginação receptiva envolve relaxamento, sintonia, possibilitando o uso de imagens espontâneas no diagnóstico; a imaginação programada representa o componente de cura. Diz ele que esta última pode ser formulada a partir da leitura de textos de medicina, biologia, ciência ou até mesmo de radiografias ou testes de laboratório.

Algumas das sugestões gerais de Samuels sobre imaginação incluem "eliminar bactérias ou vírus, criar novas células para substituir as que foram danificadas, atenuar partes rígidas, refrescar partes quentes, eliminar a dor de partes machucadas, relaxar partes tensas, desinflamar partes feridas, eliminar a pressão em partes contraídas, levar sangue às partes que precisam de nutrição ou limpeza, umedecer partes secas (ou o contrário), conduzir energia às partes que parecem fatigadas".[25]

Entre as imagens programadas específicas, Samuels inclui as seguintes: para uma infecção por vírus, o paciente deve imaginá-los como pequeninos pontos em uma lousa, e então apagá-los. Um osso quebrado ou um corte podem ser imaginados como um buraco, dentro do qual um pedreiro despeja pedras. Quanto à dor de cabeça, ele sugere imaginar um orifício na cabeça, em um lugar perto da dor e, em seguida, extraí-la por ele. No caso de uma infecção nas trompas de Falópio, ele aconselha relaxar a área em torno delas, sentindo-as quente, pulsando de energia e imaginando as trompas abertas, drenando, revestidas de uma mucosa saudável e rosada.[26]

O último exemplo do trabalho de Samuels é chamado de "visualização do estado final". Significa visualizar algo já curado, e isso levanta o problema do dano potencial que poderia resultar de imaginar incorretamente o processo de cura. Precisamos refletir seriamente sobre essa questão: se imagens específicas podem resultar em uma alteração física correspondente, então poderá haver um dano, inadvertidamente (ver anexo A, com um exemplo de um dos exercícios de visualização propostos por Samuels).

Irving Oyle é um médico osteopata que, por mais de vinte anos, clinicou como médico de família e foi diretor do Serviço de Cura de Headlands, na Califórnia. Este serviço foi um projeto do Comitê de Interação Igreja-Mundo, do Sínodo da Igreja Presbiteriana Unida de Golden Gate. Foi planejado não apenas como um protótipo experimental de serviço comunitário de saúde, atendendo uma população rural em sua grande maioria, mas também como um lugar onde poderiam ser aplicadas, em caráter pioneiro, novas técnicas de cura. "A teoria operacional do Serviço de Cura de Headlands era abordar o organismo humano nos âmbitos físico, psicológico e psíquico, na crença de que, se praticada corretamente, ela produzirá a cura no âmbito físico."[27] Os pacientes atendidos pelo clínico foram avaliados por Oyle e sua equipe da perspectiva da metodologia científica. Os registros, de acordo com Oyle, estão à disposição dos interessados.

Oyle diz o seguinte: "Toda cura é mágica. Há um denominador comum entre o índio e o curador ocidental: a confiança, tanto do paciente quanto do curador. Ambos devem acreditar na magia, caso contrário ela não funcionará. Os médicos ocidentais fazem anotações secretas no papel e instruem seus pacientes a apresentá-las ao oráculo nas farmácias, a fazerem uma oferenda, em troca da qual receberão uma poção mágica''. Nenhum deles, afirma, compreende exatamente como o remédio funciona, "mas se ambos acreditarem, ele geralmente funcionará".[28]

Compreendendo que a magia acontece de várias formas, Oyle parece ter tentado de tudo: exorcismo, *I Ching*, sonopuntura (forma de acupuntura que usa um diapasão), poder das pirâmides, *biofeedback*, maconha etc. Ele recorreu à sabedoria da filosofia budista, de Lao Tsé, de Paracelso, de Maharishi Mahesh Yogi, da física quântica e do curandeiro índio Trovão Retumbante. Oyle trabalha com a imaginação usando basicamente as velhas práticas. Seus procedimentos são idênticos às técnicas do sono de incubação praticadas pelos antigos gregos e cristãos e no trabalho xamânico. Em cada instância, os pacientes são convidados a um meio associado à cura e incentivados a relaxar e mergulhar em um estado alterado de consciência próximo ao sono, mas que não chega a ser exatamente como ele. Neste estado, surgem imagens que transmitem o diagnóstico e, algumas vezes, associadas a uma cura notável (ver o anexo A, para o exercício da imaginação básica proposta por Oyle).

Um dos casos mais interessantes relatados por Oyle é o de uma mulher, que ele chama de Lillian, com diagnóstico de vaginite, uretrite não específicas e cistite crônica, significando que sua inflamação pélvica, contínua e já de longa data, acompanhada de uma intensa sensação de queimação, não tinha causa conhecida. Lillian começou a imaginar uma corrente de água fria circulando por toda sua pélvis e cordas cheias de nós sendo desatadas. Imaginou também que aquilo que sentia como um bloco de cimento na parte inferior das costas estava sendo dissolvido. Lillian afirmou sentir-se melhor; ainda sentia queimação, mas em uma área mais reduzida.

Então, certa noite em casa, quando Lillian fazia exercícios de imaginação, ocorreu-lhe a imagem de um coiote, chamado Mata Virgem. Ele aconselhou-a a ficar ao seu lado, observar o que estava para acontecer e disse que o que ela veria se relacionava com o fogo em seu corpo. Em seguida, ela sentiu que estava sentada em um acampamento, no meio de uma tribo de índios hostis que a mantinham prisioneira. Vivenciou o horror de ser brutalmente estuprada por vários homens e assassinada. "No instante em que morria... acordei, e estava de volta ao meu corpo, em meu quarto, só que não sentia mais nenhuma dor, e desde então ela não voltou."[29] A paciente de Oyle atribuiu sua experiência a uma vida passada, embora antes ela jamais tivesse acreditado em reencarnação. Qualquer que fosse a natureza de sua explicação, sua imaginação trabalhara poderosamente, tanto para diagnosticar quanto para curar sua doença.

Em geral, quando a imaginação atua tão drasticamente em condições médicas gerais, os profissionais por demais envolvidos com a moderna tecnologia médica e a psicologia do século XX se inclinam a adotar uma explicação aceitável. Ou decidem que, provavelmente, a doença já estava na cabeça do paciente (isto é, ele era histérico ou hipocondríaco ou ambos) ou, então, que alguma energia represada (habitualmente de natureza sexual) havia sido liberada em conseqüência da terapia. Há outras três explicações comuns para uma recuperação inusitada: 1) os remédios enfim fizeram efeito; 2) já estava na hora de a doença acabar e a imaginação foi coincidente; 3) o paciente foi mal diagnosticado. Os métodos e os resultados de Oyle não são incomuns entre as descobertas dos novos xamãs/cientistas. Quando nos atemos às explicações mais "racionais" dessas curas, perdemos de vista nossas antigas raízes e bem podemos estar ignorando alguns fatos contemporâneos.

Biofeedback: *o self como xamã?*

Em 1975 foi publicado, no *Journal of the American Medical Association*, um artigo sobre o *"furor therapeuticus"* que incitou "um campo de pesquisa cujas aplicações clínicas ainda são incertas, mas que despertou perspectivas fascinantes para a cura".[30] Desde então, o *biofeedback*, que é o campo de pesquisa em questão, tornou-se uma das técnicas comportamentalistas mais confiáveis na prática médica. Em distúrbios como enxaqueca e dor de cabeça provocada tensão, problemas gastrointestinais, síndrome de Raynaud, dor crônica, reabilitação de pancadas e ferimentos e na prevenção e alívio de problemas de estresse, o *biofeedback* já não é mais considerado um procedimento experimental.

Foram divulgados resultados encorajadores, que dão suporte ao papel do *biofeedback* no tratamento de várias outras condições, inclusive artrite, diabetes, doenças cardiovasculares (sobretudo hipertensão), distúrbios da fala e zumbido nos ouvidos, só para mencionar alguns. A pesquisa de base é ampla. O *biofeedback* é até mais profundamente documentado e estudado do que muitos campos da medicina, inclusive drogas e procedimentos cirúrgicos.

O *biofeedback*, de modo geral, refere-se a qualquer técnica que use instrumentos para fornecer sinais de funções vitais. Assim sendo, balanças e espelhos podem ser considerados *biofeedback*. Normalmente, entretanto, o *biofeedback* técnico envolve instrumentos sofisticados, que possam medir precisa e rapidamente o *feedback* de níveis da atividade das ondas cerebrais, funcionamento dos músculos, fluxo sangüíneo, temperatura do corpo, freqüência cardíaca, pressão arterial etc. A impor-

100

tância clínica do *biofeedback* está em que, uma vez conhecido o nível e as alterações dessas funções, *estas podem ser colocadas sob controle consciente*. Há evidências de que qualquer função física que possa ser medida desta maneira poderá ser controlada ou regularizada em certa medida. As implicações para a prática da medicina são tremendas, e apenas a superfície do potencial do *biofeedback* foi arranhada até agora.[31]

Agora já deveria estar evidente que os seres humanos não precisariam esperar pelas inovações da moderna tecnologia para aprender a alterar sua fisiologia. Os iogues e os xamãs sempre fizeram isso, mas só após séria concentração e anos de uma concentração interior e tranqüila. Em conseqüência de sua disciplina, eles são capazes de chegar a uma refinada sintonia com eventos internos e controlá-los. A instrumentação do *biofeedback* apenas torna o processo mais eficiente.

Os aspectos clínicos do *biofeedback* requerem que a pessoa aprenda a fazer com a mente "algo" que permita uma comunicação consciente com o corpo. Esse "algo" nada tem a ver com palavras, mas com imagens dos diversos sistemas sensoriais e motores (visão, audição, cinestesia e tato, por exemplo). As imagens, como veremos no capítulo 4, são a linguagem compreendida pelo corpo, particularmente o sistema nervoso autônomo ou involuntário. Os instrumentos do *biofeedback* servem para informar o paciente se a imagem teve ou não o efeito desejado, isto é, se a temperatura subiu ou desceu, se a tensão muscular mudou ou se as ondas cerebrais se alteraram. O *feedback* é crucial em qualquer tipo de aprendizado. Sem o *feedback* para nos informar se o desempenho foi correto ou não, jamais aprenderíamos a andar de bicicleta ou resolver um problema de matemática e, muito menos, a modificar conscientemente nossa fisiologia.

O *biofeedback* envolve a cura imaginária e se encaixa bem na rubrica de cura pré-verbal pela imaginação. Há nele aspectos do xamanismo: os rituais são dirigidos, a pessoa entra em um estado alterado de consciência, faz uma viagem imaginária, penetra em um território onde a informação sobre a cura está disponível. No caso do *biofeedback*, entretanto, a viagem é ostensivamente para dentro, e não para fora, para os mundos superior ou inferior do xamã.

No entanto, à medida que a tecnologia avança no terreno da cura imaginária, passa a haver uma nova perspectiva do xamanismo. Desde os tempos antigos, aqueles que exercitaram seu potencial de curar por meio da imaginação (isto é, cura transpessoal) têm sido algumas almas intrépidas que enfrentavam a dor e o perigo e dedicavam suas vidas nesse empenho. Parece que agora, com o novo conhecimento do sistema de comunicação corpo/mente e com os ensinamentos apropriados, como as promessas da parafernália eletrônicas todos poderemos acabar aprendendo a entrar em um estado alterado de consciência quando bem entendermos e exercitar nossos próprios mecanismos de cura. O xamanismo, como tem sido praticado, tradicionalmente para curar, pode tornar-se obsoleto após 20.000 anos.

Nem todos reagem bem à terapia do *biofeedback*, e o exame das razões desse fracasso aponta para problemas humanos, não tecnológicos. As melhores taxas de êxito em todos os diagnósticos são em média de 70%. As clínicas e laboratórios que apresentam esses resultados empregam clínicos bem treinados, além de uma combinação de *biofeedback*, uma educação paciente e meditação. Apenas ligar a pessoa a uma máquina não funciona. A exemplo do xamã, o terapeuta ou clínico deve ter viajado por suas próprias paisagens imaginárias para poder ensinar o caminho sem palavras.

Examinando as características das pessoas que não reagem ao *biofeedback*, encontramos alguns traços comuns. O *biofeedback* requer o envolvimento persistente de pessoas altamente motivadas, capazes e desejosas de dedicar tempo e esforço em sua própria saúde. Não é fácil nem barato. É preciso acreditar que funcionará e confiar em quem o pratica. Além dessas questões motivacionais, a capacidade de aprender a regularizar conscientemente a fisiologia parece variar, a exemplo de qualquer outro traço humano: algumas pessoas são naturalmente muito capacitadas, enquanto outras têm extrema dificuldade para realizar a tarefa.

Em um estudo recente, tentamos identificar a base das diferenças individuais no aprendizado do *biofeedback*, e parece que ela está relacionada à capacidade de usar a imaginação.[32] As pessoas incapazes de fantasiar, que raramente se recordam de seus sonhos, que não são consideradas particularmente criativas, têm mais dificuldade para aprender a resposta do *biofeedback*. Essas constatações foram incidentais para o objetivo do estudo, que era comparar *biofeedback* com modalidades comuns de terapia física, usando um grupo de mulheres diagnosticadas com artrite reumatóide. O *biofeedback* foi usado basicamente para treinar essas mulheres, para relaxarem. O grupo de *biofeedback* foi altamente bem-sucedido nas medidas relacionadas com redução da dor, ansiedade e problemas de insônia. As descobertas mais encorajadoras decorreram de um exame de sangue para medir a atividade da doença, denominado taxa de sedimentação.Todos os exames de sangue das pacientes submetidas ao *biofeedback* tinham voltado aos níveis normais, saudáveis, quando o estudo chegou ao fim.

Os melhores resultados, no entanto, foram obtidos com as mulheres capazes de usar a imaginação — particularmente relacionada com imaginar o bom estado de saúde tão desejado. Isso, assim como os resultados, leva à conclusão de que a função do *biofeedback* é, na realidade, ensinar a imaginar, resultando na comunicação com os sistemas do corpo via imaginação. Seguem-se as técnicas para trabalhar diretamente com a imaginação.

A imaginação no diagnóstico e como instrumento terapêutico

Frank Lawlis e eu pesquisamos e usamos a imaginação em vários locais de atenção à saúde na última década. Do modo como a empregamos, a imaginação combina compreensão contemporânea da saúde e doença e antigas técnicas xamânicas. Chamamos nossa técnica de imaginação corpo/mente. Ela se mostrou válida em pacientes com dor crônica, artrite reumatóide, câncer, diabetes, traumas ortopédicos graves, queimaduras, alcoolismo e distúrbios relacionados ao estresse, tais como enxaquecas, hipertensão e parto. Nosso trabalho foi publicado em revistas profissionais, apresentado aos colegas em congressos e encontros profissionais, e serviu como tema de inúmeras teses de doutorado inéditas. A base da pesquisa, com ênfase na fisiologia, distingue a imaginação corpo/mente de outras abordagens. Foi desenvolvida em função da crença de que as técnicas xamânicas que serviam o mundo tão bem quanto a medicina, desde os primórdios da história escrita, não deveriam ser descartadas, mas melhoradas.

Instruções gerais sobre uso da imaginação tanto em diagnóstico quanto em terapia serão encontradas adiante. Em seguida, discutiremos a aplicação da imaginação corpo/mente como ensaio mental.[33]

Preparação para usar a imaginação como instrumento de cura

Aconselhamos o eventual praticante de imaginação (tanto paciente quanto terapeuta) a começar desenvolvendo uma sólida compreensão do funcionamento do corpo e a reunir informações sobre as condições de saúde que são objeto de preocupação. Fisiologia, neuroanatomia e anatomia, em seus traços mais genéricos, podem ser aprendidas em vários livros de auto-ajuda existentes no mercado, e a informação médica está disponível em livros técnicos e publicações médicas. Essas informações são bem compreensíveis, tão logo se entenda o jargão e o modo como são apresentadas.

É importante estar a par dos métodos de tratamento e pesquisar profundamente qualquer tratamento que possa estar sendo realizado. Isso faz do paciente um participante informado e dedicado, capaz de julgar em seu próprio benefício. Devem ser verificadas as implicações dos medicamentos em termos de um tratamento e dos possíveis problemas de sua utilização. Qual é a eficácia de uma droga? Esta é uma pergunta difícil e, para respondê-la, é preciso fazer um trabalho de investigação que vai muito além da propaganda dos vendedores e procurando informação sobre o material resultante de experiências científicas. É preciso estar atento; os testes das drogas são pagos pelas companhias que as fabricam; e, embora a maior parte delas se declarem escrupulosas, têm havido problemas. É de grande ajuda que os pacientes aprendam algumas coisas sobre o funcionamento das pílulas, mesmo que simples, e, no caso de uma cirurgia, que papel ela supostamente terá na cura do problema. Todas essas informações ajudam significativamente a formar a imagem, e sua intenção não é importunar o médico, mas reforçar o sistema de crenças, tão importante.

Para o terapeuta, compreender as dimensões das doenças de seus pacientes é essencial para o emprego da imaginação. O paciente de câncer enfrenta circunstâncias de vida únicas, se comparado à pessoa que teve um infarte do miocárdio — e as pesquisas em curso indicam que eles podem ter tido personalidades diferentes antes do diagnóstico. Conhecer as probabilidades de sobrevivência e a propensão à recuperação guiam a interação terapêutica. Quando o equilíbrio não é favorável, a luta deve ser mais renhida, mas não necessariamente encarada com mais desesperança. A programação da imagem deve ser realista a respeito. Há coisas que corpos e mentes ainda não sabem como curar, e em que a medicina moderna também não pode ajudar, tais como lesões na medula ou a progressiva e irreversível deterioração de órgãos importantes, que não podem ser substituídos com êxito. No entanto, o potencial de recuperação de doenças graves freqüentemente é subestimado. Há remissões em cerca de um terço ou mais de todos os pacientes de câncer e artrite reumatóide, para não mencionar aqueles que têm úlceras, asma e até esquizofrenia. Ter esperança e acreditar em integrar o quadro das estatísticas positivas, quanto à saúde, incitam a imaginação.

As informações mais úteis são dadas pelas pessoas diagnosticadas com uma doença e que podem contar como a dominaram ou como aprenderam a levar, apesar dela, uma vida gratificante. Interessam-nos especialmente os detalhes de sua recuperação e perguntamos sobre ela: o que experimentaram, quais foram as sensações, pensamentos ou comportamentos que acompanharam ou precederam o processo de cura. Meus pacientes contaram-me coisas fascinantes, e que tinham algo a ver com uma atividade mental especial.

Lembro-me de um rapaz que estava trabalhando em um andaime quando um guindaste bateu nele, fazendo-o cair dois andares. Seu braço quase foi decepado, quebrou os dois joelhos, teve fraturas múltiplas e machucou as costas. Não havia motivos lógicos para ter sobrevivido, exceto por ser uma pessoa mentalmente muito estruturada. Quando lhe perguntei como conseguiu, ele disse-me que sabia que tinha de ficar de

104

olhos abertos, pois, se por acaso ficasse inconsciente, nunca voltaria a despertar. Ficou acordado durante toda aquela provação, olhando o sangue escorrer e "aquela coisa branca" despontar de seu braço, com uma consciência aguda da dor, mas não entrando em estado de choque. Concentrou-se na respiração, retendo-a tanto quanto podia e respirando superficialmente. Um colega que trabalhava com ele na construção ajudou-o a salvar seu braço, pressionando-o nos lugares certos. Após horas e horas de uma cuidadosa cirurgia, o braço foi reimplantado com muito sucesso, e agora voltou a funcionar. Ele ainda se rebela contra a anestesia geral e contra qualquer outra situação em que possa perder o autocontrole que permitiu-lhe resistir. Prende a respiração e prepara-se para a próxima crise que surgir em sua vida, mas está vivo.

Relatos de recuperações espetaculares e inesperadas incluem, freqüentemente, descrições de extremo calor, formigamento, dormência ou coceira na região da doença — tudo compatível com uma reação imunológica intensificada. Às vezes, o primeiro indício de que uma doença está acabando surge em um sonho ou em um estado de devaneio. Há descrições de uma espécie de "conhecimento" que acompanha um tratamento bem-sucedido (e quando uso a palavra *tratamento*, incluo procedimentos não-médicos, tais como experiências religiosas, vitaminas, exercício e meditação). Afirma-se, freqüentemente, que o tratamento leva a uma sensação de calma, calor difuso e conforto, à medida que a doença se vai. As pessoas descrevem imagens em que estão inundadas por uma luz branca ou vêem um globo incandescente pairando sobre seus corpos, pouco antes da sensação de terem sido curadas. Os pacientes que se recuperam rapidamente de uma cirurgia costumam relatar um trabalho mental significativo enquanto estavam deitados na cama, dando assistência ao processo de cura com sua imaginação. Uma enfermeira acidentada em uma pista de esqui imaginou, por exemplo, que suas fraturas se consolidavam em ossos novos, e chegou a se surpreender com a rapidez de sua recuperação.

Quando os pacientes contam suas histórias e descrevem o que imaginavam, isso normalmente traz mais informações sobre como é ficar doente ou como se recuperaram ou fizeram para se manterem vivos. Isso nos prende ao universo da dor, do medo e da incerteza, mas, para além de determinado ponto, torna-se tão improdutivo quanto aprender a criar uma imagem positiva para a saúde.

A imaginação no diagnóstico

Em toda a história da medicina, inclusive nas tradições de cura xamânica, na tradição grega de Asclépio, Aristóteles e Hipócrates e entre os curadores populares e religiosos, a imaginação foi usada para diagnosticar doenças. Nossos procedimentos imaginários seguem essa direção. Antes de mais nada, é preciso aprender a relaxar profundamente, de tal modo que as reações motoras, os pensamentos e os estímulos externos não concorram com a produção da imaginação. O método Jacobsen de relaxamento (tensionar e relaxar cada músculo) é notavelmente ineficaz para indução de imagens (o roteiro de relaxamento que eu uso está no Anexo C). Qualquer tipo de relaxamento servirá, desde que não leve mais de vinte minutos e não seja cheio de palavras; o excesso de conteúdo verbal faz com o que o hemisfério direito do cérebro concorra ativamente por atenção. Todas as tradições de cura empregam essa primeira etapa crítica, e algumas empregam mais rituais do que outras.

O cenário é importante. Assim como o ritual, ele deve ter por objetivo intensificar a crença, e não a ansiedade. Com freqüência, este cenário é um hospital, clínica ou laboratório de *biofeedback*. Esses lugares são os santuários de cura da civilização moderna e tende a haver poder e expectativas a eles associados. Em alguns casos, recomendo procurar um lugar natural para a cura — um lugar de poder, como diriam os curadores índios: a paz do deserto, o fermento purificante do oceano, o ar rarefeito e a beleza das montanhas. Passar várias horas ou dias em tranqüila contemplação, usar fogo, velas ou cristais para intensificar a concentração, ouvir o toque de tambores ou música especial — todos são meios a que os homens recorrem para transportá-los às profundezas da consciência. Imagens importantes para a saúde parecem surgir quando estamos a ponto de dormir, mas também ocorrem durante o estado onírico (no Anexo D, há um roteiro para fazer uma viagem mental para identificar os componentes da doença e as defesas pessoais).

Avaliação das imagens

Chegando a este ponto, o objetivo do terapeuta é criar uma tela sobre a qual o conhecimento íntimo da doença possa ser desenhado, mas não programar ou sugerir imagens. A terapia baseia-se nas intuições iniciais, nas emoções, na força dada à doença e nas defesas que se mobilizam contra ela.

Já que a imaginação pré-verbal está envolvida, ajuda a avaliação eliminar as palavras tanto quanto possível, na interação terapêutica. Para ajudar na tarefa, pedimos ao paciente que desenhe os três principais componentes imaginários: a doença, o tratamento e as defesas. Em seguida, as imagens são examinadas e avaliadas da seguinte maneira:

(1) o que se imagina da doença é avaliado quanto à vivacidade da imagem, sua força ou fraqueza, sua capacidade de persistir;

(2) o que se imagina do tratamento é examinado quanto à vivacidade e eficácia do mecanismo da cura;

(3) o que se imagina das defesas pessoais é avaliado em termos da vivacidade de sua descrição e eficácia de sua ação.

Foi comprovado que a coerência global entre os três componentes, o quão a história é integrada e o grau de simbolismo também são importantes. As imagens mais simbólicas, em oposição às realistas ou anatomicamente corretas, prevêem melhor um desfecho saudável.[34] Alguns tipos de perguntas que se pode fazer sobre a imaginação podem ser: Em que medida a pessoa está lidando bem com a doença? A seriedade da doença está sendo negada? As imagens são consistentes com fatos médicos? Quem está vencendo — a doença, o tratamento ou as defesas? Quem ou o que essa pessoa acredita que, em última análise, seria responsável por qualquer cura que venha a ocorrer? O que é imaginado indica um desfecho positivo? Quando testes estatísticos não são usados, as respostas exigem bom senso e um conhecimento do significado e da importância que a pessoa dá às imagens.

Usar imagens do estado de vigília ou onírico para diagnosticar problemas de saúde requer sabedoria xamânica. Nos capítulos 1 e 2 foram dados muitos exemplos de como as imagens foram induzidas e usadas para o diagnóstico, em toda a história da medicina. Habitualmente, porém, o diagnóstico ia além da mera avaliação dos aspectos físicos da doença. O diagnóstico abrangia a compreensão da doença em um contexto cultural e individual, determinando por que a pessoa perdera "poder", permitindo que a doença se instalasse, e também detectava uma crise espiritual. Tentamos combinar esses aspectos primordiais da cura xamânica com os conceitos atuais de saúde.

Por exemplo, após o diagnóstico proveniente da imaginação, tanto o significado da doença, quanto os símbolos usados para descrevê-la e as defesas empregadas contra ela podem ser elaborados. As doenças passaram a ter um significado cultural idiossincrático e são a reação específica de cada um ao seu estilo de vida. Indagamos sobre o que poderia ter levado a vida a perder significado, quais situações a pessoa enfrentou e que levaram-na além de seus limites (isto é, por que ela perdeu "poder") e procuramos uma interpretação dos problemas no âmbito do sistema de crenças espirituais do paciente. A doença, especialmente a doença grave, mais do que qualquer outro evento, provoca mais reflexão sobre o significado e o propósito da vida, e deve ser investigada. Há hoje omissões significativas na prática da medicina.

A imaginação como terapia

A discussão sobre a imaginação em diagnóstico serve para se dar início ao procedimento terapêutico. Este pode ser uma experiência esclarecedora para compreender o significado da doença da perspectiva do paciente. As imagens do tratamento, por exemplo, podem ser grosseiramente incorretas ou apenas imprecisas. A idéia de defesas pessoais pode ser nova e a pessoa deve ser informada sobre sua natureza. As imagens devem estar de acordo com os fatos, mesmo que esses fatos sejam simbolizados. Certa paciente com artrite reumatóide leu, sobre pacientes de câncer, que eles imaginavam seus glóbulos brancos como guerreiros brancos. Decidindo que isso também seria bom para ela, começou a imaginar batalhões inteiros que matariam sua artrite. A artrite reumatóide, doença auto-imune, agravar-se-ia significativamente por causa de uma hiperatividade dos glóbulos brancos, como a paciente imaginou. Pessoas diabéticas imaginam, com freqüência, que seu problema é a elevada taxa de açúçar em seu sangue, e imaginam que a situação será resolvida se o açúcar desaparecer. Na realidade, seu problema básico é que o mecanismo que transporta o açúcar para as células e o metaboliza é deficiente; assim, ele permanece na corrente sangüínea. Portanto, informações sobre a doença são extremamente adequadas nesse estágio de exercitar a imaginação. Compreender a doença é, freqüentemente, o começo da cura. Imagens de livros, revistas, anúncios de remédios e modelos anatômicos também são úteis; conheci alguns artistas capazes de apresentar um material difícil por meio de desenhos simples, que facilitam a formação da imagem.

Dando seqüência a essa abordagem, são dadas sugestões sobre como readaptar a imaginação, de modo que ela se adapte àquilo que se conhece sobre o corpo humano e, em seguida, como criar uma situação imaginária em que a doença é eliminada por meio do tratamento e de um mecanismo natural. As pessoas bem-sucedidas no uso da imaginação para recuperar a saúde despendem considerável energia mental nesse processo. Elas consideram-no com seriedade, dedicando, exclusivamente, pelo menos trinta minutos por dia à cura mental. O relaxamento deve sempre vir primeiro, seguido pelo trabalho com a imaginação. A maioria das pessoas experimenta sensações definidas nas áreas do corpo em que estão se concentrando. Tentam elaborar imagens, até encontrar aquela que seja mais adequada, e descrevem alterações espontâneas nas imagens, que, com freqüência, prenunciam importantes transformações físicas. Elaboram imagens enquanto fazem exercícios, caminham ou quando páram em um sinal de trânsito.

O tipo de atividade imaginária que acabamos de descrever altera a função corporal e modifica as atitudes, por razões que serão discutidas nos capítulos 4, 5 e 6. Ele apela para o senso de se assumir e passar a ter controle sobre a própria fisiologia. Só pôde ser concebido após as brilhantes descobertas da ciência e da medicina contemporâneas; e, ao mesmo tempo, é prejudicado por nossa incapacidade de compreender os detalhes daquilo que leva o corpo a curar-se. No entanto a imaginação que leva em consideração aquilo que se conhece sobre fisiologia pode ser considerada um ritual que incorpora valores da era moderna.

A imaginação como ensaio mental

A idéia de ensaiar mentalmente acontecimentos penosos ou carregados de ansiedade é um dos usos mais aceitáveis da imaginação na moderna atenção à saúde. Como foi discutido, ela constitui a base dos métodos de parto natural. O ensaio mental também merece o crédito pelos efeitos positivos na saúde observados em pacientes cujo treinamento inclui desde viagens imaginárias a diagnósticos e tratamentos temidos.

Os efeitos físicos do ensaio mental foram bem documentados, particularmente entre atletas. Kiester descreve como o corredor Robinson ensaiou mentalmente cada segundo dos 800 metros que correria nas Olimpíadas, "chegando até mesmo a imaginar o ruído quase imperceptível de sua respiração e o rangido de seu tênis",[35] na esperança de que isso viesse a significar a diferença entre o primeiro e o segundo lugar. Robert Nideffer, psicólogo especializado em esportes olímpicos, aconselhou o uso não só de imagens mentais e visualização, mas ficar em contato com sentimentos e emoções, e ensaiar mentalmente cada segundo como se fosse o "tempo real". Greg Louganis, campeão mundial de mergulho, visualiza seus mergulhos e coordena cada um de seus movimentos com música, seguindo sugestões cinestéticas e visuais. Dennis Golden, presidente do Comitê Científico Esportivo de Mergulho, mostra vídeos repetidamente a seus mergulhadores, até que a visualização se torne sua segunda natureza.

Muitos são os benefícios das técnicas que recorrem à imaginação, acima descritas. Os atletas aprendem a superar a ansiedade e as dúvidas sobre eles mesmos e fazem um exercício muscular sutil, que facilita a coordenação e um excelente desempenho. Além do mais, estão treinando para agir automaticamente e se dessensibilizar de emoções e dispersões que inibiriam seu desempenho.

Pessoas, cujos corpos estão sendo desafiados pela doença e pelo tratamento, bem podem ser comparadas aos atletas que enfrentam uma competição. Elas precisarão invocar todos os recursos físicos e mentais de que dispõem. Em geral, a dor envolvida é significativamente complicada e exacerbada pela ansiedade. Coragem, firmeza e capacidade para enfrentar o desconhecido são exigidos. Em nenhum outro lugar isso é mais evidente do que em uma unidade de atendimento de queimados.

Nos últimos anos, Cornelia Kenner e eu estudamos o efeito da imaginação como ensaio mental em pacientes com queimaduras graves.[36] As pessoas com quem trabalhamos sentiram mais dor do que a maioria de nós pode imaginar humanamente possível. Durante e imediatamente após a queimadura, eles tendiam à dissociação mental, declarando, muitas vezes, que suas mentes como que se deslocavam para o forro, permitindo-lhes observar desapaixonadamente o que estava acontecendo embaixo. É o tratamento, e não a queimadura em si, que a maioria lembra como praticamente insuportável. Na unidade em que fizemos a pesquisa, o tratamento obrigava a ir para tanques ou chuveiros pelo menos uma vez por dia, onde a pele desvitalizada era removida ou desbridada. Em geral, isso era feito sem analgésicos, pois, assim, os pacientes não ficavam entorpecidos e podiam acompanhar os procedimentos. Às vezes, isso durava meses, conforme a extensão da queimadura. Há relatos freqüentes de que as pessoas se sentem como se estivessem sendo esfoladas vivas.

Antes de começar a pesquisa, acompanhamos muitos pacientes durante o tratamento, monitoramos sua fisiologia e conversamos com eles sobre suas experiências. Notamos que a temperatura de suas mãos e pés caía espantosamente, nos cinco minutos que se seguiam à aproximação do carrinho com os instrumentos, que era ouvido ao longe no corredor (o carrinho era puxado por um técnico ou uma enfermeira, e nele estavam instrumentos que cortariam as ataduras. Era a primeira etapa do processo de desbridamento). Uma queda de temperatura tão brutal indica uma reação extrema de lutar ou fugir ou, então, uma rápida ativação do sistema nervoso simpático (ver Capítulo 4). A pressão, a respiração e a freqüência cardíaca também aumentavam de maneira significativa.

Após a remoção das ataduras (procedimento doloroso, elas aderem à pele), todos os pacientes, exceto aqueles em estado mais grave ou recentemente queimados, eram solicitados a ir a pé até tanques e duchas. Muitos deles tinham tido 50% ou mais de seus corpos queimados e a caminhada era difícil, mas necessária, pois problemas significativos de coágulos podem ocorrer quando a pessoa fica imobilizada na cama por períodos prolongados. Após entrar na água, os pacientes eram escovados com escovas ásperas, e grandes pedaços de pele eram removidos com pinças. Depois que os pacientes voltavam às suas camas, muitas vezes, tinham de esperar, despidos e descobertos, de quinze minutos a uma hora, enquanto médicos, estudantes de medicina, fisioterapeutas, assistentes sociais faziam suas rendas. A reação natural do corpo, nessa situação, é de tremor intenso, para ajudar a restaurar o calor. Não há palavras para descrever as indignidades sofridas nessas enfermarias. Mas também havia um fator secundário: eles desconheciam os novos tratamentos que seriam recomendados nas visitas médicas: enxertos, amputação, cirurgia plástica ou um programa progressivo de dolorosa fisioterapia, tudo era possível. Após as visitas, vinha um momento de tranqüilidade, quando um creme antibiótico que dá grande alívio era passado em suas queimaduras e as velhas ataduras eram substituídas.

Os pacientes enfrentavam a situação mais dolorosa que se possa imaginar. O nível de medo era compreensivelmente intenso e ininterrupto.

O Instituto de Enfermagem do Instituto Nacional da Saúde, em Washington, concordou com nossa proposta de desenvolver métodos de controle da dor e da ansiedade, que seriam aplicados posteriormente, por outras equipes de enfermagem, em unidades de queimados. Recebemos subvenções durante três anos e, nesse período, testamos três métodos de controle da dor e da ansiedade, comparando-os com um grupo de controle que não utilizava o tratamento (para nos certificar de que a atenção não era um fator, em quaisquer resultados obtidos). Os métodos escolhidos foram: (1) relaxamento; (2) combinação de relaxamento e imaginação; (3) combinação de relaxamento, imaginação e *biofeedback*. Como a combinação de relaxamento e imaginação foi a mais bem-sucedida, e por ser a mais importante para o tema deste livro, referir-me-ei basicamente a ela.

Estudamos 149 pacientes, em quatro grupos. Era de 25% o percentual médio da área corporal queimada. A maioria dos pacientes apresentava queimaduras de segundo e terceiro graus. Os critérios que escolhemos para determinar o sucesso dos métodos incluíam sinais vitais (freqüência cardíaca, respiração, pressão arterial), avaliação do próprio paciente sobre a dor, medida padronizada da ansiedade, quantidade de remédios usados para a dor, tranqüilizantes e soníferos necessários, tensão muscular e temperatura periférica (outra medição de ansiedade).

Os pacientes foram distribuídos em grupos e treinados em um dos três métodos de tratamento. Caso fossem colocados em um grupo de controle, eram apenas observados e tinham suas reações medidas. Todos os pacientes passaram por apenas três sessões de treinamento, pois tínhamos de agir rapidamente, antes que o desbridamento fosse prescrito (em geral, alguns dias após a queimadura). Assim, antes do desbridamento, eles se submeteram ao método de tratamento. A intenção era reduzir parte do complexo de dor/ansiedade, antes, durante e após o desbridamento.

Nem no grupo de controle, nem no de relaxamento foi constatado qualquer benefício. Mas outros grupos se beneficiaram, de acordo com as medições que mostraram reduções da ansiedade e a dor, mas o acréscimo do *biofcedbuck* não se mostrou particularmente útil, e, por meio de algumas medidas, a combinação do relaxamento com a imaginação comprovou-se favorável. Por exemplo, o grupo que se submeteu ao relaxamento e imaginação apresentou menos tensão muscular, requereu uma quantidade significativamente menor de medicamentos e sedativos do que o grupo que recebeu *biofeedback* e combinação de relaxamento e imaginação. Nossa interpretação foi que, nos estados de dor particularmente aguda, não é tão importante entrar em contato com as funções corporais e ter controle sobre elas (objetivo do *biofeedback*), mas sim aprender técnicas mentais para poder lidar com situações estressantes.

A imaginação usada pretendia ser um ensaio mental para o desbridamento, que informaria, dessensibilizaria, reduziria a ansiedade e daria sugestões úteis sobre como relaxar e usar a mente para escapar dos momentos difíceis. Todas as informações foram gravadas em fita e passadas por técnicos da pesquisa, que também coletaram os dados (o roteiro usado é reproduzido no Anexo E). Este complexo estudo, com seus vários grupos e muitas medições, pode ser bastante resumido. Ele demonstrou a eficácia dos métodos comportamentalistas para lidar com a dor e a ansiedade agudas. O ensaio mental e o recurso à imaginação foram extremamente bem-sucedidos. Sob muitos aspectos, os resultados foram surpreendentemente bons, considerando as circunstâncias. Os técnicos de nossa pesquisa não receberam formação terapêutica e a alternância de pessoal foi considerável, pois trabalhar em uma unidade de queimaduras representa um desgaste considerável. O conceito que norteava a pesquisa proibia que se adaptasse o tratamento às necessidades especiais de um indivíduo. As fitas gravadas foram o principal recurso da terapia, e seria de esperar que fossem menos eficazes do que a indução pessoal. Ainda assim, levando em conta essa orientação mínima, os pacientes conseguiram reduzir significativamente seu desconforto, e isso é mais um triunfo da psique humana.

Conclusão

Em resumo, curar com as aptidões da imaginação que, durante muito tempo, foram domínio do xamã, tomou um rumo novo e extraordinário. Esses talentos já não são mais considerados domínio exclusivo de alguns poucos privilegiados. Agora são acessíveis a todos, em conseqüência do desenvolvimento da ciência, da tecnologia e de inovações na prática da medicina. O elemento comum em cada uma das técnicas abordadas neste capítulo é a participação ativa do paciente. No moderno contexto da atenção à saúde, aquele que vai ser curado também se torna o curador, enquanto o xamã assume o papel de professor.

As técnicas que incorporam ciência e xamanismo não requerem nem negam os pressupostos da técnica transpessoal de cura pela imaginação. Esses pressupostos dizem que a consciência de uma pessoa pode afetar a saúde de uma outra positivamente por canais desconhecidos de transferência de informação. Caso essas técnicas funcionem, não há necessidade de recorrer a uma interpretação espiritual para explicar como a cura acontece. Os mecanismos explicativos, como aqueles descritos nos capítulos subseqüentes, consubstanciam o conceito pré-verbal da cura pela imaginação.

Apesar das diferenças críticas entre os pressupostos básicos subjacentes à prática xamânica tradicional e as técnicas do xamã/cientista, há semelhanças. O xamã e o xamã/cientista confiam em elementos comuns para promover a saúde: uma atmosfera de confiança e expectativa, uma compreensão do significado da doença em um contexto social e pessoal, e o uso de rituais e símbolos culturalmente sancionados (ver Capítulo 5, para uma discussão mais completa dessas questões). Aquilo que se perdeu, em termos do mistério do poder do xamã na cura (e o mistério, sem dúvida, tem poder), certamente foi recuperado com as contribuições do conhecimento científico.

Acrescentaria um lembrete final: neste livro, enfoquei apenas um aspecto restrito do trabalho xamânico, que é a cura pela imaginação. Os xamãs recorrem a vários outros métodos de cura e freqüentemente atuam como líderes políticos, econômicos e espirituais. Os dados que confirmam o trabalho do xamã/cientista no campo da saúde, embora talvez relevantes, não relatam esses papéis adicionais.

A ciência e a imaginação: fisiologia e bioquímica

O cérebro é um tear enfeitiçado, tecendo um padrão que se dissolve, um padrão sempre significativo, embora jamais permanente, uma harmonia mutável de subpadrões.

C. S. Sherrington, 1940

Tendo discutido as formas que a cura pela imaginação adotou no passado e no presente, apresentarei agora as evidências científicas de como isso poderia funcionar. Claude Bernard, renomado fundador da medicina experimental, ponderava que o estudo apropriado da fisiologia consistia em abordar as complexas manifestações do organismo, reduzi-las a propriedades simples e, então, reconstruir o todo unindo as "relações elementares". Seguindo sua ponderação, farei neste capítulo uma breve revisão dos aspectos psicofisiológicos da imaginação e, em seguida, descreverei a estrutura e a função do sistema nervoso central na medida em que elas se relacionam com a presente tese, isto é, o papel da imaginação na saúde. Desta forma será mapeada a relação entre os constituintes do sistema nervoso central. Enfim, será usado o modelo holográfico da função do cérebro, proposto por Karl Pribram, para elucidar aquilo que resta quando a função do todo não pode ser elucidada pela soma das partes.

A imaginação faz acontecer

A proposição inicial é de que as imagens afetam direta e indiretamente as reações físicas e, por sua vez, são afetadas por essas reações. As imagens podem envolver qualquer sistema sensorial, mas também podem ocorrer na ausência de estímulo externo apropriado (isto é, ondas de luz, ondas sonoras, moléculas do odor). Acredita-se que as imagens gerem estados de reação interna, semelhantes aos estímulos reais, mas não necessariamente idênticos. Por exemplo, durante experiências de visualização, normalmente, o córtex visual é ativado, mas as vias visuais periféricas como a pupila podem ou não estar envolvidas. Alguns pesquisadores chegam mesmo a sugerir que a imaginação é codificada de modo especial e transcende a maioria das vias sensoriais.[1]

Fisiologia

Correlatos fisiológicos da imagem

As pessoas que experimentam episódios de imaginação muito intensa apresentam reações fisiológicas bem definidas. Elas são capazes de lembrar eventos passados, com todos os detalhes, como se seus bancos de memória não fossem absolutamente afetados pelo tempo ou por sentimentos. Um dos casos mais famosos, relatado por Alexander Luria, é o de um homem capaz de aumentar a freqüência cardíaca imaginando-se a correr, e que conseguia alterar o tamanho de suas pupilas e manipular seu reflexo coclear imaginando cenas e sons.[2]

Em 1929, Jacobsen demonstrou que, se alguém pensar intensamente em determinado movimento corporal, os neurônios motores apropriados serão ativados. É claro que a velocidade do bombardeio é extremamente baixa, e a atividade muscular só é perceptível por meio de instrumentos de registro muito sensíveis. Ainda assim, pensar em girar um bastão faz com que os músculos envolvidos na ação sejam ativados. O giro é ensaiado e aperfeiçoado exatamente como se deseja — prática bem conhecida entre atletas profissionais. Imaginar estar chupando um limão ou apenas pensar em aumentar a quantidade de saliva tem um efeito direto sobre a produção das glândulas salivares.[3]

A imaginação sexual intensa e fóbica é acompanhada de alterações fisiológicas drásticas.[4] Imaginar estímulos nocivos tem sido associado à excitação fisiológica, medida pela freqüência cardíaca, pela tensão muscular e pelos níveis de resistência da pele.[5] Em um dos primeiros estudos realizados nessa área, os participantes foram instruídos a se imaginarem levantando diferentes pesos. A tensão muscular aumentou conforme o peso sugerido por quem conduzia a experiência e imagens muito vívidas foram relacionadas com maior tensão muscular.[6] Um trabalho de Barber sugere que as imagens podem provocar alterações na taxa de glicose do sangue, na atividade gastrointestinal e na formação de bolhas.[7] Pesquisas pioneiras de Schneider, Smith e Hall determinaram que a imagem também pode controlar certos aspectos do sistema imunológico.[8]

Imaginar-se em uma cena agradável, que não seja ameaçadora, é um método comumente empregado para acalmar um coração que bate descompassadamente, baixar a pressão arterial e conseguir equilíbrio homeostático. A dessensibilização, método popular de lidar com temores e ansiedades significativos e que resultam em desadaptação, apóia-se no uso da imaginação: durante um relaxamento profundo, são imaginados acontecimentos desagradáveis; e então condiciona-se tais pensamentos a um estado de calma e "desaprende-se" a associá-los com um alto nível de excitação fisiológica. Acredita-se que a dessensibilização funcione porque é teoricamente impossível sentir medo ou ansiedade quando se está fisicamente relaxado. As centenas de relatos sobre esta técnica fazem dela uma das abordagens terapêuticas mais intensamente testadas e documentadas, além de um testemunho do papel da imaginação na determinação do comportamento.[9]

Outras descobertas decorrentes da compreensão de como as imagens estão intricadamente envolvidas no comportamento, nas atitudes e nas alterações físicas incluem as de Jordan e Lennington. Eles demonstraram que imagens intensas de lembranças negativas da infância são acompanhadas por alterações da freqüência cardíaca, reação galvânica da pele, respiração e movimento dos olhos.[10] Gary Schwartz e seus colegas verificaram que a imaginação associada à dor, à raiva e ao medo podiam ser diferenciadas por alterações cardiovasculares.[11]

No conjunto, os estudos demonstram que as imagens têm um efeito direto sobre o corpo. O efeito da imagem foi notado não apenas no sistema musculo-esquelético, mas também no sistema nervoso autônomo ou involuntário. Certas alterações provocadas pela imagem (freqüência cardíaca, alterações musculares) podem ser atribuídas a manobras respiratórias ou esqueléticas, normalmente acessíveis a um controle consciente. Outras reações, tais como o aumento da salivação, alterações no sistema imunológico, vasculares e da pele, parecem ser ativadas diretamente pela imagem, por intermédio do sistema nervoso autônomo.

As descobertas gerais da pesquisa sobre imaginação e fisiologia são as seguintes:

(1) As imagens estão relacionadas aos estados fisiológicos;

(2) As imagens podem anteceder ou suceder alterações fisiológicas, indicando um papel de causa e efeito;

(3) As imagens podem ser induzidas por comportamentos conscientes, deliberados, e por eventos inconscientes (estímulo elétrico do cérebro, devaneios, sonhos etc.);

(4) As imagens podem ser consideradas uma ponte hipotética entre o processamento consciente da informação e a alteração fisiológica;

(5) As imagens podem evidenciar uma influência sobre o sistema nervoso voluntário (periférico) e sobre o sistema nervoso involuntário (autônomo).

Visão geral do sistema nervoso

Nossa compreensão do funcionamento do cérebro humano resulta, essencialmente, do estudo de cérebros danificados, que adoeceram por causa de tumores, derrames, ferimentos a bala, foram cortados ou eram anormais devido a fatores congênitos. Outras informações foram obtidas em laboratórios que faziam experiências com animais, em que alterações propositais no cérebro são criadas por um dano seletivo, estímulo elétrico ou por substâncias químicas. Esses métodos de estudo do papel e da função das várias estruturas, naturalmente, expõem as descobertas às críticas sobre sua relevância, para o cérebro humano normal ou não danificado. No entanto, nem a tecnologia nem a ética humana apresentaram quaisquer soluções mais aceitáveis para a busca de informações sobre o cérebro humano.

Há uma tecnologia de nova geração em que são colocados eletrodos — centenas deles — em vários pontos do cérebro e que usa técnicas químicas de detecção, que literalmente monitorarão a transmissão do pensamento. Caso essas técnicas venham a ser usadas para compreender a imaginação, entraremos em uma nova era. Ainda assim, reunindo as pesquisas existentes, é possível construir um quadro teórico que apóie o papel da imaginação como vínculo entre pensamento e alteração física.

Antes de seguir a trajetória da imagem do cérebro ao comportamento, faremos uma rápida revisão do sistema nervoso.

O sistema nervoso é dividido, arbitrariamente, em dois componentes principais: o *sistema nervoso central* e o *sistema nervoso periférico* (ver figura 4.1, do esquema dessas divisões). O sistema nervoso central é subdividido em dois componentes principais, o *cérebro* e a *medula espinhal*. Esta conduz os impulsos ao cérebro e do cérebro, e constitui a única via, em todo o corpo, que leva ao cérebro.

O cérebro é composto, aproximadamente, de cem bilhões a um trilhão de neurônios, ou células nervosas, incrustados em uma rede de apoio de células gliais. As células gliais são o único acesso do neurônio aos nutrientes do sangue, e servem para filtrar, sintetizar e armazenar materiais que serão usados pelos neurônios. As três divisões do cérebro são *cérebro anterior* ou *prosencéfalo*, o *mesencéfalo* e o *metencéfalo*. O prosencéfalo consiste no *telencéfalo* e no *diencéfalo*. As áreas do telencéfalo que nos concernem são o *córtex cerebral* e o *sistema límbico*. O diencéfalo inclui o *tálamo*, o *hipotálamo* e a *pituitária*, entre outras coisas. O mesencéfalo contém vias visuais e auditivas, além de áreas relacionadas com o controle muscular. O metencéfalo contém o *cerebelo*, a *Ponte de Varolius* e a *medula oblonga*, áreas em que abundam as vias neurais. O sistema nervoso periférico consiste no *sistema nervoso somático* e no *sistema nervoso autônomo*. O sistema nervoso somático tem doze pares de *nervos cranianos* e trinta e um pares de *nervos espinhais*. A função desses ramos é manter o contato com o mundo externo. Eles conduzem os impulsos do sistema nervoso central para os músculos estriados, e então tipos muitos discretos de ação voluntária são possíveis. Acreditava-se que o sistema nervoso autônomo fosse involuntário e estivesse fora do controle consciente. Hoje, sabemos que isso é verdade apenas em parte. O coração, o fígado, o baço, o pâncreas, os intestinos, os vasos sangüíneos, as glândulas e o sistema urogenital são influenciados pelo sistema nervoso autônomo e, portanto, acessíveis a uma determinação consciente.

O sistema nervoso autônomo é, em geral, responsável pela manutenção do meio interno, enquanto o somático está envolvido com a reação aos estímulos do mundo externo. Há um dualismo fisiológico que se coaduna com o conceito de um controle superior (isto é, cortical) *versus* um controle inferior (subcortical ou mais primitivo). É claro que esta é uma conceituação excessivamente simplificada, mas não incorreta, que ajudará a explicar as trajetórias da imaginação.

O sistema nervoso autônomo pode ser dividido em dois sistemas — o *simpático* e o *parassimpático*. Embora haja uma grande sobreposição das funções desses dois sistemas, é possível estabelecer o conceito de que o simpático predomina quando a ação se faz necessária, e o parassimpático intervém quando é preciso chegar ao equilíbrio ou homeostase. Ambos os sistemas são ativados por fatores de liberação elaborados no hipotálamo. Estes, por sua vez, ordenam a produção e a liberação de hormônios na glândula pituitária e, subseqüentemente, a secreção de todas as glândulas endócrinas.

Transmissão da informação

No sistema nervoso central, a informação é transportada de uma estrutura a outra através de conjuntos de fibras ou feixes de neurônios com propriedades eletroquímicas por natureza. Representemos o neurônio como um saco com fluidos que tem uma área para receber informações (os *dendrites*) e uma área de emissão das informações (o *axô-*

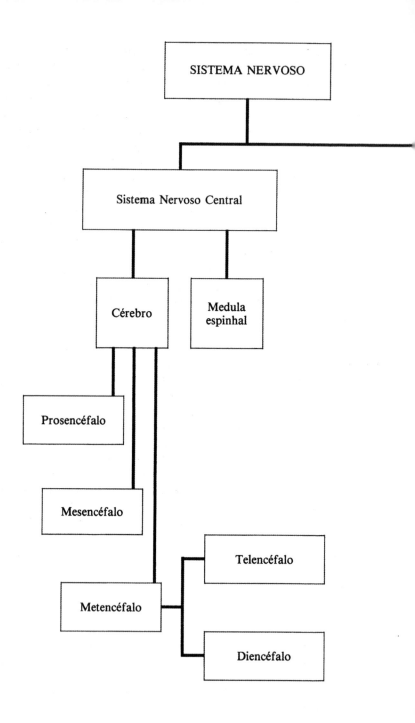

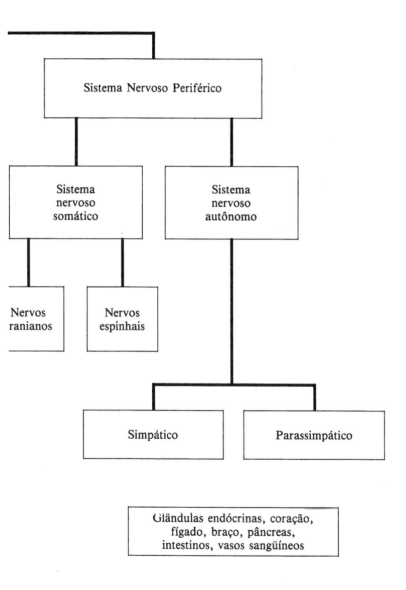

Fig. 4.1.

nio) que, com freqüência, tem a forma de um longo filamento, semelhante a uma cobra. Um neurônio "dispara" ou se ativa quando os dendritos são estimulados por substâncias químicas (substâncias transmissoras), liberadas em seu meio. Se for liberada uma certa quantidade de substâncias químicas, então aparecerão furos no saco. Há então uma migração de substâncias químicas provenientes do interior e do exterior do neurônio, que perde sua carga elétrica negativa quando passam pelo furo substâncias químicas com carga positiva, como o sódio. A carga positiva atravessa o axônio e mais substâncias químicas são liberadas. O neurônio volta ao seu estado normal de repouso em alguns milissegundos. Esse processo deve ser repetido para que a informação passe de um neurônio ao neurônio vizinho. As substâncias químicas que acabam de ser liberadas penetram em um espaço existente entre os neurônios, denominado *fenda sináptica* ou *sinapse*, os dendritos vizinhos recebem a informação e a mensagem prossegue.

Embora este processo pareça um tanto complexo, é o *único* modo de os neurônios dispararem, exceto que, algumas vezes, tudo pode começar espontaneamente, e também que a mensagem de alguns dos neurônios para seus vizinhos seja "não dispare". (Estes são chamados de neurônios inibidores, e os outros recebem o nome de neurônios excitantes, por razões óbvias.)

Um neurônio pode disparar ou não — ele tem a chamada propriedade do "tudo ou nada". Um estímulo vigoroso ou a presença de muitas substâncias químicas envolvendo seus dendritos não fazem o neurônio disparar de modo diferente, só com mais freqüência. Tudo que vemos, cheiramos, ouvimos — todas essas imagens armazenadas em nossos bancos de memória — baseia-se em quantas vezes os neurônios dispararam, quantas vezes não o fazem, quantos e quais neurônios disparam ao mesmo tempo. É uma questão de quantidade, e não de qualidade. Nesse assombroso biocomputador chamado cérebro, as vias e as estruturas são ligadas consistentemente pela transmissão da informação através dos neurônios. Inevitavelmente, haverá linhas cruzadas e, assim, cada sistema terá uma influência moduladora sobre o outro.

A inter-relação entre os neurônios e suas atividades é primordial para o pressuposto de que a imaginação funciona como mecanismo de integração entre os processos mentais e físicos. As áreas do cérebro relacionadas com o armazenamento de imagens, quando suficientemente ativadas pelo pensamento, como ocorre quando são criadas imagens vívidas e vigorosas, em teoria, pode fazer com que os neurônios disparem repetidamente, de modo que a mensagem ressoará através do cérebro. É assim que imaginar um serviço, em uma partida de tênis, ativa todos os músculos envolvidos na ação. Imaginar que se chupa um limão mobiliza a secreção glandular, engolir e fazer caretas.

122

Quanto aos parágrafos seguintes, é importante ter em mente como os neurônios transmitem a informação. Se compreendemos isso, a interconexão das estruturas fará mais sentido. Mas há um porém. O cérebro humano armazena e processa muito mais informações do que seria possível só com esse mecanismo. Explodiríamos, literalmente, se todos os circuitos neurais fossem tão ativos quanto seria exigido por aquilo que existe normalmente em nossos bancos de memória. Mais adiante discutiremos mais esse problema.

A representação da imagem: proposta de um modelo neuroanatômico

O córtex

O córtex cerebral consiste em múltiplas camadas de células nervosas, dispostas e diferenciadas em etapa recente do desenvolvimento evolutivo. O córtex é constituído por dois hemisférios, conectados por um grande feixe de fibras, chamado *corpus callosum*. As áreas corticais envolvidas na função sensório-motora, do lado esquerdo do corpo, tendem a localizar-se no lado direito do córtex e vice-versa. A comunicação entre os dois hemisférios é sustentada pelos neurônios, que atravessam o corpo coloso, e por fibras conhecidas como comissuras anterior e posterior, que atravessam o tálamo.

Os hemisférios esquerdo e direito desenvolveram funções especializadas em conseqüência da evolução das espécies e daquilo que acontece na história do desenvolvimento de um indivíduo. O conhecimento dessa área foi significativamente incrementado pelo trabalho de Sperry e Gazzaniga, Bogen e outros, que estudaram os resultados dos procedimentos cirúrgicos do "cérebro dividido".[12] Quando as faixas de fibras que ligam os hemisférios são seccionadas, é reduzida a atividade que se manifesta por ocasião dos ataques, nas epilepsias graves, pois certos tipos de informação já não podem mais ir de um lado para outro. Assim, podem ser conhecidas as funções únicas de cada hemisfério.

Aparentemente, em nossa espécie, expandiu-se a demanda por um espaço cortical, para poder lidar com as complexidades da linguagem, e progressivamente um número maior de sinapses foi recrutada. Enfim, uma porção considerável do hemisfério esquerdo acabou contendo a área de processamento da linguagem em aproximadamente 87% dos destros e 50% dos canhotos (os canhotos e os ambidestros podem apresentar menor função lateralizada da fala, isto é, ambos os hemisférios contêm áreas destinadas ao processamento da fala).

O hemisfério direito, habitualmente, contém os componentes específicos relevantes ao armazenamento e recuperação das imagens. Nele mais do que as palavras, imagens não-verbais são usadas para processar os pensamentos. O estilo de processamento da informação no hemisfério direito também tende a ser menos analítico e mais não-linear do que o do hemisfério esquerdo.[13]

Há pouco tempo o hemisfério direito era referido como hemisfério "não dominante" ou "menor", pois presumia-se que ele era relativamente menos envolvido com as funções humanas. Não me parece que isso ocorra, em absoluto, mas suas funções são menos valorizadas quando se privilegia o pensamento racional, linear e a linguagem. Uma tendência recente, obviamente um retrocesso, afirma que as funções do hemisfério direito são mais especiais, criativas, naturais, sintonizadas, comunicativas e claramente mais desejáveis do que as funções intelectuais do hemisfério esquerdo. Considerar um lado do cérebro mais vital ou importante do que o outro é ignorar que as pessoas mais capazes são ambidestras quanto à sua capacidade para mobilizar os atributos de ambos os hemisférios. É verdade, porém, que a sobrevivência, assim como a reabilitação, são mais prováveis após um dano ocorrido no hemisfério esquerdo do que no direito. Isso indica que a vida depende mais das funções do hemisfério direito do cérebro.

Outra linha de pesquisa indica que, embora os indivíduos normais tenham acesso a ambos os hemisférios, podem preferir usar ou podem ser mais afeitos ao uso de um hemisfério do que do outro. Espera-se, por exemplo, que os advogados usem o hemisfério esquerdo, verbal, enquanto os ceramistas, cujo trabalho depende da criação de imagens, favoreçam o uso do hesmifério direito.[14]

A questão dos hemisférios

As funções específicas atribuídas ao hemisfério direito e as conexões entre ele e outros componentes do cérebro e do corpo apóiam a premissa de que as imagens podem transportar informações do consciente às áreas mais distantes das células. Reflitamos sobre essas descobertas:

(1) As imagens não-verbais são especialidade do hemisfério direito. Muito importante para nossa tese é que a *imagem corporal*, geralmente, é lateralizada no hemisfério direito. Quando há um dano no lobo parietal do hemisfério direito, decorrente de um golpe ou um ferimento, o paciente poderá não reconhecer parte de seu próprio corpo, negando-o a ponto de não lavá-lo ou cobri-lo.

(2) O hemisfério direito tem um papel predominante no processamento da informação emocional e na função judicativa, sendo ativado em situações de desgaste.[15] A importância da relação entre imaginação e emoções foi recentemente demonstrada por Lyman, Bernardin e Tho-

mas, que concluíram que as imagens predominam mais em situações emocionalmente carregadas do que em situações de emoção neutra ou mínima. Ao discutir seus resultados, eles sugerem que o papel da imagem tem sido subestimado nas teorias sobre a emoção e que pode ser determinante nas diferentes respostas dadas em circunstâncias semelhantes. [16]

(3) Devido às implicações do hemisfério direito para a emoção, ele deve ter uma relação direta com o sistema nervoso autônomo. Isso é apoiado pela existência de uma extensa rede de conexões neurais entre o hemisfério direito e o sistema límbico. As funções verbais do hemisfério esquerdo estão a um passo dos processos autônomos, tanto em termos de evolução quanto de função real. Portanto, sugiro que *as mensagens têm de passar por uma tradução, feita pelo hemisfério direito, para uma terminologia não-verbal ou imagética, antes que possam ser compreendidas pelo sistema nervoso involuntário ou autônomo.*

(4) Antes que a imagem, característica da função do hemisfério direito, possa ser processada, resultando em um pensamento significativo e lógico, ela também deve ser admitida e traduzida pelo hemisfério esquerdo. [17] *As imagens tão intimamente ligadas à fisiologia, à saúde e à doença, ou são pré-verbais ou são desprovidas de uma base lingüística,* exceto aquilo que está disponível a partir das conexões com o hemisfério esquerdo, ou da fala. Se essas conexões fossem seccionadas, e se o hemisfério esquerdo fosse destruído ou se tornasse inacessível, imagens não traduzidas continuariam a afetar as emoções e alterar a fisiologia, mas sem interpretação intelectual.

Uma doença chamada *alexitimia*, cujo significado é "sem palavras para os sentimentos", servirá como exemplo. Levantou-se a hipótese de que a alexitimia está na base daquilo que se costumava denominar distúrbios psicossomáticos. Continua sendo uma designação controvertida, mas as pesquisas que se realizam em torno dela se expandem continuamente. [18] Acredita-se que, nessa condição, embora emoções e imagens sejam vivenciadas, elas ficam sem tradução verbal e não se pode agir sobre elas de modo que se dissipem. Os sentimentos procuram então outra saída e são dirigidos aos vários sistemas do corpo. O dano provocado por esse tipo de expressão poderá ser diagnosticado como artrite reumatóide, colite ulcerativa, asma, urticária, enxaquecas etc. A etiologia da alexitimia é dúbia, mas tem-se atribuído a ela lesões funcionais ou estruturais das vias conectivas corticais ou rupturas entre o sistema límbico e áreas do córtex, bem como deficiência de dopamina no trato do corpo estriado (gânglio da base).

(5) O hemisfério esquerdo pode ter e tem um controle deliberado e consciente sobre o sistema musculo-esquelético. "Braço, estique", "Cabeça, acene", "Pé, pise no chão" são exemplos de comandos verbais que o corpo escuta e pode obedecer muito bem, exceto em casos de pa-

tologia ou terimentos. O sistema de imagens do hemisfério direito também pode exercer esse controle, enviando imagens dos pensamentos aos músculos apropriados; por exemplo, imaginar a mão abrindo-se como uma flor.

Pode-se conceber o hemisfério esquerdo como uma interface com o meio externo, tanto em função do intercâmbio da linguagem entre nós e os outros quanto dos movimentos musculo-esqueléticos que nos levam através do espaço. A formação da imagem do lado direito do cérebro é o meio de comunicação entre a consciência e o meio interno de nossos corpos. Ambos os sistemas são integrais para a saúde e o bem-estar (ver figura 4.2).

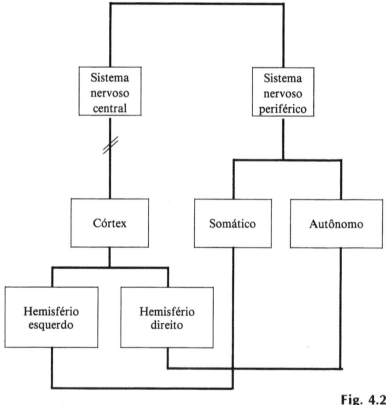

Fig. 4.2.

Autônomo/Hemisfério direito = funções "inconscientes" ou involuntárias
Somático/Hemisfério esquerdo = funções "conscientes" ou voluntárias

Olhando mais de perto

O hemisfério direito abrange um amplo território e, assim, é prudente indagar exatamente qual parte dele é a candidata mais provável ao armazenamento de imagens. Como notaremos ao discutir a teoria holográfica da função cerebral, as imagens podem ser concomitantemente armazenadas em várias áreas. No entanto, há certos pontos mais plausíveis que outros para um armazenamento básico.

Os hemisférios são divididos em quatro lobos: frontal, temporal, parietal e occipital. Há evidências de que há algum armazenamento de imagens em cada uma dessas áreas, mas em particular na região préfrontal ou mais anterior dos lobos frontais. De certo modo, essa área continua sendo um mistério, mas a pesquisa experimental sugere que ela está envolvida com o armazenamento da memória e também com a emoção. Essa região frontal anterior está extremamente bem conectada com as áreas límbicas, a parte do cérebro que processa a emoção.[19] Na verdade, as vias de fibras são tão numerosas que os lobos frontais anteriores surgem como uma extensão do próprio sistema emocional — que evoluiu muito recentemente.

Um dano nos lobos frontais anteriores resulta em deficiências peculiares. Nos primatas subumanos, lesões nessa região prejudicam o funcionamento para tarefas que exigem retardar a reação. Com base nessas experiências, Jacobsen concluiu que o aspecto anterior dos lobos frontais era necessário para a memória imediata, ou para o uso, por imagens simbólicas da memória.[20] Pensem no que significa ser capaz de retardar uma reação: deve haver alguma imagem interna sobre a própria reação; e mais ainda, sobre as circunstâncias em que ela deve ser desencadeada. Outros estudos apóiam o conceito de que essa área é, virtualmente, a única parte do cérebro indispensável à capacidade de retardar respostas.

As descobertas pertinentes ao papel dos lobos frontais anteriores não se restringem aos macacos. Um procedimento ultrapassado de tratar doenças mentais consistia em danificar cirurgicamente os lobos frontais ou seccionar as conexões de fibras entre os lobos frontais e o resto do cérebro (lobotomia frontal ou lobectomia). As vítimas dessa cirurgia eram descritas não apenas como pessoas desprovidas de emoções, mas também incapazes de fantasiar ou imaginar o futuro; isto é, não conseguiam manter imagens simbólicas em suas mentes.[21] O dano do lobo frontal esquerdo tende a provocar falhas em tarefas verbais, e o dano do lobo frontal direito afeta o armazenamento e recuperação da imagem.[22] Nota-se, em geral, que o Q.I., medido por testes comuns, não é afetado por essa cirurgia.

A evidência do envolvimento dos outros lobos hemisféricos direitos com a imaginação é dada por Humphrey e Zangwill, que descreveram pacientes com danos na área parietal posterior do hemisfério direito. Eles relataram poucos sonhos ou até mesmo nenhum, imagens confusas quando a pessoa estava acordada e uma incapacidade para quaisquer tarefas que requeressem visualização: odor, visão, fenômenos auditivos etc.[23]

Um distúrbio clássico, denominado síndrome de Charcot-Wibrand, refere-se a uma incapacidade generalizada para evocar imagens visuais.[24] O caso descrito por Charcot envolvia um homem que, anteriormente, tivera uma memória fotográfica. Certo dia, ele já não conseguia reconhecer rostos, inclusive o próprio; não lembrava de nenhuma cor e seus sonhos tinham perdido as imagens visuais. Sua memória auditiva também estava temporariamente prejudicada, mas sua memória visual ficou assim permanentemente. Critchley é de opinião que o local de uma lesão assim é a região parieto-occipital e que a lesão habitualmente é bilateral.

Outras evidências sugerem que essas funções podem ser mais lateralizadas no hemisfério direito. Por exemplo, Milner, DeRenzi e outros referem-se à memória facial e à memória relacionada com padrões de pouco significado.[25] Acredita-se que ambos sejam "pura" memória visual, na medida em que o processamento verbal é desnecessário para sua rememoração. Em ambos os exemplos, um dano no lobo temporal direito prejudica a função. Em pessoas com epilepsia, a descarga neural no lobo temporal direito é, freqüentemente, associada a imagens ou auras semelhantes a um sonho, que precedem um ataque.[26] Observações similares foram feitas por Wilder Penfield, cirurgião que estimulou eletricamente certas áreas quando os pacientes se submetiam a uma cirurgia de epilepsia.[27] Visualizações características do estado onírico que precedem o ataque epilético puderam ser reproduzidas por meio da estimulação do lobo temporal direito.

A grande dispersão das áreas cerebrais envolvidas com a imaginação, sobretudo a visual, indica a importância dessa mesma imaginação para a sobrevivência da espécie. Normalmente, habilidades extremamente importantes são protegidas por serem armazenadas em vários pontos, a exemplo do que ocorre nesse caso.

Para além do córtex

Outras áreas do cérebro, além dos hemisférios corticais, são obviamente necessárias para dirigir a consciência para baixo para fazer contato e alterar a fisiologia. O *sistema límbico*, afloramento dos lobos frontais, carregados de imagens, já foi abordado como área de processamento das emoções. A área límbica é uma coleção de protuberâncias e saliências que constituem um terço do cérebro. Sua função, nos animais "inferiores", é basicamente reagir aos odores. Nos mamíferos o sistema límbico está envolvido com sentimentos de prazer e gratificação, dor e castigo, medo, raiva, comportamento sexual e ações violentas dos doentes mentais criminosos. Todas essas atividades envolvem o sistema nervoso autônomo que, conforme notaremos em breve, é de extrema importância na descrição da trajetória da imagem.

Estrutural e funcionalmente, o *hipotálamo* está intimamente relacionado com as áreas neurais em que acontece o processamento do pensamento consciente e as imagens são formadas. O hipotálamo tem capacidade de regular o sono, o comer, os ritmos do corpo, a temperatura e a função sexual. De modo mais específico, afeta a freqüência cardíaca, a respiração, a química do sangue e a atividade glandular. Tem grande importância em seu papel integral na regularização do sistema imunológico.

Enfim, a glândula principal do corpo, a *pituitária*, tem conexões neurais e químicas com o hipotálamo. É por essas vias que o hipotálamo altera os sistemas hormonais do corpo, afetando não apenas glândulas, tais como ovários, testículos, glândula supra-renal, tiróide e paratiróide, mas também cada órgão, tecido e célula.

Há evidências de uma ponte neuroanatômica entre imagem e células, mente e corpo. Elas são sólidas e podem ser percebidas quando o tecido extraído do cérebro é colocado em um microscópio. Abordemos, porém, o resto da história, esclarecendo a relação entre essas estruturas visíveis e função.

O sistema nervoso autônomo

O *sistema nervoso simpático* e o *sistema nervoso parassimpático*, os dois ramos do sistema nervoso autônomo, estão sob o controle direto do cérebro. Todas as áreas antes mencionadas — o córtex, o sistema límbico, o hipotálamo e a pituitária — estão envolvidas. Os órgãos pertinentes estão representados na figura 4.3.

Os trajetos do sistema nervoso autônomo entre cérebro e comportamento, habitualmente, são discutidos em termos da resposta ao estresse, embora trajetos semelhantes, mas substâncias químicas diferentes, pudessem ser descritos, com a mesma facilidade, para estados de excitação sexual, medo e raiva, depressão e euforia. A questão é que corpo e mente reagem como uma unidade. Nenhum pensamento ou emoção é desprovido de atividade bioquímica e eletroquímica; e não há atividade que deixe alguma célula intocada. Isso decorre, logicamente, de como o sistema nervoso autônomo opera. Além do mais, quando as substâncias químicas das glândulas ligadas ao sistema nervoso autônomo são secretadas, ou até injetadas, elas influenciam o estado emocional.

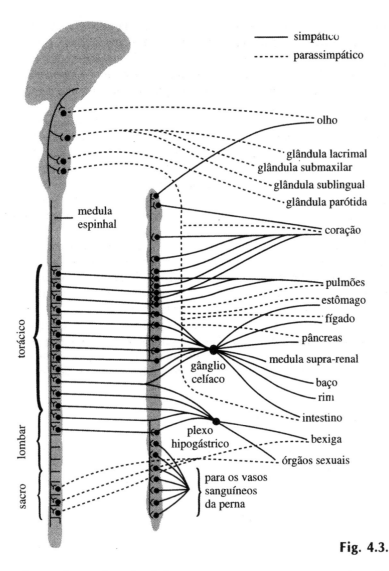

Fig. 4.3.

Ao seguir o trajeto do cérebro ao comportamento em uma situação estressante, começamos pela percepção e pelo reconhecimento consciente de que há um perigo de algum tipo. O perigo, é claro, não precisa estar ali, basta que seja fantasiado. Imagens mentais vívidas de um ataque nuclear são inteiramente capazes de despertar uma resposta de medo (recorrendo a um exemplo mais agradável, fantasiar uma relação sexual pode levar às mesmas reações hormonais provocadas pelo próprio ato). Em termos de doenças relacionadas ao estresse, não é aos pensamentos ocasionais sobre um perigo improvável que se deve dar o crédito de causarem uma insidiosa deterioração do corpo, mas às constantes e aborrecidas disputas e pressões, imaginar persistentemente acontecimentos angustiantes e mudanças de vida em excesso.

Na obra de Hans Selye encontramos um modelo simples para o estresse crônico e para as respostas ao estresse emergencial.[28] Nas reações emergenciais, predomina o sistema nervoso simpático, atuando em acordo com as glândulas supra-renais. A adrenalina e a noradrenalina, hormônios secretados por essas glândulas, têm sobre o corpo efeitos de mobilização difusa. Aumenta a freqüência cardíaca, o fígado libera açúcar para obter mais energia, as pupilas dilatam-se, de modo que a visão aumenta na penumbra, o sangue coagula mais rapidamente e vai dos vasos e órgãos periféricos para os músculos e para o cérebro. A atividade dos glóbulos brancos se intensifica, preparando o corpo para reparos de emergência. O corpo se preparou para uma guerra, que talvez nunca venha a acontecer, e, assim, o estado de prontidão deve dissipar-se rapidamente ou tornar-se-á o inimigo dentro de nós. Suspeita-se que as pessoas com problemas de saúde no sistema cardiovascular, tais como hipertensão e enxaqueca, não conseguem mudar rapidamente os efeitos do estresse emergencial. A resposta prolongada pode ser responsável pela própria doença.

No estresse crônico, os mecanismos se alteram. A ênfase recai na secreção de mineralocorticóides e glicocorticóides, hormônios da supra-renal sob a influência dos hormônios da hipófise, inclusive o hormônio adreno-córtico-trópico. O hipotálamo, que funciona como uma confluência da função consciente, influencia na liberação do adreno-córtico-trópico.

Quando o estresse é prolongado, os glicocorticóides (hidrocortisona, corticosterona e cortisona) continuam a tarefa de manter o corpo pronto para lutar e regenerar-se. Os não-açúcares são transformados em açúcar, os vasos sangüíneos são sensibilizados para os hormônios supra-renais, de tal modo que a ação poderá ocorrer até em caso de fadiga. No entanto, em grande detrimento do indivíduo há muito estressado, a ação básica do adreno-córtico-trópico e dos glicocorticóides é reduzir a atividade inflamatória, isto é, o trabalho do sistema imunológico. Aquilo que, no curto prazo, era adaptativo, pode tornar-se causa de todas as doenças concebíveis do sistema imunológico, inclusive câncer, infecções e doenças auto-imunes como a artrite reumatóide e a esclerose múltipla. As maciças alterações que ocorrem durante o estresse prolongado vão muito além da atividade imunológica de cada glândula conectada com a pituitária, abarcando as glândulas envolvidas com a reprodução, o crescimento, a integridade e o bem-estar do corpo, no âmbito celular.

A rede de pensamentos/substâncias químicas/comportamento é muito mais sofisticada do que acabamos de descrever, e muito mais integrada. Sua complexidade apenas começa a ser compreendida. Os estudos do Prêmio Nobel Julius Axelrod sugerem que o corpo consegue lidar com diversos tipos de agentes causadores de estresse e de diferentes maneiras, cada uma delas envolvendo vias neuroquímicas únicas. Seu quadro não é tão desolador quanto o modelo de estresse crônico e deterioração inevitável proposto por Selye. Ele traz evidências que sugerem que um corpo sob estresse crônico ajusta-se de modo descendente, e assim menos hormônios potencialmente destrutivos são liberados.[29]

Arthur Samuels, especialista em hematologia e câncer, da Universidade da Califórnia, propôs recentemente uma sofisticada ampliação teórica do modelo estresse/doença.[30] Ele sugere um grupo comum de causas do câncer, do ataque cardíaco, da apoplexia e de doenças trombóticas relacionadas. As causas incluem estresse crônico, um tipo de personalidade predisposta e hiperativação crônica dos sistemas nervoso, endócrino, imunológico, coagulador e fibrinógeno. Quando o estresse é prolongado, o mecanismo da coagulação torna-se hiperativo e o mecanismo fibrinógeno, que, normalmente, inibe a coagulação excessiva, falha. Os coágulos disso resultantes estão envolvidos nos infartos do cérebro e do miocárdio (ataque cardíaco e apoplexia), bem como em outras oclusões vasculares periféricas. Além disso, Samuels cita evidências do que ele denomina "casulos de fibrina", criados pela coagulação do sangue, que são como que refúgios de tumores. Esses casulos protegem as células cancerígenas em processo de metástase, das células-T, a defesa natural contra o câncer, bem como da quimioterapia e da radiação.[31] Nessas circunstâncias, assinala Samuels, é absolutamente insustentável esperar que a quimioterapia ou a radiação tenham quaisquer efeitos sobre as células cancerígenas em processo de metástase, embora esses tratamentos possam fazer o tumor encolher ou reduzir-se.

É uma questão discutível saber se o modelo de Selye de mecanismos de estresse crônico é ou não completo. Poucos contestariam a premissa básica de que a mente pode influenciar o corpo de modo prejudicial e que os agentes causadores do estresse podem muito bem estar na imaginação. Os caminhos positivos, que permitiriam à saúde seguir as pegadas da alegria e da esperança, são menos conhecidos e, com toda certeza, menos aceitos. Entretanto, estamos começando a ter uma noção das substâncias químicas envolvidas nesse processo, como discutiremos a seguir.

O cérebro holográfico

Seguindo o conselho de Claude Bernard, de primeiro analisar as partes e, depois, sintetizar a função do todo, qualquer modelo pertinente às funções do cérebro deve dar conta de observações que não seriam previsíveis se apenas baseadas nas propriedades de sistemas neuroanatômicos isolados. Eis algumas das questões das quais o modelo neuroanatômico não pode dar conta em sua atual conceituação:

(1) A memória não parece estar armazenada em uma área determinada, mas em várias áreas sobrepostas. A perda de memórias específicas está mais relacionada ao número de danos causados ao cérebro do que à área danificada.[32]

(2) As habilidades inicialmente perdidas quando o cérebro é danificado por ferimentos provocados por projéteis, tumores ou acidente cardiovascular (apoplexia) costumam voltar, embora não se acredite que seja possível uma regeneração neural específica.

(3) Eventos paranormais como receber, processar e enviar informações de modos incomuns para nossa compreensão de transferência da energia são inexplicáveis de acordo com os conhecimentos atuais da neuroanatomia. Isso inclui a cura transpessoal por meio da imaginação, no trabalho de xamãs, médiuns e curadores metafísicos.

(4) Fenômenos como a sensação de ainda sentir um membro, quando ele já foi amputado, dores persistentes que só existem na imaginação e auras que se estendem para além do eu corpóreo (como representadas nas fotos Kirlian), levam a aquilo que constituiria os limites físicos do corpo.

(5) Se, por segundo, apenas um fragmento da informação é processado pelo cérebro, 3×10^{10} impulsos nervosos por segundo seriam requisitados pelo presente modelo de armazenamento de memória — um montante inconcebível de atividade neural.[33]

(6) Os mecanismos da consciência, a capacidade do cérebro de refletir sobre si mesmo, o pensamento, a criação e a recuperação da imagem, escapam a quaisquer descrições em termos de mero conhecimento de suas estruturas e suas funções, tais como são apresentadas nos modelos anatômicos.

Chega um momento em que as observações oriundas de vários níveis da ciência devem ser consistentes, não importa se os dados vêm de um microscópio, de um telescópio, de um teste de Rorschach ou de sentar-se ao redor de uma fogueira, em um acampamento em Nairobi. Os paradoxos precedentes são inconsistências óbvias quando comparados com o atual modelo de funcionamento do cérebro. São fatos da vida humana e, mais cedo ou mais tarde, devem ser levados em consideração para a função e a estrutura do cérebro.

Para transpor o abismo entre o modelo anatômico da função do cérebro e os dados que não se adequam a ele, Karl Pribram propôs, pa-

133

ra conciliar os aparentes paradoxos, que o cérebro funciona como um holograma.[34] Em essência, um holograma é um registro fotográfico especialmente processado, que fornece uma imagem tridimensional quando um raio laser é emitido através dela. Sua peculiaridade é que, caso ele se rompa, qualquer parte do holograma pode reconstruir a imagem total, mas com reduzida clareza. À semelhança do holograma, o cérebro também armazena informações em vários pontos. Cada parte do cérebro possui *alguns* dados de todas as outras partes. Um fragmento danificado da reprodução holográfica pode recriar a imagem total; as áreas do cérebro que permaneceram intatas após um dano têm o potencial de funcionar exatamente como as partes afetadas. Como já mencionamos, a perda da memória mais parece ser função do *quanto* do córtex é danificado, e não do *onde* o dano ocorreu.

O modelo holográfico, conforme foi proposto por Pribram, não contradiz a tradicional descrição neuroanatômica do cérebro. O próprio Pribram foi um pioneiro ao criar esse modelo. Nem todas as partes do cérebro são equipotenciais para todas as demais. Aquelas aglutinações isoladas de matéria que denominamos estruturas e as vias nervosas têm funções viáveis que não podem ser ignoradas. Como afirma Pribram: "Um processo holográfico neural ou similar não significa, é claro, que a informação recebida seja distribuída a torto e a direito por toda a profundidade e superfície do cérebro".[35] Entretanto, o desafio do modelo holográfico refere-se ao método de transmitir, armazenar e receber a informação.

A crença em geral aceita e bem testada é que o neurônio estimulado (célula nervosa) transporta a informação até seu axônio, substâncias químicas são liberadas nas placas terminais e essas mesmas substâncias se difundem para além da fenda ou sinapse e, então, estimulam a atividade dos neurônios vizinhos. Pribram assevera que a informação bem pode ser *distribuída* dessa maneira, mas que não é necessariamente assim que as associações se formam. Se elas se formassem dessa maneira, o montante de transmissão neural desafiaria a imaginação — 3×10^{10} impulsos nervosos por segundo, conforme os cálculos de Van Heerden. O trabalho de Pribram sugere que devemos reconsiderar a junção entre os neurônios, isto é, a fenda sináptica, como área em que a informação é processada, e que esse processamento pode ser análogo ao modo de se formarem os hologramas na fotografia. "A teoria afirma, essencialmente, que o cérebro, em determinado estágio de processamento, analisa no domínio da freqüência. Isso acontece nas junções entre os neurônios, e não no interior deles. Mais do que os impulsos nervosos, são responsáveis por isto os aumentos e reduções locais e graduais dos potenciais neurais (ondas)."[36]

Como pode haver até mil sinapses entre dois neurônios, um número quase infinito de padrões pode formar-se. Especula-se que, quando as áreas corticais associadas com tipos específicos de respostas são repetidamente ativadas, os padrões tornam-se previsíveis. Qualquer parte do padrão pode regenerar uma percepção bem desenvolvida: uma palavra poderá disparar a memória de um poema, um odor poderá recuperar para a memória um acontecimento há muito esquecido. Na maior parte do tempo, nossos complexos comportamentais funcionam dessa maneira. Não pensamos em cada movimento separado, mas iniciamos um padrão já ensaiado. No caso de danos cerebrais, o padrão pode ser recapitulado a partir dos dados remanescentes.

Quanta informação, exatamente, é codificada ou decodificada na junção neural pode ser descrita, conforme o raciocínio de Pribram, por meio de várias terminologias: estatísticas, quânticas ou matemáticas. Pribram prefere recorrer à analogia holográfica de uma "transcorrelação instantânea e análoga, realizada por filtros complementares".[37] O cérebro, de acordo com esse modelo, é capaz de realizar números maciços de computações instantâneas, baseadas nas freqüências de dados (acontecimentos) que ele recebe. E, se o modelo da fotografia holográfica for levado ainda mais longe, o armazenamento não tem uma dimensão espaço/tempo — a informação está em todos os lugares ao mesmo tempo.

O modelo holográfico começa a resolver alguns dos paradoxos cérebro/comportamento, sobretudo os relacionados aos caprichos do armazenamento e recuperação da memória. E, se o cérebro for como um holograma, então é absolutamente desnecessário ter uma perna para que nosso cérebro processe a informação relativa a ela. Basta apenas ter tido uma perna, um dia, ou até mesmo *ter pensado* em ter uma perna. De qualquer modo, os padrões de armazenamento estarão estabelecidos. Há uma sensação em um membro que foi amputado e algum controle daquilo que o cérebro percebe como movimento.

E o que dizer do paradoxo dos limites do corpo: onde começo e onde termino? De acordo com o modelo holográfico, temos alguma escolha. Se eu decidir passar meus braços em torno de meu marido que está a setenta quilômetros de distância, meu cérebro holográfico começa a processar matematicamente aquilo que experimento sobre este acontecimento: as sensações físicas, as emoções e os símbolos que adotei idiossincraticamente — todos armazenados sem referência a tempo ou espaço. A imagem, se suficientemente vívida, recriará toda a totalidade da situação em meu ser.

O holograma, a imagem e a saúde

Pribram diz o seguinte, sobre o imaginário: "As imagens e os sentimentos são fantasmas, mas fantasmas que habitam o meu mundo subjetivo e o de meus pacientes. Eles são nossos companheiros constantes, e desejo explicá-los".[38] Ele admite que nem o comportamento nem a função da linguagem, a despeito da pressão dos comportamentalistas, podem ser adequadamente explicados sem recorrer a um mapa, ou seja, a algum tipo de imagem. Esta imagem pode ser descrita com referência ao modelo holográfico de armazenamento em várias localizações nas junções neurais e ao cálculo da freqüência de dados.

Quando as imagens são consideradas de acordo com o modo holográfico, sua influência onipotente sobre a função física torna-se decorrência lógica. A imagem, o comportamento e os concomitantes fisiológicos são um aspecto unificado do mesmo fenômeno. Em que extensão a função física pode ser conscientemente alterada depende do montante de atividade recrutada nas junções neurais e, subseqüentemente, do como muitos padrões são ativados. Por isso, os sistemas de crença são cruciais questões relacionadas à obtenção de saúde. Se você não acreditar na habilidade para promover conscientemente a alteração física com a imaginação, nem sequer chegará a tentar. Não evocará lembranças armazenadas, não ativará padrões, nunca se dará uma oportunidade. A cura não acontece acidentalmente, mas requer um árduo trabalho mental ou uma fé completa, sem peias, de que aquilo que está sendo feito por você ou dado a você criará a saúde.

Aplicação do modelo holográfico à saúde

De acordo com os princípios do cérebro holográfico, se uma pessoa com uma doença, digamos um resfriado comum, quisesse recuperar-se em menos de sete dias, seria prudente recorrer ao maior número possível de padrões neurais de saúde. Certos sistemas de cura mental aconselhariam a pessoa a imaginar-se em perfeita saúde e harmonia. Eu sugeriria que imaginasse com precisão as funções corporais envolvidas, ou seja, a cura da garganta, a limpeza dos pulmões, a ativação do sistema imunológico. Seria também importante tomar vitamina C (ou quaisquer outros medicamentos eficazes) e que a imaginasse entrando na corrente sangüínea e reforçando o sistema imunológico. A respiração profunda poderia ajudar, particularmente se imaginar que o ar desobstrui passagens entupidas. Lembrar com precisão como se sentia com plena saúde, deixar o corpo voltar a ficar nesse estado ativaria ainda mais os sistemas neurais relacionados à saúde. Tudo isso exige tempo e extrema concentração. Você também poderá preferir deixar a doença seguir seu curso natural.

Por outro lado, minha experiência clínica revela que um pouco de prática pode render muito. As pessoas não têm muita habilidade para estabelecer padrões de cura quando doenças sérias são diagnosticadas.

Se elas não acreditarem em nada além da medicina moderna, quando esta falhar, nada mais há armazenado no cérebro que tenha sido suficientemente ensaiado, no contexto da saúde, para efetuar uma alteração física. A analogia holográfica, somada ao modo de processamento das junções neurais, mostrou-se consistente com várias outras abordagens corporais. Por exemplo, Akhter Ahesen utiliza um modelo bem semelhante à holografia para explicar suas descobertas sobre procedimentos terapêuticos com imaginação eidética. A imagem eidética é descrita como uma poderosa representação impressa na memória por acontecimentos cruciais, formadores, que se deram no passado. A eidética, por definição, envolve processos físicos, e parte de sua maciça influência sobre o comportamento deve-se a esta associação. Ahsen pensa que a eidética tem uma natureza tríplice: a própria imagem (normalmente concebida como imagem visual), um componente somático (um conjunto de sensações corporais) e um componente de significado (ou cognitivo/interpretativo).[39]

A terapia eidética implica em reviver a eidética, particularmente aquela parte que, conforme se crê, tem conseqüências negativas sobre a saúde e o bem-estar. Com uma variedade de procedimentos que envolvem um trabalho sensível com a fantasia, o terapeuta guia o paciente na reconquista de uma imaginação mais adaptativa, saudável. É claro que as conseqüências estariam correlacionadas com alterações nos componentes somáticos e cognitivos, pois eles pressupõem uma unidade. Ahsen e seus colegas atestam a utilidade desse procedimento, basicamente em psicoterapia, mas também em distúrbios físicos em que se credita um componente psicológico.

Bioquímica

Acrescentando-se às estruturas e vias do cérebro e à analogia matematicamente fundamentada, do modo holográfico de manejo da informação, a bioquímica constitui outra descrição das interações entre cérebro e corpo. Algo disso já foi abordado em outros contextos, e a informação inclui os seguintes fatos: as substâncias químicas estão envolvidas na transmissão da informação do hipotálamo à pituitária, na subseqüente liberação dos hormônios pituitários e, por sua vez, na produção e liberação de outras substâncias químicas de glândulas, como as suprarenais e os ovários. A via química da destruição, em um estresse crônico, foi muito bem documentada por Selye e pelos pesquisadores por ele liberados.

As substâncias químicas liberadas nas terminações dos axônios transmitem informação de um neurônio a outro, e entre eles estão a serotonina, dopamina, epinefrina, norepinefrina e acetilcolina. A bioquímica do cérebro está hoje sendo abordada com a mesma intensidade com que foram estudados, anteriormente, o tecido e os tratos de fibras. São promissoras as descobertas preliminares sobre um número significativo de distúrbios, além de trazerem uma nova compreensão do papel da nutrição e de como esta afeta a função cerebral.[40] A relação entre substâncias químicas transmissoras e imaginação é, provavelmente, muito importante. Por exemplo, a produção da serotonina e/ou sua inibição tem sido associada a estados de elevada atividade imaginária, tais como o sono com sonhos, a esquizofrenia e a reação à dietilamida do ácido lisérgico (LSD).

Sentimentos, pensamentos e imagens podem, na realidade, causar a liberação de substâncias químicas e, além disso, essas substâncias têm efeito realimentador de provocar estados sentimentais. Um equilíbrio químico é essencial à manutenção da saúde, e este equilíbrio pode ser rompido ou restabelecido por qualquer comportamento, inclusive comer, beber, fazer exercícios, pensar. Foi observado que a química do sangue e a hematologia são estatisticamente correlatas ao funcionamento psicológico, e acredita-se que sejam fatores significativos em desordens mentais como depressão profunda, ansiedade e depressão maníaca, além da esquizofrenia.[41]

Bioquímica, imagens e comportamento interagem tanto no método pré-verbal de cura quanto no transpessoal. Como ambos os tipos de cura são realizados em estados alterados de consciência, deveríamos examinar os componentes bioquímicos desses estados. Os métodos usados para entrar em um estado alterado de consciência provocam, como já foi demonstrado, drásticas alterações metabólicas ou bioquímicas, que foram abordadas em detalhes no Capítulo 1, quando foi feita uma recapitulação do trabalho do xamã. Resumindo: as alterações são ocasionadas pelo jejum, pela abstenção de água ou sal, pela privação sensorial e do sono, temperaturas extremas, hiper ou hipoventilação, por atividade física prolongada e substâncias psicoativas. Assim, pressionar um corpo até seus limites fisiológicos e induzir alterações metabólicas é o meio tradicional de libertar a imaginação das coerções a que está sujeita.

Outros métodos, que induzem a um estado alterado de consciência, tais como certos estilos de meditação e relaxamento profundo, que requerem concentração em um objeto, palavra ou idéia, também estão associados a alterações na química e nos gases do sangue.[42] Decréscimos na utilização de oxigênio, produção de dióxido de carbono e lactato no sangue (produto metabólico residual) têm sido consistentemente observados. Acredita-se que aquilo que Benson designou como resposta de relaxamento seja oposta, por natureza, à resposta de lutar ou fugir envolvida em tantos distúrbios relacionados com o estresse, especialmente as doenças cardiovasculares. Em si e por si, o relaxamento provocado por essas alterações físicas poderia restabelecer uma homeostase fisiológica em conformidade com a saúde. No entanto, as técnicas parecem ter uma eficácia que vai além do simples relaxamento, e são usadas como prelúdio ao trabalho com a imaginação, nos procedimentos transpessoais e pré-verbais de cura. Por meio de muitos processos, complexos e variados, os filtros que normalmente impedem o acesso mental direto ao corpo físico podem então ser removidos. Muitos dos caminhos seguidos têm em comum meios para eliminar, alterar significativamente ou até competir com as exigências do ambiente externo ao cérebro. A variedade de conseqüências bioquímicas dos diferentes métodos acima descritos sugere que muitos são os caminhos da imaginação, e que o *tipo* de alteração biológica decorrente é relativamente menos importante do que o fato de que essa alteração ocorra.

Química da saúde

Resta-nos examinar a química da saúde, da alegria: aquelas substâncias químicas benéficas, que nos fazem sentir bem-estar e que abrangem a farmácia existente na mente. Quais são as substâncias químicas associadas à felicidade? E a felicidade, tem algo com ficarmos bem e nos curarmos? Que substâncias químicas o corpo requisita para se curar? Como podemos reunir conscientemente essas forças? Essas são as indagações da medicina do futuro. O Capítulo 6, que trata o tema da imunologia, abordará em parte essas questões. No entanto, além das excitantes descobertas e desenvolvimentos no campo da psiconeuroimunologia, como é denominado o novo campo que lida com o comportamento e a imunologia, há outras descobertas químicas que devem ser abordadas para completar as metáforas científicas restantes.

Neurorreguladores: endorfinas e encefalinas

Entre 1969 e 1973, foram divulgadas duas pesquisas que ampliaram a avaliação das capacidades do corpo humano. Primeiramente vários pesquisadores demonstraram que a estimulação elétrica da área cinzenta periaquedutal do cérebro produz uma analgesia que pode ser revertida pela naloscona, um agente que bloqueia a analgesia (o naloscona bloqueia o efeito de narcóticos como a heroína e é usada contra overdoses de drogas). Em segundo lugar, há relatos sobre receptores de opiáceos no sistema nervoso central. Por que o cérebro haveria de ter uma área tão específica, a menos que os opiáceos estivessem sendo produzidos? E que relação poderiam ter as substâncias químicas da área cinzenta periaquedutal com outros tipos de opiáceos? O raciocínio levou vários pesquisadores (sobretudo J. Hughes, C. B. Pert, H. L. Li e suas equipes) a identificar, quase simultaneamente, a existência de opiáceos naturais. A terminologia usada para descrever a classe dos vários compostos inclui "peptídeos opiáceos endógenos", "endorfinas" e "substâncias opiáceas endógenas". Vários tipos de endorfinas, encefalinas e lipotropinas foram identificados nesta classe. Em sua maior parte, localizam-se em áreas anatomicamente diferentes; no entanto, são todos cadeias de peptídeos e tendem a apresentar propriedades semelhantes do opiáceo, além de suas funções específicas. Os cientistas convencionaram referir-se a toda a família como "endorfinas".[43]

As endorfinas são encontradas em alta concentração no sistema límbico, no tálamo, na matéria cinzenta periaquedutal, na substância gelatinosa da medula espinhal — todas áreas que, como se sabe, estão envolvidas na transmissão da dor. São também encontradas em áreas do cérebro que regulam a respiração, a atividade motora, o controle endócrino e o humor. Atribui-se às endorfinas um efetivo aumento na tolerância à dor observado nos atos heróicos em batalhas, partos e traumas significativos, embora existam poucas evidências diretas. Sabe-se que o estresse aumenta as concentrações de endorfina no sangue e no cérebro, com alterações correlatas na tolerância à dor.

O mundo da farmacologia tinha grandes esperanças de que as endorfinas pudessem ser sintetizadas ou extraídas e preparadas para serem usadas como um narcótico potente e seguro. Infelizmente, ficou revelado que elas têm todos os efeitos colaterais dos outros analgésicos: criam dependência, constipação, confusão e deficiência no aprendizado e na memória; deprimem a respiração, alteram as ondas cerebrais, a atividade motora e acarretam desequilíbrios hormonais.[44]

As endorfinas são afetadas por coisas que podemos fazer a nós mesmos e pela imaginação. Por exemplo, Levine e seus colegas demonstraram que o mecanismo do efeito placebo na dor é, na verdade, uma endorfina.[45] O efeito placebo é um exemplo eloqüente da imaginação em ação. O alívio da dor ocorre devido à mera expectativa subseqüente à ingestão de um medicamento em que se confia. O método usado para demonstrar isto foi ministrar naloxona, morfina ou placebo em cinqüenta e um pacientes após à extração do dente do siso. Os pacientes que receberam placebos foram classificados em reagentes e não-reagentes. Entre os reagentes, a administração subseqüente de naloscona resultou no aumento do nível da dor, indicando que o efeito do narcótico natural havia sido bloqueado.

Será preciso estudar se o chamado efeito placebo, em outras circunstâncias, tais como recuperação de estados infecciosos ou doenças sérias do sistema imunológico, pode também ser relacionado à libera-

140

ção de endorfina. No entanto, surgem evidências cada vez maiores de que há este envolvimento. São relevantes para essa questão os estudos de Saland e outros, que relataram que as injeções de endorfina no ventrículo cerebral do rato resultaram em uma resposta celular semelhante à de um macrófago.[46] Pesquisadores do Instituto de Pesquisa da Clínica Scripps descobriram que a beta-endorfina aumenta a capacidade de proliferação das células-T;[47] como, sabidamente, a beta-endorfina é liberada pela glândula pituitária durante o estresse, o processo da doença pode então ser particularmente afetado. Não se sabe, porém, como ele é afetado e em que direção.

Outra evidência sugere que as encefalinas são "imunomoduladores endógenos", ou seja, ajudam o sistema imunológico a combater a doença. Reações de células-T extraídas de pacientes de câncer se intensificaram quando expostas à ação da encefalina, conforme relatório apresentado por N. P. Plotnikoff, na Segunda Conferência Internacional sobre a Imunofarmacologia, em Washington, em 1982. Outros pesquisadores indicaram a presença de receptores de opiáceos nos linfócitos.[48]

Essa informação sobre a relação entre endorfinas e sistema imunológico, e entre endorfinas e imaginação, coloca-as como prováveis candidatas a substâncias químicas que curam e trazem esperança. Elas também poderão ser substâncias que curam e trazem alegria. Toda a classe dos opiáceos endógenos apresenta uma ação anestésica, embora suas outras funções difiram. No corpo humano, é impossível afetar as áreas do sistema nervoso central em que a dor é processada, sem também criar algum grau de euforia. Este é, precisamente, o problema com o uso crônico dos principais analgésicos: quase todo mundo gosta de ficar eufórico, e a dependência pode advir em questão de algumas semanas. Se estar feliz significa cura e se o riso for medicamento, então o mecanismo bioquímico, sem dúvida, é um aspecto do complexo das endorfinas.

Atividades consideradas indutoras de uma euforia natural, tais como correr ou praticar outro exercício aeróbico, têm sido associadas a um aumento do nível de endorfina no sangue. Quanto mais intenso o exercício, quanto mais for repetido, maior a liberação de endorfina.[49]

Goldstein oferece a primeira evidência objetiva de que a música também pode criar alterações associadas às endorfinas. Ele investigou aquilo que chamou de "frêmitos", caracterizados por sensações de formigamento, que acompanham estímulos emocionalmente excitantes. Aproximadamente metade das 249 pessoas pesquisadas relataram ter sentido esses frêmitos de reação à música. Entre alguns deles a sensação foi atenuada com naloscona. A música, como assinalamos nos Capítulos 1 e 2, sempre fez parte das cerimônias tradicionais de cura. Além disso, foi usada por algum tempo pelos dentistas como "analgesia auditiva". A musicoterapia é reconhecida em muitas universidades como uma área de estudo legítima. A música é costumeiramente considerada benéfica para o paciente por servir, basicamente, de distração em situações adversas de doença de tratamento. O trabalho de Goldstein sugere que as características terapêuticas da música também podem ser bioquímicas, e propõe estudos aprofundados dessa questão.[50]

Se você algum dia afogou suas mágoas em um grande sorvete de morango, então tem um conhecimento pessoal bem claro de como a doçura pode atenuar a infelicidade. Com efeito, a doçura está vinculada a um centro de prazer. Surgiu um relatório que tenta fundamentar aquilo de que suspeitávamos desde sempre. Os sabores doces estão associados à liberação da endorfina e a um aumento da tolerância à dor.[51] Esta informação pode resolver alguns enigmas: por que é possível treinar um rato em quase tudo, dando-lhe como recompensa um biscoito de chocolate ou até mesmo uma solução de água com sacarina; por que os pacientes com dor crônica freqüentemente comem doces, por exclusão de tudo mais; e, por que as crianças das famílias de baixa renda têm tanto dinheiro no bolso para comprar balas e outras guloseimas quando estão indo para a escola. Bastam cinqüenta centavos por dia para comprar a alegria mais barata e mais rápida que os pobres podem permitir-se.

Outra substância química de autocura é o hormônio alfa-melanócito-estimulante, um peptídeo cerebral recentemente identificado, que pode combater a febre, molécula por molécula, com uma eficácia 25.000 vezes maior do que a aspirina. Espera-se que o trabalho em andamento, dirigido por James Lipton, Mark Murphy e Dave Richards no Centro de Ciência da Saúde da Universidade do Texas, Dallas, acabe por fornecer uma alternativa aos remédios antitérmicos hoje no mercado. Eu sugeriria que os combatentes internos contra a febre, provavelmente, são mais eficazes se colocados sob controle consciente do que se usados como pílulas.

Outra curadora natural é a histamina, substância química liberada para ajudar o sistema imunológico. Corar, coçar, peito e rosto afogueados na excitação sexual, urticária e alergias são reações exageradas à histamina, todas intimamente associadas às emoções — portanto, teoricamente, poderiam ser dirigidas conscientemente. Estou certo de que os resultados obtidos com o *biofeedback* da temperatura em indivíduos que retardaram a cura de algum ferimento resultam em parte de sua habilidade para controlar a liberação de histamina, e assim acelerar a reação de cura. (Pensa-se normalmente que a elevação da temperatura reflete um aumento do fluxo sangüíneo; mas a reação à histamina também elevaria ligeiramente a temperatura da pele, por causa do sinal que ela transmite aos vasos, para que se dilatem.) Isso ainda deve ser testado, assim como toda a farmacopéia natural, para que sejam conhecidos os limites de sua direção pelo processo da imaginação.

142

Ciência social e do comportamento:
imaginação como psicoterapia

...a ascensão da civilização nos últimos 2.000 anos é como que a história da supressão social da visualização e, portanto, uma negação de um de nossos processos mentais mais básicos. Pois a visualização é nosso modo de pensar. Antes das palavras, eram as imagens.

Don Gerrard, 1975
Introdução a *Seeing with the Mind's Eye*, de Samuels e Samuels

Tendo abordardo as evidências das ciências físicas, voltemo-nos para as ciências sociais e do comportamento, e vejamos quais implicações que a pesquisa nessas áreas tem no papel da imaginação na cura. A ciência do comportamento e a ciência social, termos que serão usados neste capítulo, incluirão as observações dos cientistas que estudam o comportamento do indivíduo ou relacionam o meio cultural à imaginação e a cura. São profissionais que bem poderiam relacionar as funções e a estrutura das partículas subatômicas, tecidos e órgãos ao comportamento, mas a maioria (nem todos, com certeza) não inclui esses níveis em suas análises. Por isso, o material diverge da tese básica deste livro, que aborda a imagem intimamente ligada à fisiologia, e tenta demonstrar esta correlação com dados das ciências básicas. No entanto, embora a posição dos estudiosos do comportamento e da sociedade possa ser incompleta, ela não deixa de ser válida; e, além disso, complementa eficazmente outros níveis da ciência, ajudando a compreender como a imagem interage com o comportamento e, em última análise, com a saúde.

A imagem como constructo hipotético

Nas ciências sociais e do comportamento, a "imagem" é tratada como um constructo hipotético e como uma variável que interfere entre o estímulo/entrada e a resposta/saída. Como tal, a imagem compartilha a companhia muito respeitável de outras grandes questões estudadas: aprendizagem, motivação, memória e percepção. Nenhum desses conceitos é considerado irreal, ou indigno de estudo ou inalterável, embora sejam invisíveis. Embora não possamos observar a "aprendizagem" ou a "motivação", mas apenas observar mudanças no comportamento como uma conseqüência previsível de certos estímulos, foram elaboradas leis para descrever como esses fatores operam.

A física quântica, nível mais reducionista de toda a ciência, em última análise, estuda apenas o constructo hipotético. As partículas subatômicas, assim como a imagem, não foram observadas diretamente. Só se pode inferir a forma e a função de ambas introduzindo um estímulo variável e medindo uma resposta variável, daí o termo *variável interveniente*. Com elogiosa precisão, o comportamentalismo e a física quântica medem fantasmas, quando quantificam os eventos antecedentes e conseqüentes. O *status* desses fantasmas, como constructos hipotéticos, bem poderia ser temporário, a depender do desenvolvimento de uma tecnologia que permita uma observação mais direta do próprio fenômeno. Por outro lado, se, conforme sugere a física quântica, a imaginação é a base de toda forma, de toda matéria, os fantasmas podem perdurar.

As ciências sociais e do comportamento reafirmam sua posição de que a imagem é um evento putativo, influenciado pelo ambiente interno e externo ou em uma relação entre estímulo e resposta. Nesse esquema é desnecessário descrever a imagem em um sentido fenomenológico. Isso seria menos parcimonioso (isto é, requereria mais variáveis explanatórias) e nada poderia acrescentar à previsibilidade ou controlabilidade. A maior parte dos comportamentalistas também acha desnecessário entregar-se à "fisiologização" ou à especulação sobre os correlatos neuroanatômicos e bioquímicos da imagem.

Nas ciências do comportamento, a imagem, como variável interveniente ou constructo hipotético, pode ser usada como instrumento para reestruturar o significado de uma situação, de modo que ela deixe de ter poder de criar sofrimento. Está implícita nessa interpretação uma diminuição concomitante da ansiedade ou outras seqüelas emocionais negativas, e também uma atenuação de comportamentos que poderiam ser considerados respostas a situações provocadoras de ansiedade. Sob este aspecto, a imaginação pode ser considerada um instrumento importante para tratar os distúrbios induzidos ou exacerbados pelo estresse. Até o presente, virtualmente todas as doenças investigadas têm sido associadas, em certa medida, ao estresse, inclusive as cardiovasculares, a artrite, o câncer, o diabetes, os distúrbios do sistema imunológico e *ad infinitum*.

Além de culpar as constantes respostas ao estresse, prevalece a noção de que outros comportamentos, como hábitos inadequados de nutrição, sono, higiene, exercício, fumo, consumo excessivo de substâncias tóxicas, realmente causam ou provocam grande parte daquilo que é considerado doença física. Demonstrar que a imaginação é um instrumento de transformação do comportamento justifica ainda mais sua posição como estratégia de intervenção. A imaginação como curadora é, portanto, identificada e justificada pelo paradigma social e comportamental, sem que se recorra aos níveis reducionistas da ciência ou a explicações sobrenaturais, transpessoais.

Tratar a enfermidade versus tratar a doença

Várias novas questões são levantadas quando a perspectiva comportamental ou cultural passa a participar da metáfora científica, questões estas que não tinham interesse enquanto a cura foi discutida em um nível celular ou até subatômico. Mais especificamente, em que consiste a cura? Como assinala Arthur Kleinman, *cura* é um termo embaraçoso, que expõe as raízes arcaicas da medicina, há muito enterradas sob a fachada da moderna atenção à saúde.[1] Os estudos sobre a cura transpessoal são fadados ao fracasso, precisamente devido ao problema e à relutância em definir a cura nas diferentes tradições. Até mesmo no sistema médico cosmopolita não há consenso sobre em que consiste a cura. Pacientes e médicos defendem dois conjuntos separados de critérios, com os quais julgam os resultados médicos obtidos; os médicos tendem a privilegiar a alteração biológica e os pacientes optam por componentes mais subjetivos do "sentir-se melhor" como as variáveis mais adequadas.[2]

Kleinman chegou a descrever duas funções da cura radicalmente diferentes, típicas tanto das formas tradicionais quanto contemporâneas de atenção à saúde: controlar a doença e dar um significado à experiência que o indivíduo tem dela.[3] Depois, dá definições distintas de doença e de enfermidade: "Denominaremos doença qualquer disfunção primária dos processos biológico e psicológico. E denominaremos enfermidade as reações secundárias, psicossocial e cultural, à doença, isto é, como o paciente, sua família e a rede social reagem à sua doença".[4] Esta distinção, entre doença e enfermidade, as tentativas de tratar uma ou outra, a definição culturalmente adequada de cura, constituem, em minha opinião, os aspectos mais vitais e negligenciados da moderna atenção à saúde.

Os sistemas que usam a imaginação em seu sentido pré-verbal e transpessoal mais amplo não estariam apenas influenciando os processos biológico ou psicológico, mas também tratando a enfermidade. Um ancião da nação mohawk, Ernie Benedict, fez essa mesma observação, mas de outro modo: "A diferença é que a medicina do doutor branco tende a ser muito mecânica. A pessoa é consertada, mas não fica melhor do que estava antes. Na tradição indígena, é possível ser uma pessoa melhor depois de passar por uma doença tratada com a medicação apropriada".[5]

Os cientistas sociais e do comportamento preocupam-se enormemente com a enfermidade, e não com a doença, com os fatores subjetivos (ou psicológicos) e com a mudança do comportamento. Para aqueles que fazem pesquisa de campo, isso é praticamente inevitável, muitas vezes por causa de sua limitada experiência em medir as variáveis da doença. Da mesma forma, são o comportamento e os relatos verbais, e não as amostras de sangue e as radiografias, que estão disponíveis para a análise nas pesquisas de campo.

O território das ciências sociais e do comportamento na saúde

À medida que continuo transmitindo essas informações, continuarei a brigar com os problemas semânticos e cognitivos ao discutir saúde. Com base nos dados da fisiologia, da bioquímica e da física quântica não podemos fazer uma clara distinção entre doença mental e física, ou uma diferença sobre o território das ciências médica e social/comportamental. Mental/físico, corpo/mente são falsas dicotomias, peculiares à nossa cultura. Os esquizofrênicos têm anomalias bioquímicas; mas isso faz da esquizofrenia um distúrbio físico ou mental? Câncer, diabetes e doenças cardíacas têm correlatos psicológicos previsíveis. Em que categoria deverão se encaixar? A dicotomia torna-se ainda mais prejudicial à medida que a intervenção avança sobre as linhas territoriais das várias especialidades.

Na literatura sobre o comportamento, a imaginação é freqüentemente descrita como extremamente eficaz na cura de doenças imaginárias — usando formas de pensamento para combater formas de pensamento. Também é comum considerar a imaginação como parte de um mecanismo incluído na configuração da enfermidade, a resposta à doença. Não é de surpreender que o trabalho comportamental, com a imaginação, focalize primariamente as perturbações mentais. São exceção as doenças que apresentam sintomas físicos, mas que, conforme se acredita, têm origens psicológicas, isto é, as chamadas doenças psicossomáticas (asma, enxaqueca, colite ulcerativa, urticária, artrite reumatóide, hipertensão essencial etc.).

146

O termo *psicossomático* levou a um lamentável beco sem saída no pensamento, até mesmo entre as pessoas informadas. A designação "psicossomático" indica que psique e soma estão envolvidos, em um interjogo delicado. Lipowski assim define o objetivo da medicina psicossomática: 1) é disciplina científica preocupada com as relações entre os determinantes biológico, psicológico e social da saúde e da doença; 2) um conjunto de postulados que incorpora uma abordagem holística à medicina.[6] No entanto, o termo passou a significar que o problema psicológico era primário, transmitindo uma impressão errônea de que os distúrbios físicos estão "todos na cabeça" ou, ainda pior, de "um improvável produto híbrido de pensamento clínico, especulação fisiológica e teoria psicanalítica".[7] Alguns autores, inclusive Pelletier,[8] declaram que 90% das doenças têm componentes psicológicos; assim sendo, ou o conceito de psicossomático precisa ser definido corretamente na literatura médica e psicológica ou é preciso adotar nova designação (como "psicofisiológico"), em que fique subentendido que os fenômenos mental e físico são interativos.

"Histeria de conversão" é outra categoria freqüentemente escolhida para descrever a etiologia das condições de pessoas que passam por rápida melhoria física após usar a imaginação. O histérico clássico é aquele que, incapaz de enfrentar o conflito psicológico, subconscientemente dirige o conflito para o corpo. Quando examinado, os sintomas não têm base orgânica. Acredita-se que o paciente se beneficie porque uma fuga conveniente de uma situação insolúvel lhe é proporcionada quando faz o papel de doente. Cegueira, perda da fala ou da audição e paralisia parcial ou completa são sintomas típicos.

Assim, o território das ciências sociais e do comportamento deveria incluir todos os distúrbios, todos os desvios de um funcionamento adequado ou adaptativo; mas, normalmente, restringe-se ao ponto de vista de categorias tradicionais de doença mental e às estratégias da doença física. A neurose, a psicose, a depressão, a ansiedade e a esquizofrenia são, freqüentemente, mencionadas no contexto da cura pela imaginação.

Formatos para estudo

Os cientistas sociais e do comportamento estudaram a imaginação de várias maneiras. Uma delas consiste em estudar a imagem e seu papel na cognição e na mudança do comportamento. Outra maneira é observar e interpretar o comportamento dos indivíduos em sistemas que usam a imaginação na cura. Esta última envolve trabalho de campo e análises realizadas por sociólogos, antropólogos, psicólogos e psiquiatras interessados em cura transcultural, enquanto a primeira é normalmente em um laboratório ou em ambiente clínico.

147

Outras abordagens, cuja aplicação e influência são crescentes, são apoiadas pelos comportamentalistas e cientistas sociais que realizam trabalho e pesquisa clínica na área da doença física e se interessam pelas interações entre mente e corpo. Eles relutam em segmentar o "mental" e o "físico", tanto em etiologia quanto em intervenção, mas a maior parte deles trabalha com o modelo médico e a ele se submete. É provável encontrá-los exercendo sua profissão em unidades de reabilitação do coração, centros de tratamento do câncer, em programas de controle da dor, e em núcleos de pesquisa sobre a saúde. Embora a maior parte deles seja mais orientada para a pesquisa do que para a clínica, as ferramentas clínicas empregadas incluem aconselhamento e psicoterapia, estratégias cognitivas de tratamento, alterações do comportamento, *biofeedback*, hipnose, treinamento da paciência, técnicas de meditação e relaxamento, e imaginação. Seus interesses de pesquisa, de modo geral, abrangem itens como comportamentos ligados à saúde, etiologia psicológica e correlatos da doença, estratégias de prevenção e intervenção, e epidemiologia. A afiliação profissional desses indivíduos ficou conhecida como "medicina comportamental", "psicologia da saúde" ou, em alguns setores, "medicina humanística".

A medicina holística foi deliberadamente omitida das categorias social e comportamental por várias razões. Em primeiro lugar, como é uma designação amorfa, que abrangeu indiscriminadamente curadores e métodos de cura de todos os tipos concebíveis, é impossível descrever tamanha diversidade. Em segundo lugar, embora aqueles que se consideram praticantes da medicina holística estejam abertos à cura pela imaginação (e, na verdade, apóiam-na imensamente), seu interesse dirigiu-se mais às aplicações clínicas do que à consolidação de uma base empírica. Com exceção da Associação Americana Médica e Holística e das Associações de Enfermagem Holística, a maioria dos grupos não têm afiliação acadêmica ou profissional. Independentemente da eficácia ou do vigor de suas intervenções, a medicina holística ainda não deu uma contribuição específica aos esforços científicos nessa área.

O crescente interesse pela imagem

Os cientistas do comportamento orientados para a pesquisa muito fizeram para analisar a imagem usando métodos da ciência. Durante as últimas duas décadas, eles empregaram instrumentos estatísticos sofisticados e percepções clínicas engenhosas para trazer a imaginação das fileiras dos temas votados ao ostracismo, para a arena da aceitação. Artigos relatando pesquisas e revisões da literatura, publicadas em jornais e revistas, proliferaram em surpreendente quantidade. A maturidade da abordagem e o interesse pelo tema são evidenciados pelas facções que se formaram, apoiando um ou outro quadro teórico. Três associações nacionais ativas incluem uma diversidade de membros que manifestam um interesse muito singular pela imaginação. O *Journal of the Mental Imagery* foi fundado em 1977, como fórum profissional multidisciplinar, publicando artigos sobre aspectos experimentais, clínicos e teóricos da imaginação.

Grupos profissionais com interesse clínico ou de pesquisa reúnem uma maioria de psicólogos, mas também médicos (sobretudo psiquiatras), arte-terapeutas e musicoterapeutas, especialistas em educação, teólogos e antropólogos. Em psicologia, a imagem tem sido pesquisada da perspectiva do trabalho clínico e da psicopatologia, memória e aprendizagem, percepção e psicologia sensorial. Várias excelentes coletâneas foram publicadas recentemente tentando dar uma visão geral de literalmente milhares de artigos e opiniões sobre o tema.[9] A adequação e o valor da imagem como estudo próprio às ciências do comportamento estão claramente firmados.

Revendo essa monumental quantidade de trabalho, o maior desapontamento é que muito pouca coisa pode ser considerada diretamente relevante para uma metáfora científica da imaginação como curadora. Por outro lado, quando a definição da saúde inclui saúde mental em toda a complexidade, adaptação aos costumes culturais, aprendizado nos limites da própria capacidade, aumento da capacidade de apreciar a arte e desenvolvimento da criatividade, então ela se torna extremamente relevante.

A imaginação em um ambiente clínico

O emprego da imaginação no ambiente psicoterapêutico tem uma história longa e rica, e continua em evidência. O trabalho foi amplamente revisto por Anees Sheikh e Charles Jordan, que citam 225 referências, dos primeiros escritos de Freud, Jung e das escolas européias às abordagens de terapeutas modernos.[10] Esse artigo tão erudito merece ser lido integralmente. A seguinte tabela contém apenas uma lista parcial dos métodos e pessoas envolvidas com imaginação em terapia e eu a incluo para demonstrar o alcance de sua aplicação.

As condições tratadas com sucesso pelos comportamentalistas, por meio da imaginação, são aquelas cuja origem acredita-se esteja no comportamento ou nos problemas cognitivos. Entre elas estão fobias e ansiedades (medos de cobra, do sexo oposto, de altura, de espaços abertos, de falar em público, de injeção); depressões; condições relativas a hábitos, como obesidade, fumo, álcool e abuso de drogas; insônia; impotência; e "sintomas psicossomáticos".

Como assinalam Sheikh e Jordan, os clínicos estão mais interessados em descrever as aplicações da imaginação do que em realizar um trabalho experimental sólido, para validar "os pressupostos essenciais que subjazem a tais procedimentos".[11] Por outro lado, os terapeutas comportamentalistas fizeram muitas pesquisas, porém negligenciaram a formulação de uma base teórica. Além disso, mostraram uma tendência de colocar a imagem fora do indivíduo, pressupondo que ela opera sobre o comportamento oculto, como outros princípios operam sobre o comportamento manifesto.[12] É necessário um modelo que possa ser testado e demonstre a validade dos pressupostos comportamentalistas ou defina o papel da imagem sobre o comportamento de outro modo. Indicações nesse sentido serão dadas a seguir.

Como a imaginação modifica o comportamento

Donald Meichenbaum desenvolveu várias técnicas que usam a imaginação como instrumento clínico, inclusive "lidar com a imaginação" e "inoculação do estresse". Conseqüentemente, formulou um modelo que inclui três processos, modelo este que descreve e estuda o efeito dos fatores cognitivos (como a imagem) como mediadores da transformação do comportamento. A primeira fase de seu treinamento envolve o desenvolvimento da autopercepção dos comportamentos e dos eventos internos, como pensamentos, sentimentos e reações fisiológicas. Na segunda fase, novos pensamentos adaptativos (imagens) são introduzidos para substituir os pensamentos que provocam angústia e levam à desadaptação. Enfim, a pessoa é encorajada a generalizar fora da clínica os pensamentos e comportamentos recentemente aprendidos, em situações reais da vida. Acredita-se que o modelo de tratamento básico envolve a reestruturação cognitiva, sendo muito conceituado entre os comportamentais.[13]

Meichenbaum, ao descrever o efeito de sua terapia e de outras terapias baseadas na imaginação, acha que os mecanismos subjacentes são: (1) sentimento de controle obtido ao ensaiar as imagens; (2) diálogo interior transformado, que se torna associado a comportamentos desadaptados; (3) ensaio mental de respostas adaptativas.[14]

Jerome Singer propõe que a eficácia da imaginação está: (1) na habilidade para discriminar os processos fantasiosos; (2) indicações do terapeuta sobre como abordar situações desconfortáveis; (3) ensaio de alternativas; (4) conseqüente redução do medo ao abordar situações antes evitadas.[15] De modo geral, a pessoa adquire um senso de domínio da situação, através da imaginação.

Freqüentemente, estratégias imaginárias são usadas para combater a dor associada a várias condições, em especial a dor de cabeça, a dor

150

lombar e a dor de dentes. O paciente é aconselhado a relaxar e imaginar cenas agradáveis, que são ou dirigidas pelo terapeuta ou criadas por fantasias individuais do paciente. Um mecanismo freqüentemente proposto é que a imaginação serve como distração e, assim, aumenta a tolerância à dor.[16] Outros propõem que a imaginação é extremamente eficaz no controle da dor, sobretudo quando for agradável[17] e quando promove autocontrole.[18]

A cura pela imaginação como fenômeno cultural

Passamos agora a outra área em que a cura pela imaginação é descrita na linguagem do comportamento e no contexto dos sistemas sociais: ou seja, a ampla área das práticas não-médicas, culturais ou de cura popular. Os etnopsiquiatras têm se mostrado especialmente prolíficos ao delinear as razões pelas quais as práticas funcionam e, freqüentemente, estabelecem paralelos entre as técnicas do curador nativo e as suas próprias técnicas. Naturalmente, seu enfoque incide em aspectos mentais da doença e, como outros comportamentalistas, eles consideram a imaginação mais adequada às doenças imaginárias (não físicas) ou como um mecanismo de tratamento. As "teorias psicanalíticas obsoletas e não provadas... que introduziram tamanho obscurantismo nesta questão..."[19] serão cuidadosamente evitadas na discussão que se segue.

Os métodos de estudo nessa área normalmente baseiam-se na observação, e a experimentação real não é factível e até um ponto irrelevante. Para esse tipo de material, o relatório objetivo cuidadoso, sobretudo se acompanhado por alguma quantificação, é geralmente reconhecido como um dado básico aceitável. Outros cientistas, como Jerome Frank, apóiam-se em dados de relatórios antropológicos, especulam e tiram conclusões de seus próprios campos de especialização.

Tendo em vista nossos objetivos, classificarei como curadores populares os xamãs, os curandeiros, os chamados bruxos, os benzedores e os pajés índios, bem como curadores religiosos contemporâneos ou que atuam no sentido da fé. No entanto, em qualquer contexto cultural, os títulos podem designar diferentes níveis. O xamã é especialmente assinalado, ao longo da história, como possuidor da maior perícia em trabalhar com a imaginação. Ao observarem o mecanismo da cura, os cientistas comportamentalistas e sociais, habitualmente, não reconhecem a diferença entre os curadores, e suas observações são razoavelmente aplicáveis a quem quer que use rituais de cura considerados desprovidos de propriedades medicinais ativas.

151

Imaginação e psicoterapia

Escola/Técnica	Autor/Data
Terapia autógena	Schultz & Luthe (1959)
Auto-hipnose	Vogt (Jordan 1979)
Auto-hipnose	Frank (1910)
Comportamentalista	Anderson (1980)
Reestruturação cognitiva	Meichenbaum (1977, 1978)
Terapia dos reflexos condicionados	Salter (1949)
Técnicas de condicionamento convertido	Cautela (1977)
Imaginário da morte	Achterberg & Lawlis (1981)
	Sheikh (1979)
Método dialógico	Kretschmer (1969)
	Happich (1932)
	Binet (1922)
	Caslaut (1921)
Fantasia dirigida	A. Freud (Compton, 1974)
	Silberer (Kosbab, 1974)
Fantasia dirigida	Guillery (1945)
	Clark (1925)
Psicoterapia eidética	Ahsen (1965)
Desvendamento emergente	Reyher (1977)
	Horowitz (1968, 1970, 1978)
Terapia emotivo-reconstrutiva	Morrison (1980)
Focalização	Gendlin (1978)
Gestalt (humanística/transpessoal)	Perls (1979)
Psicoterapia de grupo	Saretsky (1977)
Imaginação afetiva dirigida	Leuner (1977, 1978)
Imaginação dirigida	Wolpin (1969)
Imaginação/Diagnóstico	Yanovski & Fogel (1978)
Imaginação/Hipnose	Sheehan (1979)
Substituição do imaginário	Janet (1898)
Implosão/Fluxo	Rachman (1968)
	Stampfl & Lewis (1967)
Técnica do conselheiro interior	Jaffee & Bresler (1980)
Diário intensivo	Progoff (1963, 1970)
Onirodrama	Fretigny & Virel (1968)
	Desoille (1965)
Psicanálise	Freud (Singer & Pope, 1978)
	Jung (1960)
	Kanzer (1958)
	Goldberger (1957)
	Kepecs (1954)
	Jellinek (1949)
Terapia da psico-imaginação	Schorr (1972, 1978)
Psicossíntese	Assagioli (1965)
Terapia emotiva racional	Ellis (1981)
	Lazarus, Abramovitz (1962)
Recondicionamento	Williams (1923)
Dessensibilização sistemática	Wolpe (1958, 1969)

Notas/Condições de aplicação

distúrbios físicos; uso do instrumental geral da psicoterapia para promover a associação livre
influência recuperadora e aumento da eficiência geral
relaxamento profundo e hipnagógico
revisão teórica e aplicações
processo cognitivo para modificar o comportamento; inoculação do estresse; estratégias de enfrentamento
tratamento comportamental das fobias
procedimentos operantes e aprendizado social
imaginação em pacientes moribundos
aceitação da morte
técnicas de meditação em psicoterapia
abordagem terapêutica usando cenas predeterminadas
para revelar subpersonalidades inconscientes; "introspecção provocada"
desenvolvimento da mediunidade; experiência extra-sensorial
imaginação livre e dirigida com crianças
natureza simbólica das imagens
fantasias dirigidas e mudança neuromuscular
acesso às recordações da infância, neuroses narcísicas
imagem, padrão somático e significado (ISM)
associação livre de imagens
imaginação em psicologia cognitiva
elisão e integração de sentimentos
reconhecimento de sentimentos, psicologia geral e problemas físicos
fantasia e psicodrama
métodos de imaginação com grupo
imaginação dirigida sistemática
tratamento comportamental; comportamento de evitação
imaginação visual (projeção de Rorschach)
revisão da literatura
superação da histeria, substituição da idéia
extinção da resposta de medo
idem
uso do "conselheiro interior" em diagnóstico, terapia
diálogo interior para a auto-percepção, mudança
dirigir o sonho desperto
idem
distúrbios físicos e instrumental geral da psicoterapia para promover a livre associação
"imaginação ativa" em psicoterapia
imagens usadas para expor objetivos e seguir o estado de motivação
imagens usadas para esclarecer relações entre sensações somáticas e eventos da vida
imagens para superar bloqueios na livre associação
imaginação como um meio de aproximação do inconsciente "em seus próprios termos"
abordagem existencial e fenomenológica
ênfase eclética, humanística e simbólica
trabalho por meio dos medos irracionais
tratamento comportamental das fobias infantis
tratamento comportamental
distúrbios comportamentais; fobias; contracondicionamento

O princípio de Rumpelstiltskin: diagnóstico

Em comum com o médico contemporâneo, o curador não-médico tem o privilégio do diagnóstico. E. Fuller Torrey expõe a importância dessa tarefa, denominando-a o "princípio de Rumpelstiltskin", de acordo com o antigo conto de fadas em que a magia surgia quando a palavra correta era pronunciada. De acordo com Torrey, o próprio ato de nomear é terapêutico, transmitindo a confiança de que alguém está entendendo o que acontece. A crença comum é que, se o problema pode ser compreendido ou *até nomeado*, poderá ser curado. O paciente sente alívio e pode enfrentar o que virá com calma. Só aqueles que estão em posição de grande respeito em qualquer cultura podem realizar a nomeação com eficácia. Devem ter uma determinada visão de mundo em comum com o paciente, e o diagnóstico deve ser relevante para essa visão, para que seja eficaz (como diz Torrey, isso coloca um problema significativo no caso de qualquer tentativa transcultural em psicoterapia; é presumível que isso também se aplique a qualquer tentativa no campo da medicina transcultural).[20]

O princípio de Rumpelstiltskin é vital em qualquer contexto da saúde. Os pacientes anseiam por um diagnóstico que possam aceitar, independentemente do fato de ele não importar nem um pouco, para o tratamento.

Fomentando esperança, auto-estima e reintegração cultural

Os temas mais predominantes na literatura e os mais relevantes para a metáfora que estamos examinando são que o curador popular é bem-sucedido por causa de sua habilidade para dar esperança, reforçar a auto-estima e ajudar o indivíduo desajustado a encontrar uma aceitação satisfatória da comunidade. Essas qualidades são assinaladas como a falha significativa nas práticas médicas cosmopolitas e como razões de emulação dos comportamentos do curador popular. Há também um pressuposto de que esses esforços conduzirão a sentimentos de bem-estar, quando não a transformações reais no corpo físico, isto é, eles farão com que a enfermidade melhore, quando não a doença. Outros escritores descrevem o potencial para uma mudança positiva da doença e da enfermidade.[21]

Ness e Wintrob afirmam que a eficácia dos curadores populares está em sua capacidade de capitalizar sentimentos de dependência do paciente, de auto-estima reduzida e ansiedade, quando fazem promessas de recuperação. O ritual terapêutico propõe um plano a ser seguido por toda a comunidade, e todos que participam passam a experimentar um sentimento de controle e propósito. A auto-estima do paciente é aumentada, na medida em que a atividade nele se concentra. E de acordo com esses escritores, quando o curador invoca as forças sobrenaturais, o paciente recebe uma confirmação ainda maior de que ele é digno de ser contemplado com aquele tipo de ajuda.[22] Weatherhead caracteriza a confirmação da cura pela fé (e, portanto, a imaginação) como uma condição da "confiança expectante".[23] Os curadores populares têm a capacidade de reforçar essa confiança se forem figuras carismáticas ou se sua reputação de pessoas com dotes especiais for do conhecimento do paciente. Quando a confiança volta, o paciente sente-se menos deprimido, mais forte e mais vigoroso — acredita-se que esses fatores estejam associados a uma cura acelerada[24] ou, pelo menos, a uma melhoria da doença.

Torrey cita vários fatores característicos que servem para gerar confiança em todos os tipos de curadores: a jornada ou peregrinação para ir até o curador (neste caso, a distância parece ser importante); a impressão causada pela construção ou edifício e por tudo aquilo que eles contêm; o porte e a conduta do curador, tão característicos; suas credenciais como pessoa experiente; um ar difuso de poder e mistério e até medo.[25] A estima do paciente aumenta pelo simples fato de estar na presença e receber atenção personalizada de uma pessoa tão impressionante e importante. Os temores e ansiedades dos parentes, que podem ajudar a alimentar no paciente o papel de doente, também se reduzem quando do ficam sabendo que a ajuda é iminente.[26]

Uma descrição do xamã é aqui muito apropriada: "Ele se distingue facilmente dos leigos por ser taciturno, por sua postura grave e solene, por seu modo de andar, cheio de dignidade, por sua circunspecção. Todas essas características tendem a aumentar sua influência e, tornando sua aparência impressionante, sugerindo superioridade, elas servem para intensificar seu controle sobre as pessoas".[27]

Lembremos aqui a ampla e quase clássica literatura sobre o desamparo, de acordo com as sólidas experiências de Martin Seligman e seus colegas, e com os relatos mais antigos de Cannon sobre morte vodu.[28] O desamparo pode ser literalmente letal ou significativamente prejudicial à saúde e bem-estar do indivíduo. Mudanças de comportamento muito definidas foram observadas em várias espécies quando confrontadas com uma situação sobre a qual não tinham o menor controle. No plano antropomórfico, essas mudanças poderiam ser descritas com "desistência" e são acompanhadas por evidências de deterioração física. Nos seres humanos, o desamparo está normalmente associado à depressão profunda, apatia e perda de energia, que ocorrem até mesmo antes da manifestação da doença. O ponto essencial do trabalho dos curadores populares é que, quando a esperança ou o controle voltam, são acompanhados por uma melhoria física e no comportamento. Nesse contexto, ao fomentar a esperança, estão oferecendo o dom da cura.

Cura transpessoal/espiritual

Os cientistas comportamentalistas e sociais, habitualmente, ignoram o componente transpessoal ou espiritual da cura popular. Ocasionalmente, os rituais a ela associados serão descritos como fatores que intervêm na melhoria das perspectivas psicológicas do paciente. As observações de Jerome Franck sobre esse tema são características, e a maior parte das fontes consultadas citam-no ou apresentam uma permutação do mesmo pensamento, como, por exemplo: "Os métodos da cura primitiva envolvem um interjogo entre o paciente e o curador, o grupo e o mundo sobrenatural; isso serve para aumentar a expectativa de eura do paciente, ajuda-o a harmonizar seus conflitos interiores, reintegra-o ao seu grupo e ao mundo espiritual, propicia um quadro conceitual que ajuda-o neste sentido e incita-o emocionalmente".[29] Franck prossegue, afirmando que a função de todo o processo é combater a desmoralização e fortalecer o senso de auto-estima do paciente.

O aspecto espiritual, transpessoal do trabalho com a imaginação é visto de modo um tanto diferente por Guenter Risse, especialista em história da medicina. Ele acredita que uma "rede elaborada" de relações espirituais que são criadas pela sociedade em que tais curas se dão, constitui, na verdade, uma válvula de escape que permite aos seres humanos transcenderem "um aparente determinismo imposto pelos componentes sobrenaturais do cosmos". Risse menciona que até hoje as pessoas são atraídas pelo oculto, para transcender as amarras do determinismo científico. Os rituais, os procedimentos divinatórios e as ações terapêuticas derivam, segundo ele, de uma visão de mundo mágico-religiosa. "Elas apelam para os componentes emocionais irracionais da psique, trazem satisfação às nossas necessidades e produtos metafísicos da imaginação."[30]

As crenças religiosas também podem ser abordadas como um aspecto da teoria da aprendizagem. Isto é, são classificadas como comportamentos supersticiosos e definidas como instâncias que podem ter sido poderosamente reforçadas por eventos coincidentes, ocorridos no passado próximo ou distante da tribo. O surgimento de um reforço intermitente tem a conhecida e intensa capacidade de confirmar o comportamento humano. De acordo com esses princípios, eventos de cura que, na verdade, eram "remissões espontâneas" ou componentes de distúrbios autolimitados, podem ter ficado associados "acidentalmente" às súplicas ao sobrenatural e às atividades mágico-religiosas dos curadores. Os comportamentos supersticiosos também têm o efeito de reduzir a ansiedade e gerar esperança no período entre a doença e a recuperação. Em situações experimentais os comportamentos supersticiosos foram descritos como algo que preenche o período entre o estímulo e o reforço, ou como uma cadeia de comportamentos intermediários entre os acontecimentos.[31]

Os rituais

A essência da cura popular está no ritual, e não naquilo que normalmente é concebido como medicina. Em conseqüência, os observadores comportamentalistas e sociais têm tentado descrever e/ou explicar quaisquer efeitos curadores em termos daquilo que os rituais poderiam significar, caso se realizassem em circunstâncias mais modernas. O consenso é que o valor do ritual se apóia no seguinte: (1) os demorados preparativos habitualmente necessários antes do ritual de cura dão aos parentes algo para que eles possam demonstrar preocupação; (2) os preparativos e a participação ritual são um modo de paciente e comunidade sentirem que controlam aquilo que parecia ser uma situação sem esperança; (3) as relações dentro da comunidade são cimentadas e a solidariedade grupal é intensificada; (4) o enredo e a estética do ritual são reconfortantes e distraem; (5) as características do ritual consolidam os laços entre o paciente e o grupo, do qual ele pode ter se sentido alienado; (6) o paciente pode sentir alívio, na crença de que a harmonia entre ele e o mundo dos espíritos foi estabelecida; (7) os rituais e símbolos servem para interpretar o significado da doença e o papel do paciente em um contexto cultural; (8) o paciente é excitado emocionalmente pela intensidade do ritual, e isso aumenta ainda mais a esperança ou uma confiança, carregada de expectativas, de que algo importante irá acontecer; (9) o custo dos rituais de cura é considerável, na maior parte das culturas (inclusive a medicina ocidental), e pode acarretar o preparo de alimentos mais apreciados e nutritivos, intensificando mais uma vez a auto-estima, a esperança e o orgulho do paciente; (10) quando há preparados psicoativos ou quando se entra em estados de consciência alterados ou dissociativos, em conseqüência do ritual, o poder do curador é validado por essas experiências tão inusitadas, e elas reforçam o sistema de crenças espirituais.

Ness e Wintrob relatam observações interessantes sobre as razões pelas quais podem ser eficazes os estados dissociativos em que entram o paciente e o curador. Eles afirmam que a experiência torna o paciente mais suscetível às sugestões feitas pelo curador e que o estado dissociativo pode ser catártico, se ao paciente for dada permissão para comportar-se de modo socialmente inaceitável em outros contextos.[32]

O valor psicoterapêutico do ritual foi bem expresso por Wolfgang Jilek, psiquiatra e antropólogo, que fez pesquisa de campo na África Oriental, Haiti, América do Sul, Tailândia, Papua-Nova Guiné e com os índios da região ocidental do Canadá. Embora as observações a seguir se refiram à dança dos espíritos dos índios salish do litoral, elas são aplicáveis a quase todos os rituais de cura. Jilek identificou componentes de *atividade ou terapia ocupacional* e notou que a *terapia de grupo* é relevante, e a solidariedade grupal e a coesão se expressam freqüentemente. O ritual dá oportunidade de uma *ab-reação catártica*, que, segundo acredita, libera das tensões emocionais acumuladas, na medida em que as situações são revividas. O *psicodrama* ou a dramatização é um traço notável de muitos rituais de cura. No moderno ambiente terapêutico, o psicodrama tem como objetivo permitir à pessoa expressar seus problemas ou exteriorizar em um ambiente controlado, que dê apoio. Jilek nota, enfim, o efeito psico-higiênico de uma intensa *atividade física*. Com efeito, tanto as pesquisas recentes quanto a tradição antiga sugerem que a atividade física pode combater a depressão, além de melhorar a condição física. O trabalho ritual pode incluir invocações, dança e canto por dias a fio, ou, no caso dos que dançam incorporando os espíritos, pode durar meses.[33]

Outros pontos foram levantados por Robert Bergman, psiquiatra que estudou em uma "escola de curadores" navajo e praticou a psiquiatria entre esses índios por vários anos. Ele observa que durante as demoradas cerimônias ou "cantos" navajo, a prolongada e intensa natureza do contato torna inevitável a revelação dos conflitos e, caso sejam abordados com perícia, poderão ser resolvidos. Também vê os rituais como um momento de moratória e como um ponto de mutação.[34]

O tema que permeia todo o trabalho dos cientistas comportamentalistas e sociais sobre a enfermidade é que boa parte dela é causada pela desarmonia — com a natureza, consigo mesmo e, sobretudo, com a comunidade. Quando toda a comunidade torna-se uma rede de cura, quando é dedicado um tempo para focalizar agudamente um problema, quando o sistema de apoio ao paciente torna-se ativo e evidente, a cura de muitos males torna-se possível.

A odisséia da imunologia: mente e doença

Tenho pouca paciência com cientistas que pegam uma tábua, procuram sua parte menos compacta e fazem muitos buracos, onde a perfuração é fácil.

Albert Einstein

O capítulo final deste livro é sobre mente: o vínculo entre doença e ambiente, a força controladora do sistema de proteção do corpo, depositário dos segredos da saúde e da doença. O estudo desses fatores é o tema principal de um dos campos mais excitantes da ciência atual, a *psiconeuroimunologia*. É o campo em que a pesquisa do papel desempenhado pela imaginação na saúde foi descrito com a maior clareza, por meio do método científico.

Os mistérios das doenças que aleijam e matam será resolvido, não pela inspeção microscópica cada vez mais aperfeiçoada dos tecidos adoecidos, mas pelo estudo cuidadoso das pessoas fora do comum, que se recuperam desafiando as desvantagens ou apresentam uma imunidade incomum e não ficam doentes. Embora as causas do câncer, da artrite, da diabete e da esclerose múltipla — todas doenças incuráveis — burlem a ciência médica, muito se conhece sobre o comportamento das células, órgãos e tecidos doentes. Este campo, o da patofisiologia, é beneficiário de uma era de alta tecnologia. Os lasers, os computadores e a telemetria tornaram-se parte dos recursos da medicina, iluminando as deficiências do corpo humano. Armados com seus reluzentes instrumentos de pesquisa, os cientistas voltaram sua atenção para a descrição dos processos da doença como um fenômeno isolado, quase apartado dos hostes que nutrem tais processos. Isso revelou-se um estilo de investigação extraordinariamente frutífero, proporcionando informações sem paralelo na história. Chegou-se, porém, a um momento crítico. Bilhões de dólares são gastos nisso e na guerra contra a doença. As notícias mais recentes, dadas por pesquisadores que se beneficiam dos fundos de amparo à pesquisa, garantem que as curas estão bem próximas. Muitos de nós já não seguram a respiração na expectativa de grandes acontecimentos.

Olhar para além dos tecidos patológicos, para examinar as várias facetas da psicologia e da fisiologia, e para determinar a causa e a cura da doença não é uma iniciativa muito popular em medicina. Temos sido seduzidos por promessas por demais tentadoras e fáceis, de que os germes e vírus seriam os responsáveis pela maior parte das doenças das criaturas da terra e, em conseqüência, eles e os órgãos por eles afetados deveriam ser os objetos de nosso interesse. Além disso, o comportamento dos seres humanos dá margem a pesquisas complexas, desalinhadas, muito mais difíceis de interpretar do que o comportamento de uma célula. Recorrendo à analogia de Einstein, não foram feitos muitos furos na parte mais compacta da tábua.

Claude Bernard, grande médico francês, considerado o fundador da medicina experimental, expressou uma preocupação semelhante ao observar o sincero fervor dos caçadores de micróbios em meados do século XIX. Ele e Pasteur mantiveram uma controvérsia que estendeu-se por algumas décadas; nela, Bernard sustentava que a doença rondava continuamente, mas só conseguiria se enraizar se o terreno, isto é, o corpo, fosse receptivo. Argumentava que o foco de estudo apropriado deveria ser, portanto, o próprio terreno. Pasteur, é claro, juntamente com Koch e outros de sua geração, estava envolvido com a corajosa tentativa de identificar e derrotar o germe e, assim, livrar o gênero humano da doença. Contam que, em seu leito de morte, após sucumbir a um dos germes que tentara erradicar em vão, Pasteur admitiu que, infelizmente, Bernard estava com a razão. O micróbio não é nada, o terreno é tudo.

Bernard ensinou que o estudo da fisiologia e, conseqüentemente, da patofisiologia, deveria na verdade ser bem reducionista, pelo menos no início. "Quando vamos analisar as complexas manifestações de qualquer organismo, deveríamos, portanto, separar os fenômenos complexos e reduzi-los a certo número de propriedades simples, dos organismos elementares, em seguida, reconstruir sinteticamente em pensamento o organismo, reunindo e ordenando esses organismos elementares, no início considerados separadamente e depois em suas relações recíprocas."[1] A ênfase de Bernard foi sempre no *millieu interieur* (meio interior), a surpreendente constância do meio interior e sua capacidade de

160

se proteger e se defender do *millieu extérieur* (meio exterior) em que o organismo estava situado.

A vacinação: treinando o sistema imunológico

Todos os seres vivos (inclusive as plantas), têm potencial para defender-se da doença. A maior parte do tempo, essa rede de defesa funciona notavelmente bem, protegendo o organismo de qualquer invasão que perturbe o sistema. Quando ela não funciona — por motivos relacionados à genética, à pouca ou excessiva exposição a substâncias ofensivas ou a uma falta de vitalidade decorrente de várias razões, inclusive estilo de vida —, ainda pode ser treinada para atacar com vigor e com alvo altamente seletivo. A imunização por meio do vacinação baseia-se na capacidade natural do corpo de aprender a defender-se. As vacinas deram à medicina a defesa mais eficaz contra a doença. Os primeiros seres humanos aprenderam que bastava tocar em uma infecção mortífera para deixá-los com um estranho poder que os protegia de encontros subseqüentes. Muitos dos xamãs enfrentaram a morte cara a cara, antes que sua vocação se evidenciasse. Sem dúvida, a credibilidade de que eles gozavam era, em parte, função de alguma imunidade obtida por meio de suas doenças.

Há séculos chineses, gregos, turcos e indianos já sabiam que a varíola, flagelo temível, o maior de todos os assassinos, poderia ser prevenida injetando-se fragmentos do tecido ou do pus de uma vítima em uma pessoa saudável. Na Índia, esta espantosa técnica era considerada requintada. Os doadores de tecidos eram selecionados entre as pessoas com casos brandos de varíola ou que já haviam sido vacinadas; ou então o pus e os tecidos eram postos para secar por um ano, antes de serem usados como material de inoculação. Todos esses métodos diminuíram significativamente o risco da inoculação, que poderia acarretar uma eclosão mortal da doença. No início do século XVIII, quando lady Mary Wortley Montagu trouxe os métodos orientais para a Inglaterra, um terço dos adultos exibia em seus corpos as cicatrizes da doença. Diziam que as mães não ousavam contar seus filhos até que uma epidemia de varíola irrompesse e acabasse, pois a expectativa era de que uma para cada quatorze crianças morreria durante o cerco da doença. As inoculações salvaram 99% das pessoas tratadas. No entanto, devido às mortes ocasionais, em geral causadas por agulhas não esterilizadas, a vacinação logo foi proibida na Inglaterra, e em suas colônias.[2]

Os esforços de lady Montagu foram notavelmente bem-sucedidos e ela poderia ter passado à história como um anjo de misericórdia, salvadora das crianças, uma heroína. No entanto, a Inglaterra e a Europa só estariam prontas para ser curadas da varíola cerca de um século mais tarde. Foi quando entrou em cena Edward Jenner. Nascido no campo, ele sabia que os camponeses se notabilizavam por sua cútis impecável. Também conhecia o costume que levava os pais a insistirem que seus filhos tocassem o úbere de vacas infectadas por varíola bovina. Isso estava muito longe de ser um mero comportamento supersticioso, pois as crianças passavam a ter imunidade contra varíola. Seus sistemas imunológicos estavam sendo ensinados a reagir e matar qualquer invasor que se assemelhasse à varíola bovina, e isso incluía o vírus da varíola humana.

Em 1798, Jenner publicou seus resultados ao inocular, em seres humanos, fluido de vacas infectadas, e hoje vemos a doença desaparecer quase que completamente da face da terra.

A antiga técnica de usar microorganismos inofensivos ou debilitados para mobilizar e sintonizar o sistema imunológico é o princípio da moderna vacinação, e a ela cabe o crédito pelo gigantesco avanço da saúde no século passado. Por volta de 1910 já haviam sido desenvolvidas vacinas para difteria, febre tifóide e tétano. Hoje, poliomielite, sarampo, caxumba, rubéola, tosse comprida e muitas formas de gripe já não representam uma ameaça, devido à incrível capacidade do sistema imunológico de aprender novos truques.

O que o sistema imunológico e os cães têm em comum?

O sistema imunológico conhece, naturalmente, muitíssimo sobre defesa. Parte de sua informação é geneticamente codificada, parte é absorvida da mãe durante a vida pré-natal e, mais tarde, de seu leite. Os glóbulos brancos, principais representantes do sistema imunológico, têm uma capacidade excepcional para distinguir o amigo do inimigo. Depois que este é identificado, os meios de destruição à disposição dos glóbulos brancos poderão incluir venenos, técnicas de explosão, estrangulamento e imobilização. Quando a capacidade dos glóbulos brancos diminui, doenças auto-imunes, tais como artrite reumatóide e esclerose múltipla, bem como doenças infecciosas e câncer são possíveis.

Aquilo que o sistema imunológico ainda desconhece ou não aprendeu por meio da vacinação, ele será capaz de aprender de outra maneira. A Ivan Pavlov, o grande fisiologista russo, cabe o mérito de ter estabelecido as bases para a compreensão de como ocorre o aprendizado entre os seres vivos: os cães, os seres humanos, os macacos e, até mesmo, células individuais e populações de células.

Pavlov descobriu que se, repetidas vezes, tocasse uma campainha e depois oferecesse carne a um cão, este em breve responderia à campainha como se ela fosse carne — salivando, lambendo e apresentando todas as respostas antecipatórias típicas do animal ao alimento. A combinação de um estímulo que provocava naturalmente uma resposta à comida (o alimento) com outro estímulo que não a provocava (a campainha) em breve causou uma associação entre os dois estímulos. O cão aprendeu a responder à campainha como se ela fosse comida. Esse tipo de aprendizado tem conseqüências drásticas para os seres humanos. Nossos corpos aprendem a reagir aos sons de passos no escuro; aprendem até mesmo a reagir a pensamentos de passos no escuro, como se eles realmente estivessem acontecendo. Todas as alterações bioquímicas que ocorrem durante uma situação real também poderão ocorrer durante a fantasia. Pensamentos sobre um encontro apaixonado podem fazer com que o sangue corra mais depressa, como aconteceria no próprio encontro. O cheiro de uma lavanda pode provocar muitas lembranças da sala acolhedora na casa de uma avó amorosa, acompanhadas de sentimentos de segurança e relaxamento.

Sabe-se há décadas que a freqüência cardíaca e outras das chamadas funções autônomas ou involuntárias podem ser treinadas para reagir de várias maneiras, quando é criada uma situação como a que acabo de descrever — isto é, combinando um estímulo, que normalmente causa certa alteração com um estímulo neutro ou que não provoca alteração. Robert Ader e seus colegas do Centro Médico de Rochester demonstraram conclusivamente, em estudos sucessivos, que os glóbulos brancos, exército de defensores do corpo, podem ser treinados do mesmo modo que o cão de Pavlov.[3] O ponto essencial do trabalho de Ader com ratos é que, quando um agente imunossupressor (alguma substância química venenosa que mata os glóbulos brancos ou inibe sua função) é combinado com um estímulo inócuo, como uma solução de sacarina, os glóbulos brancos aprendem a reagir à sacarina como se ela fosse o próprio veneno. De fato, a taxa de mortalidade está relacionada à quantidade de solução inofensiva consumida — só que ela, evidentemente, já não é mais inofensiva para os glóbulos brancos condicionados.

Atualmente estão sendo realizadas pesquisas que possam dar uma resposta à indagação mais premente: poderá o sistema imunológico ser ativado ou intensificado com o mesmo procedimento? As ramificações médicas dessas pesquisas foram demonstradas em um estudo recente com camundongos, na Nova Zelândia.[4] Esses camundongos são usados para estudar o lúpus eritematoso sistêmico, doença auto-imune séria, que afeta os seres humanos e é considerada incurável. Na maioria das doenças auto-imunes e também no câncer, as citotoxinas (venenos das células) ocasionalmente são um tratamento bem-sucedido. Acredita-se que elas detêm a multiplicação progressiva das células ofensivas, mais sensíveis ao veneno do que as células saudáveis. Ader e Cohen associaram a ciclofosfamida (uma citotoxina) à sacarina. Os resultados indicaram que o desenvolvimento de complicações e a mortalidade foram retardados nos camundongos que tinham sido condicionados para reagir à sacarina como se ela fosse ciclofosfamida. É concebível que combinações similares possam funcionar em seres humanos — combinar quimioterapia com uma substância neutra possibilitaria treinar o corpo para reagir à substância neutra que, em seguida, seria usada intermitentemente, no lugar de uma substância química tóxica. Seria grande o grande benefício terapêutico se um tal projeto pudesse ser implementado, reduzindo os efeitos tóxicos colaterais da droga.

A mente e a imunidade

Stephen Locke e Mady Horning-Rohan publicaram uma bibliografia comentada de mais de 1.300 artigos científicos, todos escritos a partir de 1976, relativos à influência da mente sobre a imunidade e as vias neuroendócrinas associadas.[5] Como todas as grandes descobertas, este trabalho provém, simultaneamente, de centenas de pesquisadores que, trabalhando independentemente, estão chegando a uma conclusão muito objetiva. A conclusão é que não podemos mais pensar em imunidade à doença como algo que pode ser estudado exclusivamente *in vitro*, em um tubo de ensaios, através de um microscópio ou fora de um organismo vivo. O sistema imunológico é muito mais esperto. Ele reage às mensagens do cérebro; de fato, é controlado por ele.

Desde 1950, foram publicados trabalhos que demonstram que o cérebro, em particular as estruturas envolvidas na emoção (o hipotálamo e a glândula pituitária), poderiam ser artificialmente estimuladas para aumentar ou reduzir a atividade do sistema imunológico.[6] Realizamos parte dessa investigação em nosso próprio laboratório e descobrimos que, quando estimulávamos ligeiramente uma área do cérebro do rato chamada de hipotálamo medial, diminuía invariavelmente a capacidade dos macrófagos (literalmente os "devoradores gigantes" glóbulos brancos) de consumir o "lixo" existente no sangue.[7] Outros pesquisadores relatam que são capazes de aumentar a atividade do sistema imunológico por estimulação de outras partes do hipotálamo. Naturalmente este trabalho sempre é realizado com animais de laboratório, sendo preciso ter cuidado ao fazer generalizações para todas as espécies. No entanto, para muitas áreas do cérebro, há uma notável correspondência entre estrutura e função, demonstrada para todos os mamíferos. O hipotálamo do rato, por exemplo, se assemelha e atua como o hipotálamo de um ser humano. Ele está envolvido na regulação da temperatura, do comer, do beber, em comportamentos sexuais e reações emocionais; e no envio de sinais à pituitária, complexa glândula, semelhante a uma haste, que como um maestro rege as secreções hormonais. Podemos presumir com segurança que, nos seres humanos, assim como nos ratos, o hipotálamo está envolvido na imunidade.

Acreditava-se que a mediação entre as estruturas do cérebro e o sistema imunológico acontecia exclusivamente através do sistema endócrino, até que Karen Bulloch publicasse, em 1981, os resultados de sua pesquisa. Ela conjecturou que, como o timo (que estimula a produção das células-T) é essencial ao desenvolvimento do eixo pituitário-hipotalâmico durante o período perinatal, bem como à competência imunológica pósnatal, deveria haver evidências de vias neurais conectando essas estruturas. Conseqüentemente ela pôde identificar projeções neurais da medula espinhal ao timo, em ratos e camundongos, sugerindo que essas estruturas do sistema nervoso central têm um papel na regulação da função do timo.[8]

Mas, agora, abordamos apenas as assim chamadas áreas do cérebro *inferior*, quanto ao seu papel na imunidade. A *mente*, por outro lado, é habitualmente sinônimo do próprio córtex. Como é que a imunidade pode ser influenciada pelas muitas facetas da mente evoluída: quais sejam, sua estrutura de linguagem, seu maciço armazenamento de informações, sua capacidade de refletir e pensar sobre si mesma? Examinemos rapidamente a estrutura e a função do cérebro, no que diz respeito a esta questão (para maiores informações ver Capítulo 4, em que discorremos sobre as estruturas do cérebro e a imaginação). O hipotálamo (que, como mencionamos, tem importante papel regulador na função imunológica) está intimamente conectado às partes do cérebro envolvidas na emoção, isto é, o sistema límbico. Este, por sua vez, forma uma rede de conexão com os lobos frontais, a parte mais evoluída do próprio córtex e que, acredita-se, é primordial para a imaginação e para o planejamento do futuro. O cérebro é, na verdade, uma verdadeira malha de circuitos interconectados, e a atividade que ocorre em determinada parte dele afeta de certo modo toda a configuração.

Há alguma evidência de uma especialização cortical hemisférica quanto a certos aspectos da imunidade. Bardos e seus colegas demonstraram que, em camundongos, é o hemisfério esquerdo do cérebro que controla a reatividade das células-T assassinas.[9] Geschwind e Behan relatam algumas descobertas intrigantes, pois identificaram uma relação entre o canhotismo (isto é, a predominância do hemisfério direito do cérebro) e doenças do sistema imunológico.[10] É óbvio que esses estudos, a exemplo do trabalho realizado no campo da psiconeuroimunologia, devem ser repetidos, para incluir amostras mais amplas e medidas adicionais, antes que se possa chegar a conclusões mais profundas. Fica claro, porém, que o córtex tem algum papel na resposta imunológica.

A informação que acabamos de apresentar é essencial à tese deste capítulo, isto é, de que há uma conexão entre o cérebro e o sistema imunológico. Entretanto, é do maior interesse perceber se comportamentos ou eventos que, como se sabe, são modulados por várias áreas do cérebro, também podem ser associados a alterações no sistema imunológico. Para essa informação, voltemos novamente à literatura sobre estresse, relembrando os caminhos propostos no Capítulo 4, envolvendo o córtex, o sistema límbico, o eixo hipotalâmico-pituitária-supra-renal e à subseqüente inibição de vários mecanismos de cura.

Durante períodos de intenso estresse — como vôos espaciais e volta a condições normais, exames escolares e após períodos prolongados de insônia — o sistema imunológico pode ficar significativamente reprimido. O ano subseqüente à morte de um cônjuge muito amado sempre foi reconhecido como um período de extrema vulnerabilidade, durante o qual o cônjuge sobrevivente pode seguir aquele que se foi. Vários estudos vêm demonstrando que a vulnerabilidade tem uma base muito real. Durante certo período após a morte de uma pessoa amada, o sistema imunológico freqüentemente perde sua capacidade de reagir tão bem quanto deveria — isso cria um clima propício a um aumento de vulnerabilidade à doença. Além disso, a identificação de antecedentes estressantes, antes do surgimento de doenças envolvendo o sistema imunológico, tem sido, há duas décadas, um campo fértil de pesquisa.

Os críticos da pesquisa psiconeuroimunológica assinalam que, a despeito das descobertas acima mencionadas, inexistem estudos prospectivos em que sejam identificados os estressores, em que sejam determinados e suprimidos os componentes do sistema imunológico e em que seja observada a doença relacionada. Em outras palavras, há evidências de que o estresse precede a doença e de que ele inibe a resposta imunológica, mas, até agora, ninguém demonstrou de forma conclusiva que a reação imunológica inibida, associada ao estresse, resulta em doença física. É um assunto digno de consideração e que, com toda certeza, as futuras pesquisas deverão levar em consideração. De qualquer modo, torna-se cada vez mais difícil argumentar contra o envolvimento do cérebro na imunidade e, conseqüentemente, na saúde.

Agora as boas notícias

Até agora, tudo isso parece um tanto desolador: ratos que aprendem a ficar doentes, glóbulos brancos que se esquecem de sua função em conseqüência do estresse. A informação sobre como usar esses mesmos processos mentais para curar tem chegado muito lentamente. Ouso afirmar que a maioria das pessoas — inclusive os cientistas — acredita que criamos a doença em nós mesmos, mas que precisamos procurar um médico para sarar. É inconcebível que a espécie humana tenha chegado tão longe com esse talento, tão exclusivo, para adoecer. Isso dificilmente poderia ser considerado algo adaptativo ou um incentivo à sobrevivência dos mais aptos. Examinemos algumas evidências que favorecem a posição segundo a qual aquilo que imaginamos e como escolhemos viver também pode ter um efeito positivo sobre o sistema imunológico.

O câncer como distúrbio imunológico

Penso que poderemos aprender muito sobre o processo da doença estudando casos especiais: aqueles indivíduos anômalos, que conseguem sobreviver ou recuperar a saúde, contrariando as previsões sinistras dos vaticinadores de desgraças ou indo contra aqueles que ergueram ao seu redor um muro de proteção contra o mar de micróbios ou dificuldades da vida. O enfoque deste trabalho muitas vezes é no câncer. Este, em um certo sentido, pode ser considerado como uma doença do sistema imunológico. Certos glóbulos brancos, chamados células-T, têm como alvo identificar e desintegrar quaisquer células cancerígenas que encontrarem, e isto é realizado da maneira mais maravilhosa. Imaginem um anãozinho poderoso, repleto de toxinas letais, rondando furtivamente sua presa. Ao localizar a célula cancerígena tão temida, atira-se sobre ela como um projétil, penetrando-a e liberando suas substâncias químicas. Formam-se vesículas na célula cancerígena e ela dá a impressão de que foi assada em uma grelha quente. As vesículas aumentam cada vez mais e, em uma fração de segundos, a célula cancerígena explode e cai no esquecimento. Os macrófagos são chamados para entrar em cena, como equipe de limpeza incham, reúnem suas forças e partem para o local da destruição, programados para digerir quaisquer pedaços remanescentes.

Acredita-se, atualmente, que esse processo ocorre regularmente em um corpo saudável sob outros aspectos. Qualquer célula normal tem potencial para alterar seu comportamento e transformar-se em uma versão aberrante dela mesma — que sabe apenas crescer desenfreadamente, às expensas de seu anfitrião. Assim como temos potencial para desenvolver infecções provocadas por estreptococos e estafilococos, também disseminamos células malignas, mantidas sob controle pelas células-T e pelos macrófagos. Esta é a teoria de vigilância do câncer que, embora controvertida, tem recebido algum destaque. Só quando os vigilantes defensores fracassam em reconhecer ou matar o inimigo é que as células cancerígenas conseguem multiplicar-se e então a doença se desenvolve sem peias. Se o câncer entrar em remissão, isto se dará por meio do mesmo processo: a horda defensora conseguiu levar a melhor sobre o tumor.

Remissão espontânea

Há, na literatura médica, inúmeros e bem documentados exemplos da chamada remissão espontânea do câncer. Eric Peper e Ken Pelletier fizeram uma pesquisa em computador usando fontes bibliográficas médicas e registraram mais de 400 casos.[11] Sem dúvida, há centenas de milhares de casos que são do conhecimento dos profissionais de saúde, mas que permanecem inéditos. A "remissão espontânea" é um termo peculiar, significando que a doença se foi, sem intervenção médica e por razões desconhecidas. É um desses eventos surpreendentes, como o efeito placebo, que atestam a capacidade do corpo para curar-se. Mas como nem o efeito placebo nem a remissão espontânea envolvem a medicina "de verdade", eles não são prestigiados. Os inúmeros exemplos de remissão espontânea trazem certas indagações, a maioria sem resposta: Quem são essas pessoas? O que estava acontecendo em suas vidas? O que aconteceu com seu sistema imunológico que provocou mudanças tão drásticas?

Examinando a ampla variedade de circunstâncias, várias respostas são plausíveis. Elmer e Alyce Green concluíram que o único fator comum, entre os 400 casos citados na bibliografia acima, é uma mudança da atitude que precedia a remissão, envolvendo esperança e sentimentos positivos.[12] Alguns dos pacientes conseguiram uma cura em que acreditavam, seja no santuário religioso de Lourdes, seja com uma dieta em moda. Tenho observado que as pessoas chegam a uma remissão após se aferrarem a uma "cura", acreditando verdadeiramente nela, ignorando a dissuasão, desafiando o infortúnio e a opinião médica. Não tenho dúvida de que o número das curas relatadas por pessoas que praticam tratamentos alternativos é geralmente exagerado, mas, ainda assim, algumas são reais. Pelo visto, qualquer coisa pode funcionar se você acreditar nela suficientemente, e isso inclui pintura na areia dos índios navajo, águas com propriedades curativas e quimioterapia (não há motivo lógico para acreditar que as pessoas que se recuperam depois que certos venenos, como a quimioterapia, tomam seu organismo de assalto, também não sejam exemplos de remissão espontânea; pode-se também considerar que se curaram devido à sua atitude e apesar do tratamento).

Tive o privilégio de tomar conhecimento de muitos casos, de remissão de todo tipo de doenças, contados por ex-pacientes e médicos. Após cada apresentação do material sobre imaginação e saúde, muitas pessoas procuram-me e, com um brilho no olhar, obviamente ainda maravilhadas com o que lhes aconteceu, contarão as circunstâncias em que seu deu a volta da saúde. Ouço repetidas vezes o relato de procedimentos imaginários espontâneos adotados por essas pessoas, por puro desespero. Temendo as conseqüências da doença ou até do tratamento proposto, os pacientes se voltam para dentro de si e começam a trabalhar intensivamente com suas mentes.

Uma terapeuta corporal falou-me de um momento em sua vida em que ela estava para acabar o mestrado e sofria uma maciça hemorragia uterina. Tentara todos os tratamentos habituais: hormônios, dilatação; e curetagem, repouso absoluto. O único tratamento que lhe restava era a histerectomia — opção desagradável, pois, antes de mais nada, a impediria de defender seu mestrado na época devida; mas sobretudo porque, na sua idade, não desejava enfrentar a perspectiva de uma vida sem filhos. Sabia que não podia continuar a sangrar com tamanha profusão sem que isso tivesse sérias conseqüências. Pediu o adiamento da cirurgia por uma semana e fechou-se em reclusão. Foi quando visualizou uma luz branca cujos raios curativos penetravam em seu útero. No final da semana, o sangramento havia parado completamente. Isso aconteceu há cinco anos e, desde então, nenhum outro problema ocorrera. Ela contou sua história apenas para algumas pessoas, e, como membro da comunidade médica sentiu-se um tanto constrangida com as circunstâncias de sua recuperação. Também não tinha consciência, mesmo quando conversei com ela, de que a luz branca havia sido usada durante séculos, em todas as partes do mundo, exatamente com a mesma finalidade.

Há cerca de dez anos participei de um programa de saúde em uma das igrejas metafísicas de um subúrbio de Los Angeles. A igreja se erguia em meio a um belo jardim e tinha aquela qualidade especial que aprendi a associar às igrejas cujas congregações não temem abrigar novos pensamentos. Após as principais declarações, o ministro contou uma história que até então apenas alguns dos membros da congregação tinham o privilégio de conhecer. Há alguns anos surgira uma ferida em sua boca. Ele procurou o dentista e, depois, um cirurgião, que fez uma biópsia no tecido afetado e diagnosticou algo maligno. A lesão crescia rapidamente e a cirurgia recomendada indicava remoção de boa parte da mandíbula. O ministro sabia que, antes de mais nada, deveria achar um lugar de cura, e, procurando em sua mente, veio-lhe rapidamente à memória um passeio a um quebra-mar no litoral. Viajou para lá e ali passou vários dias em profunda meditação, concentrando-se exclusiva e intensamente na imagem de que os tecidos de sua boca voltavam ao normal. Como ministro, sua carreira tão amada dependia de sua capacidade de falar em público. Reunira à sua volta uma congregação leal e chegara a angariar uma reputação cada vez maior graças a apresentações na rádio e na televisão. Uma intervenção cirúrgica profunda seria o fim de tudo isso. Ao voltar para casa, uma segunda biópsia indicou que não havia mais o menor traço da doença.

Recentemente, assisti a um seminário de Stanley Krippner, conhecido cientista que estudou curadores incomuns. No final de sua palestra perguntaram-lhe qual o acontecimento que mais o convenceu da existência de capacidades especiais de cura. Em vez de mencionar os nomes dos curadores bem-dotados que estudou, Krippner deu um exemplo pessoal. Há quinze anos, ele mesmo passou por uma cirurgia devida a um

169

problema abdominal. A incisão não sarava e uma drenagem copiosa indicava algum problema interno. Seu médico ficou preocupado e insistiu em que ele ficasse de cama até seu estado melhorar. Krippner chamou uma de suas amigas, com talento para diagnosticar doenças. Ela disse que o problema era causado por quatro dos pontos, que ou estavam mal colocados ou se deslocaram, ficando em uma posição que provocava irritação. Krippner passou a imaginar os pontos sendo expelidos através do tubo de drenagem. Dali a dois dias, dois pontos com nó duplo passaram pelo tubo e, logo depois, a incisão fechou rapidamente. Essas histórias sempre me comovem. Mais do que qualquer pesquisa, elas confirmam a capacidade muito especial dos seres humanos para se curarem quando nada mais pode fazer isso. Todos esses casos poderiam ser considerados remissão espontânea; alguns, de estados de saúde mais sérios do que outros. Todos são esforços conscientes para usar a imaginação, e todas as pessoas envolvidas declararam que foi um dos trabalhos mentais mais difíceis que realizaram em suas vidas.

Substâncias químicas confiáveis?

Nem sempre a remissão espontânea precisa vir após uma tentativa consciente de empregar a imaginação para a cura. Ela também pode sobrevir a eventos que levam não-somente à esperança, mas também à completa confiança de que a saúde é iminente, está para chegar.

Bruno Klopfer contou a comovente história de um homem que ouvira dizer que o Krebiozen, um novo remédio, do qual diziam maravilhas, estava sendo testado no hospital onde ele fora internado para morrer. Inicialmente, ele fora recusado pelo comitê de estudos porque sua morte estava muito próxima e, portanto, não poderia preencher os requisitos. Convicto de que o Krebiozen era sua última esperança, o paciente convenceu-os de lhe administrarem o remédio experimental. Eis o que escreve Klopfer: "Que surpresa me esperava! Eu o deixara febril, respirando com dificuldade, impossibilitado de levantar-se da cama. E, agora, lá estava ele, andando pela enfermaria, feliz, batendo papo com as enfermeiras e pregando sua mensagem de otimismo para quem se dispusesse a ouvi-lo. Apressei-me imediatamente a ir ver os demais pacientes que haviam tomado sua primeira injeção naquele mesmo momento. Neles não se havia notado melhora alguma, e alguns até mesmo tinham piorado. Só o Wright apresentava uma recuperação extraordinária. Os tumores tinham se dissolvido como bolas de neve em uma fogueira e, em apenas poucos dias, estavam com a metade de seu tamanho original! É, sem dúvida, uma regressão muito mais rápida do que a maioria dos tumores poderia exibir quando submetidos a aplicações diárias de raio-X. Além disso, sabíamos que seu tumor já não era mais sensível à

170

irradiação. O paciente também não recebia nenhum outro tratamento além das inúteis irradiações. Wright teve alta do hospital praticamente livre de sintomas, e chegou até mesmo a pilotar seu próprio avião, a grande altura, sem sentir o menor incômodo.[13]

Foi então que relatos contraditórios sobre a eficácia do Krebiozen começaram a ser noticiadas. A fé de Wright foi abalada e, após dois meses de boa saúde, ele voltou ao seu estado original. Imaginando que ele nada tinha a perder, os médicos deram-lhe uma dose dupla, especial, do medicamento. Foi o que lhe disseram, mas, na verdade, não passava de pura água. O paciente recuperou novamente a saúde. ''A recuperação de seu segundo estado quase terminal foi ainda mais drástica do que a primeira. A massa do tumor derreteu, os fluidos do peito desapareceram, ele voltou a andar e até mesmo a pilotar seu avião. Naquele momento, o paciente era, sem dúvida, a própria imagem da saúde.''[14]

Daí a dois meses, a Associação Médica Americana comunicou sua descoberta: ''Testes aplicados em todo o país mostram que o Krebiozen é um remédio inútil no tratamento do câncer''. Wright sucumbiu após alguns dias do anúncio.

Encontramos outros exemplos de remissão espontânea quando vidas estão dramaticamente atingidas e o processo vital é saudado com entusiasmo. A própria doença pode ter-se instalado após uma importante mudança de vida, que fez com que tudo perdesse significado. Aqueles momentos em nossas vidas em que as chances de termos um câncer ou até mesmo doenças do coração alcançam elevados níveis de probabilidade ocorrem nos anos em que os grandes esforços criativos cessaram — por exemplo, os dois anos subseqüentes a uma aposentadoria, ou o período que vem logo depois que o último filho saiu de casa, independentemente da idade da pessoa quando isso aconteceu. Quando cessa o crescimento emocional e intelectual, instala-se a nocividade, novo e mortífero processo de crescimento. Para algumas pessoas, isso é uma conseqüência reversível, se certa energia for impregada em um esforço renovado de criação.

Larry LeShan, em seus anos de experiência como cientista/terapeuta, relata que há três motivos para uma pessoa não querer morrer. (1) Ela teme as circunstâncias da morte ou do processo de morrer — a dor, o desconhecido, o desamparo; (2) ela quer viver para os outros, responder às suas solicitações e expectativas; (3) ela quer viver sua própria vida para ''entoar sua própria canção, que emana de sua personalidade''.[15]

Afirma LeShan: ''Por razões que não compreendo inteiramente, o corpo não mobilizará seus recursos em função do primeiro ou dos dois primeiros motivos. Só pelo terceiro a capacidade de autocura e de autorecuperação do indivíduo interferirá vigorosamente. Quando os indivíduos com câncer compreendem isso e começam a procurar e a lutar por sua própria música, especial, em termos de existir, de se relacionar, de trabalhar e criar, tendem a começar a reagir muito mais positivamente...".[16]

Mobilizando a defesa

O corpo tem mecanismos especializados para curar-se da maior parte dos grandes desastres. Os ossos se regeneram com algo conhecido como proteína morfogenética do osso, que induz os fibroblastos — células do osso que curaram sob forma de cicatriz, após um tumor ou fratura grave — a se comportarem como condroblastos ou células que produzem normalmente cartilagens. A pele e os outros órgãos desenvolveram meios de se recondicionarem constantemente ou de continuar funcionando apesar dos danos. Além disso, o sistema imunológico está muito bem sintonizado para localizar e destruir todos os adversários anormais ou estranhos que invadirem o corpo, inclusive as células cancerígenas. Tudo que não é visto como "próprio" é incessantemente atacado.

Os mecanismos normais de cura, como esses que acabamos de citar, são responsáveis pelos casos de recuperação inusitada. Independentemente da fonte da cura, não foi identificado até agora nenhum método específico de cura, além daqueles normalmente acionados pelo corpo em sua própria defesa. Alexis Carrel, observador muito atilado do cenário científico, relatou as chamadas curas milagrosas em Lourdes. Essas curas foram cuidadosamente registradas pelo Bureau Médico de Lourdes, e estão à disposição para consulta. Os médicos também são convidados a examinar os pacientes, quando chegam a Lourdes, que sedia a Associação Médica Internacional, com muitos membros. Carrel afirmou que, na verdade, muito poucas curas milagrosas aconteceram no santuário. As que aconteceram apresentavam um padrão semelhante: primeiro, uma dor aguda e, depois, uma sensação súbita de cura. As feridas visíveis tendiam a sarar de modo normal, só que com uma velocidade muito grande. O milagre parecia caracterizar-se, sobretudo, por uma extrema aceleração dos processos normais de restauração orgânica.[17]

A experiência de Carrel convenceu-o de que a medicina só poderia fazer progressos estudando "os mecanismos internos da resistência", a sanidade dos órgãos e os indivíduos que ou se curavam de modo notável ou eram imunes às infecções, às doenças degenerativas e à decadência provocada pela senescência. Lamentou o mascaramento de lesões orgânicas e a mera administração de substâncias químicas aos doentes. "Até agora seguimos o caminho mais fácil. A partir de agora teremos de percorrer um caminho mais áspero e entrar em territórios desconhecidos.

A esperança da humanidade está na prevenção de doenças mentais e degenerativas e não em meramente tratar esses sintomas. O progresso da medicina não advirá da construção de hospitais maiores e melhores, nem da edificação de fábricas maiores e melhores de produtos farmacêuticos. Ele depende inteiramente da imaginação, da observação dos doentes, da meditação e de experiências no silêncio do laboratório. Depende, enfim, do desvendamento dos mistérios da mente e do organismo, para além do proscênio das estruturas das substâncias químicas."[18] Isso foi dito em 1935.

As substâncias químicas da recuperação

Como de costume, as vias imunológicas que seriam responsáveis pela doença e pela destruição foram investigadas antes dos mecanismos responsáveis pela saúde. Descobriu-se que elas incluíam as atividades do hipotálamo, da pituitária e da rede glandular associadas. Acreditava-se que a conexão entre o estresse psicológico e a inibição do sistema imunológico resultava das excessivas secreções de hormônios, particularmente a cortisona e o cortisol, que têm um efeito antiinflamatório (ou imunossupressor). Temos uma dívida permanente com o falecido Hans Selye, pioneiro neste importante trabalho.[19]

Muito recentemente, foram divulgadas evidências que assinalam um elo potencial entre processos mentais positivos e a aceleração do sistema imunológico. Vários pesquisadores demonstraram que as substâncias químicas opiáceos, encontradas naturalmente no corpo humano, endorfinas e encefalinas, podem ter outra função, além de produzir euforia e reduzir a dor: a intensificação do sistema imunológico. Demonstrou-se, em uma série de estudos, que as beta-endorfinas aumentam a capacidade de proliferação das células-T,[20] e que as encefalinas revigoravam o ataque dessas células contra as células cancerígenas.[21] As encefalinas também aumentam a porcentagem de células-T ativas.[22]

Essas magníficas substâncias químicas são liberadas automaticamente durante períodos de dor e de estresse. Suspeita-se também que elas são responsáveis pelos sentimentos naturais de êxtase associados a vários eventos, inclusive corrida de longa distância, parto e experiências extáticas de natureza espiritual. Assim como perder um ente querido pode inibir o sistema imunológico, as alterações físicas que ocorrem quando alguém se apaixona podem fazer com que um sistema imunológico recalcitrante entre em ação. As endorfinas e encefalinas podem ser parte da bioquímica da esperança e do alívio que acompanham uma cura, qualquer cura, e que, subseqüentemente, levam a uma remissão da doença, freqüentemente desorientadora.

Este excitante trabalho remete-nos a quatro hipóteses concernentes à sua relatividade, para a condição humana:

(1) Se as atividades do cérebro e do sistema imunológico estão intimamente conectadas, seria então de esperar que as pessoas com um sistema imunológico extremamente eficiente também sejam diferentes, mental e psicologicamente, daquelas cujo sistema imunológico é menos capaz de se defender contra a doença.

(2) Se há uma conexão entre a atividade mental e a atividade imunológica, então a natureza da relação poderá ser demonstrada por meio de uma associação estatística dos dois fatores.

(3) Se os fenômenos mentais estão relacionados à atividade imunológica e se o sistema imunológico estiver relacionado à defesa contra a doença, então, ou o fenômeno mental ou a natureza do sistema imunológico se correlacionarão com o estado de saúde.

(4) Se houver uma relação recíproca entre atividade mental e sistema imunológico, de forma que um e outro possa causar alteração ou reagir à alteração ocorrida no outro, então a relação de causa-e-efeito poderá ser demonstrada manipulando-se uma determinada circunstância e observando uma alteração subseqüente no outro.

Os testes mais elementares dessas hipóteses serão relatados nas páginas que se seguem. Os resultados modificarão a prática da medicina — não hoje ou no próximo ano, mas em breve. As mudanças serão facilitadas com maior rapidez se os não-cientistas forem capazes de avaliar criticamente o significado da pesquisa para suas próprias vidas. Até mesmo nós, cientistas, estamos descobrindo que precisamos aprender a falar uma linguagem interdisciplinar, que abranja a medicina, a psicologia, a imunologia, a bioquímica e a física.

Os métodos de pesquisa do cientista não são sagrados, mas há convenções especiais que eles devem seguir, que não são bem conhecidas nem de não-cientistas, com uma boa formação. Se eu mencionar alguns desses métodos, vou ajudá-los a tomar suas próprias decisões sobre as seguintes questões, relacionadas com a pesquisa.

Antes de mais nada, o jogo da ciência é dispor coisas de maneira a tirar vantagem de uma situação — repetidamente. A situação é mantida tão pura quanto possível, de modo que se pode confiar que os resultados obtidos se repetirão em circunstâncias similares. Por exemplo, é uma tática comum aceitar resultados considerados significativos, que poderiam ter ocorrido apenas cinco vezes ou menos, por puro acaso, em cem estudos (como determina a análise estatística) e desprezar aqueles que poderiam ter ocorrido por puro acaso seis ou mais vezes, em cem estudos. É este o sentido de "significativo" em pesquisa. Nem sempre faz sentido desprezar anos de esforços em pesquisa simplesmente porque essa definição arbitrária da verdade não foi plenamente alcançada, e descobertas pioneiras importantes costumam ser descartadas por cau-

174

sa dessa convenção. No entanto, há algum consolo em saber que apenas são reconhecidos aqueles resultados que, sem sombra de dúvida, são significativos e as conclusões precipitadas são restringidas.

Há também uma confiança implícita entre os pesquisadores que presumem que os dados foram coletados com integridade e relatados com honestidade. A pesquisa é cercada de garantias e de mecanismo de controle para assegurar que isso ocorra a *maior parte do tempo*. Recentemente, escândalos envolvendo resultados falsificados foram comunicados, em instituições sérias; ainda assim, a desonestidade é relativamente rara e, provavelmente, podemos acreditar na maior parte daquilo que lemos. O método científico continua sendo uma das melhores maneiras de examinar aberta e criticamente a estrutura e a função do corpo/mente sem enganos. O estudo do cérebro e da função imunológica pode ser levado longe apenas com introspecção e debate.

Supercompetência

A maneira óbvia de estudar as pessoas com um sistema imunológico que funciona peculiarmente bem consistiria em tirar amostras de sangue de milhares delas, selecionar aquelas poucas que apresentassem glóbulos brancos de excelente qualidade e passar a investigá-las intensamente. Este é um estudo que parece óbvio, mas em geral é impossível. A situação da imunologia é tal que, além dos limites normais em certas funções imunológicas e além da capacidade de detectar algumas anormalidades, não se conhece muito mais acerca do que possa ser uma elevada eficiência. No presente, para obter informações, devemos olhar para outros setores.

Presume-se que certas populações, excepcionalmente saudáveis, têm uma proteção especial contra a doença. Os mórmons e os adventistas, por exemplo, apresentam uma incidência notoriamente baixa de doenças cardíacas e de câncer. Os membros da Igreja Unitária raramente adoecem, e quando isso ocorre, recuperam-se rapidamente, faltando apenas alguns dias ao trabalho.[23] Outros segmentos da população, como os mentalmente retardados e os emocionalmente perturbados, têm uma proteção seletiva contra o câncer, assim como contra as doenças auto-imunes, como artrite reumatóide,[24] mas não contra doenças infecciosas como, por exemplo, problemas nas vias respiratórias superiores.[25] A percentagem de óbitos por câncer, entre a população mentalmente deficiente, é de apenas cerca de 4%, ao passo que a taxa habitual é de 15 a 18%. E à medida que as pessoas mentalmente deficientes se avizinham da inteligência normal, a taxa de câncer entre elas também aumenta. Uma pesquisa realizada por nós em duas instituições para pessoas criminalmente insanas, muitas das quais praticaram crimes abomináveis, impensáveis, também revela que estão protegidas do câncer em níveis inusitados, a despeito de péssimos hábitos de saúde, tais como fumar excessivamente.

A superimunidade a doenças letais é notável em certas comunidades em que há grande número de pessoas muito idosas, como na aldeia de Vilcabamba, nas montanhas andinas ao sul do Equador, na terra dos hunze, na Cadeia do Karakoram, na região do Kashmir controlada pelo Paquistão e na República da Abkhazia, situada na Geórgia, ao sul da Rússia. Essas populações foram pesquisadas por Alexander Leaf, Sula Benet, Grace Salsel e outros.[26] A maioria desses pesquisadores concorda que, embora a idade dessas pessoas possa ter sido exagerada, a saúde, o vigor e a vitalidade dos velhos é altamente significativa e profundamente documentada. Um número excepcionalmente grande deles vive mais de cem anos, chegando a alcançar até 140 anos, pelo que alegam.

É difícil inventar quaisquer semelhanças biológicas ou psicológicas entre grupos tão diversos de indivíduos — os deficientes mentais, os nativos de regiões montanhosas remotas e membros devotos e prósperos de certas igrejas. É provável que tais semelhanças inexistam. A nutrição, os fatores genéticos, a geografia, a não ingestão de substâncias tóxicas e a disponibilidade de uma assistência médica moderna — justificativas habituais para saúde excelente — também não são fatores comuns a todos esses grupos. As pessoas internadas em manicômios judiciários e emocionalmente perturbadas costumam fumar demais. Os cigarros são um item tão apreciado que são usados para reforço do bom comportamento. Relatos sobre pessoas idosas contam que elas ingerem diariamente bebidas nativas fermentadas muito fortes e costumam fumar cigarros de palha, feitos com tabaco local. É nula a disponibilidade de recursos médicos modernos nas aldeias remotas. A importância dada pelos mórmons a uma dieta pura, e a dieta relativamente simples, mas nutritiva e com grande teor em fibras, o consumo relativamente baixo de carne vermelha, entre os grupos de idosos, podem ter algum papel. Por outro lado, do ponto de vista da nutrição, não há benefício algum em ser mentalmente deficiente. A alimentação que recebem tem suas falhas: é dada pouca atenção às necessidades nutricionais dos internos e os mentalmente retardados podem requerer alimentação por sonda por períodos prolongados.

As respostas não serão simples. Mas consideremos, por um momento, as questões psicológicas especiais e até diferentes dessas pessoas. A saúde dos mórmons e dos adventistas bem pode derivar do valor que dão aos hábitos positivos de saúde. O que dizer então do valor que eles dão à vida familiar, à comunidade? Sentir-se parte de uma rede que, para o resto da vida, oferece apoio — emocional, financeiro, espiritual ou seja lá o que se necessite —, não favorecerá a saúde?

A situação não é tão diferente quanto aos membros da Igreja Unitária e aos fiéis das demais igrejas do Novo Pensamento, pois eles dão ênfase à boa saúde em seus ensinamentos religiosos, compartilham a noção de que cada pessoa é parte de Deus e capaz de obter saúde perfeita vivendo harmoniosamente com toda a criação. Essas igrejas foram fundadas dando especial destaque à cura pela imaginação e acreditam que é possível chegar a uma saúde perfeita pelo poder do pensamento consciente e imaginando-se como parte da criação perfeita. Elas acreditam que mente, corpo e espírito compõem uma única entidade, em que a alma é soberana e o corpo segue os ditames da mente. Essa tendência metafísica da congregação, bem como o ministério do pastor e de professores treinados para curar contribuem para a saúde. A Igreja Unitária e as demais igrejas do Novo Pensamento, diversamente dos movimentos de cura mais evangélicos, não se especializam em curas "difíceis", mas dão ênfase a uma vida saudável e à prevenção da doença.

No que se refere às populações idosas, a imunidade à doença é, sem dúvida, uma combinação de fatores, inclusive o pool de genes nessas regiões isoladas. Todos os três grupos vivem em regiões rurais montanhosas excepcionalmente elevadas, têm baixa renda, uma dieta pobre em calorias e gordura animal e um estilo de vida que exige alto nível de atividade física. Ao que parece, têm capacidades compensatórias inusitadas que protegem sua saúde. Leaf conta que David Kakiashvili, um cardiologista georgiano, acredita que os abkházios têm todos os tipos de doenças cardiovasculares; mas acha que o suprimento de oxigênio aos músculos cardíacos é tão bem desenvolvido (presumivelmente devido aos exercícios vigorosos) que se uma artéria ficar entupida, devido a uma arteriosclerose localizada, ainda haverá uma circulação colateral suficiente para garantir um bom funcionamento do coração. Assim sendo, essas pessoas podem apresentar poucos ou nenhum sintoma associado com o bloqueio.[27]

Um dos fatos mais importantes é que ninguém, nessas três populações, se aposenta ou deixa de ser útil à sociedade. Sua auto-imagem de seres ativos, viáveis, necessários continua intacta até sua morte. Os idosos ocupam uma posição privilegiada nessas comunidades, e continuam a realizar tarefas úteis em um contexto familiar de muita união durante suas vidas. Eles também acreditam que é possível viver um casamento feliz, em geral se casam logo após a morte de um cônjuge e continuam a ser sexualmente ativos, independentemente de sua idade. Seus estilos de vida contribuem para melhorar os dois períodos mais vulneráveis da vida dos membros da sociedade moderna e ocidental: o luto e a aposentadoria, passagens da vida associadas a um aumento do risco de doença e morte.

E o que dizer dos mentalmente deficientes? Como é que eles se encaixam nisso? Eles apresentam uma imunidade seletiva ao câncer e talvez às doenças auto-imunes, como a artrite reumatóide, mas não é uma imunidade generalizada. Só podemos especular que há uma relação entre condições mentais tão diversas quanto ser retardado e emocionalmente perturbado e doenças auto-imunes, pois ambas indicam uma ausência de percepção da informação oriunda do meio ambiente. Será o medo que está faltando? Medo da própria doença? Será o estresse gerido de modo que não envolva as substâncias químicas que inibem o sistema imunológico? Os criminalmente insanos também têm métodos inusitados de lidar com o estresse: exibem uma tendência a atacar o objeto que os perturba, por mais ilógico que seja o conceito que dele têm, e imediatamente dissipa-se a reação de lutar ou fugir. A raiva é exteriorizada e não fica sendo remoída em silêncio, enquanto as substâncias químicas abrem seu caminho para os tecidos.

Tudo isso suscita mais perguntas do que respostas. Existe claramente mais de um caminho para a mente influenciar o sistema imunológico, e nem todos são agradáveis. A investigação mais útil bem poderia determinar se o sistema imunológico pode ser ativado conscientemente, já que suas atividades são tão entrelaçadas com a psique. As linhas seguintes falam de uma odisséia, empreendida por nós para procurar as evidências dessa possibilidade.

Pacientes excepcionais com câncer

O primeiro passo da jornada foi dado com um pequeno grupo de pacientes de câncer já diagnosticado como "terminal" ou Estágio IV, atingidos pela metástase. Esse grupo incluía diagnósticos de câncer no cólon e metástase no fígado, com câncer no pulmão e metástase no cérebro e câncer nos seios com metástase no pulmão e nos ossos.[28] A expectativa de vida para essas condições, baseada em tabelas nacionais, é de um ano ou menos. A partir de doze das pessoas que tinham sobrevivido pelo menos um ano ao prazo previsto, foi possível delinear o perfil do paciente excepcional. (Esse perfil foi baseado em uma série de testes psicológicos, que incluíam o Minnesota Multiphasic Personality Inventory, o FIRO-B, Locus of Control Scales, uma avaliação do papel do sexo e uma ampla entrevista estruturada em torno de aspectos médicos e sociais.) O perfil dos pacientes excepcionais foi então comparado com o de dez outros com diagnósticos semelhantes, que haviam morrido nas épocas previstas pelas tabelas. Foi evidente o contraste em seu funcionamento psicológico. Os pacientes que tiveram uma sobrevida significativa ultrapassando as expectativas eram mais criativos, mais receptivos às novas idéias, flexíveis e questionadores. Eram freqüentemente geniosos, até intratáveis. Tinham egos fortes e expressavam sentimentos de adequação pessoal e de vitalidade. Em vez de procurar fontes externas de força emocional, voltavam-se para seus recursos interiores. Procuravam um tratamento médico inovador e recusavam-se a aceitar a sentença de morte diagnosticada. Neste sentido, podem ser consideradas pacientes que usam uma forma de negação — não que negassem a seriedade de sua doença, mas negavam que seriam suas vítimas.

Esses pacientes excepcionais eram incomuns sob muitos outros aspectos. Eram pessoas com boa situação financeira, educação universitária, brancos, com mais recursos do que o paciente mediano e todas participavam dos grupos de terapia do câncer idealizados por Simonton, que exigiam constantemente altos níveis de percepção psicológica. O grupo com que foram comparadas também era do mesmo meio e, assim, os resultados não poderiam ser atribuídos às características do estilo de vida que acabamos de mencionar. Mas, nesse contexto havia um perfil associado à longevidade e, portanto, segundo é lícito presumir, um sistema imunológico relativamente mais forte.

Um segundo tipo de paciente excepcional de câncer foi identificado na pesquisa realizada pelo Projeto de Reabilitação do Câncer, implantado pelo Instituto Nacional do Câncer. O trabalho foi realizado no Memorial Hospital de Parkland, centro de ensino da Escola Médica do Sudoeste, em Dallas. Ali os pacientes eram mestiços, pobres, dependiam da assistência social e possuíam poucos ou nenhum recurso psicológico para lidar com uma doença grave. Alguns deles, por meio de um conjunto de mecanismos adaptativos, muito diversos dos utilizados pelos pacientes de Simonton, conseguiram estabilizar-se e desempenhar muito bem em suas atividades cotidianas. A maioria deles foi diagnosticada com câncer metastático no seio, no pulmão ou gastrointestinal. Esses pacientes submeteram-se a testes semelhantes aos descritos acima, mas esses testes deviam ser modificados ou lidos para eles, pois a maioria não tinha instrução além do terceiro ano do curso primário.

O perfil desses pacientes excepcionais era o de pessoas que se voltavam para fora, à procura de um recurso externo que lhes desse uma força renovada. Às vezes, uma pessoa; em outros casos, uma igreja ou um emprego. Um bom relacionamento com os maridos foi extremamente importante para o progresso conseguido pelas mulheres. As que participaram do estudo vinham de subculturas matriarcais, em que relações matrimoniais intactas eram raras, e qualquer casamento longo seria considerado uma situação inusitadamente estável. A sociabilidade também revelou-se importante para seu bem-estar — um fator que se contrapunha aos resultados apresentados pelos testes com o primeiro grupo de pacientes, cuja sobrevivência tinha a ver com o fato de se voltarem para dentro, para si mesmos.

Em ambos os estudos, os sobreviventes, a longo e a curto prazo, não eram substancialmente diferentes quanto às características físicas ou às demográficas. As pacientes com câncer no seio, em Parkland, tinham recebido basicamente o mesmo tratamento: cirurgia seguida de uma forma suave de quimioterapia. Os pacientes de Simonton receberam tratamento apropriado à sua doença específica — fosse qual fosse naquele momento. Não há milagres no tratamento do câncer; nada se conhece que pudesse ter desencadeado com consistência a recuperação excepcional ou a prolongada sobrevivência que alguns desses pacientes experimentaram. Após a publicação deste trabalho, outros pesquisadores relataram descobertas semelhantes. Leonard Derogatis e seus colegas, por exemplo, verificaram que pacientes com sobrevivência longa de um câncer metastático no seio evidenciavam mais emoções como ansiedade, depressão e culpa do que as que sobreviveram por pouco tempo. Ainda quanto à sobrevivência, verificou-se precário ajustamento à doença, percebido pelos oncologistas que as tratavam, e uma atitude significativamente mais precária para com seus médicos. Por outro lado, as que tinham sobrevivido por pouco tempo, caracterizavam-se por níveis baixos de hostilidade e níveis elevados de um estado de ânimo positivo.[29]

Os pacientes que sobreviveram por muito tempo, pacientes excepcionais que desafiavam a morte, eram guerreiros. É surpreendente que seus sistemas imunológicos lutem? Ou que pessoas passivas, aquela gente meiga que morre antes do tempo, tivessem sistemas imunológicos igualmente passivos?

Um psiquiatra de São Francisco, que trabalhou durante muito tempo com pacientes de câncer, acredita que os pacientes que se saem bem já sabiam como lutar, antes mesmo de serem diagnosticados. Penso que ele está absolutamente certo, embora até hoje ninguém tenha estudado sistematicamente essa questão. As pessoas que enfrentaram situações difíceis e delas escaparam aprenderam a reorganizar suas defesas e testar seus recursos. Já identificaram um sistema de apoio. Se já não soubermos como lutar, aprender a fazê-lo quando estamos assustados, doentes e com dor poderá ser quase impossível. As pessoas definidas como pacientes passivos pareciam desnorteadas diante do fato de que as mesmas virtudes que os socorreram no passado — bondade, amabilidade, capacidade de se doar, otimismo — não funcionassem em sua luta contra a doença.

O sistema imunológico de um adulto não tem uma defesa automática dirigida especificamente contra qualquer doença recém-instalada. A defesa só é aprendida quando a doença roça em nós ou graças a uma vacina, que ensina o sistema imunológico a reagir apropriadamente. Os guerreiros também foram inoculados de modo especial.

A mente e a química

O nível seguinte de investigação envolve a identificação das diferenças bioquímicas — se é que existem — que possam ser associadas ao fenômeno psicológico de uma recuperação excepcional.

Em 1975, quando propusemos pesquisar a relação entre química do sangue e eventos mentais, a única entidade a demonstrar interesse foi o Instituto da Ciência Noética, que se preocupava basicamente com parapsicologia. O Instituto destinou 50 mil dólares ao Centro Simonton de Aconselhamento e Pesquisa Sobre o Câncer, sediado em Fort Worth. Metade da soma foi destinada a um conhecido biólogo celular, que realizaria estudos sobre os glóbulos brancos em microscópio eletrônico. Em um período de cinco anos, o *Zeitgeist* mudara o suficiente para permitir a divulgação desse trabalho em instituições universitárias de grande porte, que dispunham de apoios financeiros mais convencionais, o que demonstra uma rápida mudança de consciência. Todo o trabalho ainda é visto com desconfiança pelas instituições científicas conservadoras, mas agora, pelo menos, está agora na fímbria, e acho que isso é um movimento.

A pesquisa que realizamos com a subvenção dada pelo Instituto resvalou constantemente para o desastre, com perda de dados importantes, incertezas quanto à subvenção e rivalidades interpessoais — características presentes até mesmo em projetos da mais alta seriedade. Sete tubos de sangue foram retirados de cada um dos 126 pacientes que, ao mesmo tempo, se submeteram a uma bateria completa de testes psicológicos, com três horas de duração. Os pacientes foram de uma generosidade sem par, pois 90% tinham sido diagnosticados no Estágio IV, isto é, portadores de câncer "terminal", com ampla metástase. Se perdidos, não seria fácil repetir ou recuperar os testes. A maior parte do sangue deveria ser enviada ao biólogo celular, centenas de quilômetros de distância e, por inúmeros motivos, as primeiras remessas se atrasaram, até o sangue não ter mais condições de ser usado.

Foi então decidido fazer todas as análises possíveis em laboratórios locais, para garantir o êxito da pesquisa. A química do sangue e as mediações hematológicas que então incluímos consistiam em contagem completa do sangue, do colesterol, do cortisol, dos ácidos graxos livres, fosfatase ácida e alcalina, desidrogenase láctica e vários outros. Foi uma decisão acertada. O estágio científico da biologia celular, usando o microscópio eletrônico como instrumento de verificação, era tal que não era possível haver associação estatística entre os quadros do sistema imunológico e as escalas psicológicas. Na melhor das hipóteses, certos componentes imunológicos poderiam ser identificados como "incomum", mas não se podia responder a pergunta: "Como se inter-relacionam o sistema imunológico e os fatores psicológicos?". De muitos modos a precisão da medição dos fatores psicológicos ultrapassava de longe o fenômeno biológico.

No entanto, o primeiro passo foi dado quando usados os valores da química do sangue que poderiam receber um valor numérico e para os quais eram conhecidos alguns "limites normais". Eles foram comparados com escalas psicológicas também, estudadas por um tempo suficiente para provar, com alguma segurança, que eram confiáveis e podiam medir aquilo que supostamente mediam. Alguns desses testes já foram mencionados antes, relacionados ao perfil dos pacientes excepcionais. À bateria de testes somou-se aquilo que acabaria se revelando a motivação para futuras pesquisas e a descoberta mais importante de toda a pesquisa: a análise das imagens que o paciente tinha do câncer, do tratamento e do próprio sistema imunológico. Repetidas vezes, as descobertas significativas giravam em torno das imagens como o mais importante prognosticador de saúde. Os resultados se revelaram verdadeiros até no hospital universitário, onde os pacientes mal podiam perceber intelectualmente que as imagens tinham fornecido a maior parte do conhecimento médico em toda a história registrada, ou de que elas eram a base de um controvertido tipo de terapia do câncer.

O tratamento estatístico necessário à grande quantidade dos dados coletados era extremamente sofisticado. Além disso, a complexidade dos resultados manteve na obscuridade o impacto das descobertas. G. Frank Lawis, um dos vários psicólogos que entendiam como analisar esses dados (na realidade, escrevera um livro sobre o tema), foi-me apresentado quando os dados já haviam sido coletados, mas as subvenções para aquele tratamento estatístico tão requintado e para o uso dos computadores ainda não estavam disponíveis. Como novo membro docente da Universidade Estadual do Norte do Texas, ele obteve uma bolsa, tempo necessário para poder usar o computador, e a assistência de um programador. Os resultados da análise foram publicados em uma revista de estatística — a única que, naquele momento, respeitava a solidez do projeto e da análise, e percebia que conclusões um tanto surpreendentes e controvertidas seriam inevitavelmente tiradas das descobertas, questionando toda a abordagem do tratamento do câncer.

O ponto essencial da análise era o seguinte: emergiram três perfis de personalidade que associavam a química do sangue e os fatores psicológicos. Os componentes desses perfis estão no Anexo F. O primeiro perfil foi chamado *resignação*, baseada tanto nos aspectos negativos, deprimentes do trabalho com o sangue quanto nas variáveis psicológicas desse grupo específico de pacientes. A segunda combinação de química do sangue e variáveis psicológicas recebeu o nome de *luta não dirigida*. Os pacientes pareciam insatisfeitos e preocupados, combativos e ansiosos; mas seu conflito não tinha direção. Os perfis sangüíneos de ambos os grupos eram consistentes com o diagnóstico de anemia hipocrômica macrocítica. O terceiro perfil, o mais positivo, foi chamado *ação propositada*. Os fatores sangüíneos e psicológicos eram consistentes com uma tentativa dirigida de eliminar a doença. O sangue indicava uma reação anêmica compensatória à deficiência de hemoglobina, com uma contagem relativamente alta de glóbulos brancos e que poderia ser interpretada como maior disponibilidade de anticorpos. Psicologicamente, esses pacientes não pareciam apresentar descompensação perante o estresse, eram auto-suficientes e demonstravam acreditar em sua própria capacidade de controlar sua situação.

Impunham-se a conclusão que, na amostra estudada, havia três perfis psicológicos diferentes, que pareciam representar uma espécie de *continuum*, começando em uma atitude de desistência, passando por uma atitude ambivalente de luta e, enfim, alcançando um esforço positivo de superar a doença. Esses perfis estavam relacionados com perfis hematológicos bem definidos. Somente no perfil mais positivo é que o sistema imunológico parecia estar fortalecido.[30]

Previsão do status da doença

Sem dúvida alguma, havia uma relação entre os componentes do sangue e as escalas psicológicas, mas seria preciso investigar de outro modo o que isso poderia significar em termos do desfecho da doença. Os dados deveriam ser condensados em partes inteligentes, manipuláveis, usando-se a chamada "análise fatorial". Em seguida aquelas partes que se reunissem naturalmente seriam usadas para determinar duas coisas: a relação entre sangue, fatores psicológicos e da doença (1) no momento do teste; (2) ao longo de um acompanhamento de dois meses. A condição atual da doença foi determinada atribuindo-se um valor ao relatório médico mais recente do tratamento. O número 4 indicaria um novo crescimento significativo do tumor; o número 3, nenhum crescimento do tumor; o número 2, regressão, e o número 1, nenhuma evidência da doença. Para o acompanhamento, acrescentou-se o número 5, indicando que o paciente morrera.

Essas categorias eram então correlacionadas com os fatores que haviam sido identificados. A doença atual era correlacionada com cinco fatores, três deles relativos às variáveis do sangue, e dois deles às variáveis psicológicas (Figura 6.1). Um dos fatores sangüíneos era composto exclusivamente de glóbulos brancos e o segundo, basicamente, de cortisol e colesterol, hormônios associados à resposta ao estresse. Também associado a este segundo fator sangüíneo, havia um terceiro, uma enzima denominada fosfatase ácida, que, segundo se acreditava, era um dos venenos usados pelo sistema imunológico. Psicologicamente, foi relatado um fator de negação (conhecido a partir das escalas de MMPI), porém o correlato mais significativo era de longe o imaginário, isto é, as imagens que o paciente tinha do câncer, do tratamento e do sistema imunológico, tal como eram mensuradas, de modo extremamente específico. Esses cinco fatores eram novamente associados ao estado da doença e eram muito valiosos para a formulação do diagnóstico.

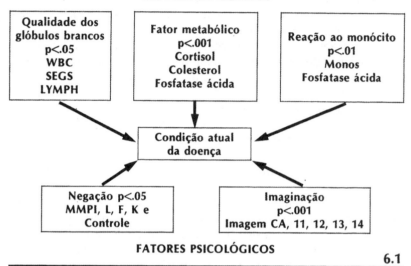

Fig. 6.1

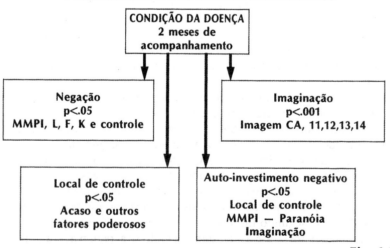

Fig. 6.2

A questão desafiadora era saber se esses fatores precediam ou não a mudança na doença e, neste caso, eles se tornariam um prognóstico do futuro desfecho, senão a causa. Esses fatores predizíveis da condição da doença após um acompanhamento de dois meses aparecem na Figura 6.2. Nem trabalho do sangue foi predizível. Aparentemente, o sangue reflete apenas a condição fisiológica atual. Os fatores sangüíneos, particularmente os associados ao sistema imunológico, estão em constante estado de reação a eventos anteriores e, assim, interpretar a análise é como olhar por um espelho retrovisor: podemos ver onde estivemos, mas não para onde vamos.

Os fatores psicológicos que podiam prever eventos futuros estavam relacionados com negação, senso de controle, auto-investimento negativo e, mais uma vez, o mais predizível era a imaginação. Tudo indica, portanto, que enquanto os fatores sangüíneos limitavam-se a reagir à história, os fatores psicológicos permitiam prever o futuro desfecho.

Este trabalho foi bela e ambiciosamente ampliado por Robert Trestman, que usou exames de sangue e exames hematológicos adicionais, uma avaliação psicológica ampliada e variáveis médicas históricas.[31] Trestman chegou a conclusões similares sobre a relação entre muitas mensurações. Descobriu também que a imaginação era um fator singularmente vigoroso e independente, e algo que ficara intocado nos outros testes psicológicos. As relações entre trabalho do sangue, fatores psicológicos e imunidade são múltiplos e complexos. É possível que eu e Trestman tenhamos demonstrado uma centelha de gênio escolhendo as mensurações, já que fomos capazes de identificar tantas relações (admito que elas não foram exatamente tiradas do fundo da cartola, como em um passe de mágica). É mais provável, entretanto, que todos os aspectos do corpo/mente estejam de tal modo entrelaçados que, eventualmente, à medida que nossos instrumentos de mensuração se tornem suficientemente sensíveis, descobriremos que tudo está ligado a tudo. Cada aspecto do funcionamento humano afeta outro aspecto, em maior ou menor medida. Quanto ao sistema imunológico, a imaginação já deu provas consistentes de que tem uma influência extremamente direcionada. Como dizem os pesquisadores, foi ela "quem mais contribuiu para a variância".

A imaginação quantificada

A imaginação, como o amor, tem sido vista como solo santo, por demais íntima e sangrada para ser dissecada pela faca impessoal da ciência. Foi também vista como demasiadamente remota, já que não podia ser sentida, cheirada ou observada por meio dos sentidos. Isso foi antes dos computadores, que permitiram realizar com facilidade cálculos impossivelmente longos. O seguinte sistema de análise da imaginação a respeito do câncer veio a se tornar o protótipo dos estudos subseqüentes sobre artrite, diabetes, dor e desconforto/doença, mediante um teste projetivo chamado "Imagem CA", depois que os estudos acima discutidos sugeriram que as imagens eram o fator mais importante na resposta à doença.[32]

A imaginação dos pacientes refletia suas atitudes para com a doença e o tratamento, bem como quaisquer crenças que pudessem ter sobre sua capacidade natural para vencer a doença (via sistema imunológico ou outras propriedades da recuperação natural). O câncer é tipicamente representado pelos glóbulos brancos. Em geral, havia disparidade entre as atitudes avaliadas por meio da imaginação e aquilo em que os pacientes diziam acreditar — indicando que nem sempre conceitos poderosos estavam em primeiro plano na consciência.

A imaginação foi avaliada, primeiramente, com a pessoa em uma posição confortável, preferivelmente deitada, ouvindo instruções de relaxamento em fita gravada. Há grandes evidências de que a imaginação flui melhor quando o sistema motor não está competindo ativamente pela atenção do cérebro e quando a pessoa está deitada de bruços.[33] Em seguida, são dadas breves instruções, para informar o paciente sobre o processo da doença, como o tratamento pode estar trabalhando a seu favor e, enfim, lhe é apresentada a idéia de defesa, ou sistema imunológico. O ouvinte é então aconselhado a imaginar esses três fatores em ação. A imaginação é dirigida, mas não programada no sentido de sugerir que a pessoa imagine as células cancerígenas ou os glóbulos brancos como algo em particular. Isso é sua escolha. Aquelas idéias que brotam das profundezas de sua psique são desenhadas pelo paciente e depois descritas em uma entrevista, estruturada por perguntas como: "Descreva agora a aparência de suas células cancerígenas em sua visão mental" ou "Como você imagina seus glóbulos brancos lutando contra a doença?".

A minuta da entrevista e os desenhos recebem então um determinado número de pontos, com base em quatorze dimensões determinadas por uma análise prévia de dados, que quantificou os componentes da imaginação. As dimensões incluem vivacidade, atividade e vigor da célula cancerígena; vivacidade e atividade dos glóbulos brancos; comparação relativa do tamanho e número de células cancerígenas e glóbulos brancos; o vigor desses glóbulos; a vivacidade e eficácia do tratamento médico; escolha do simbolismo; a integração da totalidade do processo imaginário; a regularidade com que os pacientes imaginaram um desfecho positivo; e um parecer clínico aventados sobre o prognóstico, levando-se em conta os treze fatores previamente listados. Todas as dimensões são facilmente inseridas em uma escala de pontos que vai de 1 a 5 (do negativo ao positivo) e aquelas pessoas que avaliam a imaginação tendem a alcançar um elevado nível de concordância sobre quantos pontos atribuir (isto é, o teste é confiável). Os pontos, em virtude de sua contribuição total ao número total de pontos (mais uma vez, graças ao milagre dos computadores e da análise estatística), são somados e é obtido assim o total de pontos relativos ao imaginário.

O formato do teste foi deduzido da escuta de cerca de duzentos pacientes de câncer, que falaram sobre sua imaginação, e após anotar as questões que pareciam prenunciar alteração no prognóstico. Foram realizados estudos de normalização — um deles com 58 pacientes do Centro de Pesquisas e de Aconselhamento do Câncer, e outro, com 28 pacientes que estavam sendo atendidos pela Clínica de Reabilitação do Câncer, no Parkland Memorial Hospital. Foi realizado um terceiro estudo, com homens com câncer da laringe, que participavam de um projeto do Instituto Nacional do Câncer, no Centro de Ciência da Saúde, da Universidade do Texas, em San Antonio.[34]

Descobriu-se que a soma total de pontos previa com 100% de precisão quem teria ou morrido ou apresentado evidências de uma deterioração significativa em um período de dois meses; e com 93%, quem estaria em remissão. É preciso lembrar que os pontos são um recurso numérico, posto a serviço da imaginação — foram as próprias imagens que previram o futuro com exatidão. Em outros estudos a imaginação foi usada para predizer o resultado da reabilitação, por exemplo, a capacidade de aprender a falar pelo esôfago, após uma laringectomia, e a recuperação da força física, o alcance do movimento dos braços e a volta às atividades diárias após mastectomia.

Aquilo que a imaginação dos pacientes previu foram mudanças drásticas em um curto período de tempo. Esses resultados, freqüentemente, confundem aqueles que não testemunharam a errática trajetória do câncer. Os tumores podem mudar com a mesma rapidez das flores que abrem à noite, crescem, encolhem, talvez mudem de forma. Pessoas diagnosticadas no Estágio IV podem estar levando vidas ativas, aparentando poucos sintomas e nenhuma dor, ou podem estar acamadas; e no intervalo de poucos dias podem transitar dessas condições a outra, e a elas voltar. Algumas das mudanças são reações ao tratamento, mas muitas são função do avanço e recuo da doença e dos componentes imunológicos. Nenhum dos pacientes, nos estudos até agora mencionados, estava hospitalizado quando os dados originais foram coletados; de fato, a maioria estava tomando uma dose mínima de medicamentos contra a dor, eram espertos, ativos e podiam ir sozinhos até a clínica.

Trestman encontrou doze correlações entre as imagens do câncer e dos glóbulos brancos (medidas pela Imagem CA) e as mensurações hematológicas e da química do sangue. Quando ele acrescentou suas próprias dimensões do imaginário, que envolviam a cor do câncer e as qualidades metafóricas das próprias imagens selecionadas (em vez daquilo que os pacientes dizem sobre as imagens), tais como periculosidade, força global e a atividade atual, foram notadas outras onze correlações. Apenas uma única correlação significativa pôde ser antecipada e isto unicamente devido ao acaso (ver Anexo G, onde se encontra uma lista de correlações). A análise que Trestman fez da cor é interessante: treze das quatorze pessoas com uma "boa" condição descreveram seu câncer como vermelho ou preto, enquanto oito das onze pessoas em condição relativamente pobre descreveram seus cânceres com cores mais claras (os pacientes estudados por Trestman não estavam extremamente doentes, nem em remissão total, muito embora todos tivessem sido diagnosticados no Estágio IV).

Os símbolos como sintomas

Para melhor caracterizar a imaginação como especialista em diagnóstico, certos fatores comuns devem ser identificados. Caso contrário, a imaginação seria tão individualizada que a análise seria despropositada. A Imagem CA deduziu fatores comuns, em termos das *características* dos símbolos (isto é, tamanho, atividade, cifras etc.), mas o *tipo* de símbolo escolhido não previa invariavelmente o desfecho. Trestman também analisou a qualidade metafórica dos símbolos, mas os indivíduos por ele pesquisados não eram tão diversificados culturalmente quanto os nossos. Os símbolos continuarão sendo personagens em um drama fértil e único, e dependerão do contexto cultural para ter significado, e refletirão a história do desenvolvimento de cada pessoa. Seu grande valor para o terapeuta está precisamente nisso (mas devo dizer que há tendências intrigantes indicativas de um fio condutor de ideação coletiva).

Há vários anos realizamos em Nova York um seminário de treinamento sobre a aplicação da Imagem CA, e que fazia parte do programa de formação da Associação Americana de Psicologia. Uma mulher muito impaciente e temperamental, que mais tarde verificamos ser uma espécie de "viciada em seminários", com uma agenda pessoal, conseguiu inscrever-se. Para grande constrangimento dos demais participantes, ela pediu, vociferando e repetidamente, que deixássemos as técnicas de ensino e lhe disséssemos rapidamente a que imagem deveria recorrer para ver-se livre de seu câncer. "Digam logo", falou, "não tenho o dia inteiro". Eu bem que gostaria que as coisas fossem assim tão simples.

Como pesquisadores, poderíamos avaliar com extrema precisão a intenção simbólica das imagens dos pacientes brancos, com formação universitária. Mas, exceto em certos temas básicos, nos saímos muito mal em compreender a simbologia dos americanos, mexicanos e negros de baixo poder aquisitivo. Até a designação glóbulos "brancos" foi comentada como tendo uma implicação racial. Uma ou duas pessoas riram e disseram: "Vou dar um jeito de meus glóbulos ficarem negros".

Uma mulher desenhou seu câncer com a forma de um limão e coloriu-o de amarelo "porque me faz lembrar meu marido", disse ela.

As imagens evocadas são uma ampla coleção de um esforço criativo. O procedimento abriu muitas possibilidades de comunicação, e permitiu que os pacientes narrassem suas histórias de modo novo, como nunca antes. Enquanto eles falavam e desenhavam os produtos de sua imaginação, eu podia percorrer com eles a difícil estrada daquela doença ameaçadora, vislumbrando por um instante suas metáforas, tomando conhecimento de que toda a energia de suas vidas estava agora concentrada nesse momento, nessa doença. Que poder tem o câncer, esse arquivilão, para ser capaz de apoderar-se da psique humana e abalar suas fundações!

Os símbolos que tão rapidamente emergiam à consciência eram parte das vidas dos pacientes, assim como os sintomas eram parte da doença. Os sintomas eram símbolos e os símbolos, sintomas. (As duas palavras encerram, essencialmente, o mesmo significado — é um objeto concreto ou tangível que expõe uma idéia intangível.) Ambos merecem respeito, por influenciarem trajetórias de vidas. O câncer era visto como o invasor inimigo; ocasionalmente, o trapaceiro; e algumas vezes como cicatrizes de guerra de uma vida devastada, interrompida. O sistema imunológico era sinônimo do próprio conceito que o paciente tinha de si. Quando imaginado como forte e puro, ele superava a doença.

Discutirei os poucos padrões que emergiram, embora relutantemente, porque eles significam menos, em termos do prognóstico, do que as dimensões da Imagem CA. Figuras arquetípicas que lutavam por Deus e pela pátria, protetoras de seu povo, tais como Ricardo Coração de Leão, os cavaleiros da Távola Redonda, e os vikings aventureiros, quase sempre eram associadas a um desfecho positivo. Animais com instintos assassinos, como tubarões, ursos e cães bravios, algumas vezes — mas nem sempre — eram associados a boas reações. Algumas pessoas tentavam forçar essas imagens, porque julgavam que tais animais tinham o potencial de matar, mas, ao mesmo tempo, ficavam desgostosas com toda aquela sangueira. Reações muito fracas eram associadas com símbolos vagos, fracos, amorfos do sistema imunológico, tais como flocos de neve ou nuvens. Com freqüência, as pessoas com os piores prognósticos simplesmente não conseguiam desenhar ou descrever o que quer que fosse relacionado ao sistema imunológico, mas tinham imagens vívidas de seu câncer. As imagens do câncer tendiam a ser mais biologicamente corretas e, por isso, menos simbólicas as dos glóbulos brancos. Previa-se um desfecho muito precário quando as células do câncer eram vistas como imutáveis, gananciosas, impossíveis de erradicar, quando simbolizadas como pedaços de carvão, caranguejos, formigas ou submarinos; um desfecho melhor era mais passível quando as células cancerosas eram descritas como animais fracos ou até como as células reais, como podem ser vistas ao se observar em um microscópio. O interessante é que imagens de insetos são um presságio sinistro no sistema xamânico.[35]

O pensamento atual entre os profissionais de saúde que trabalham com câncer é que boa parte dos primeiros trabalhos com imaginação deu excessiva ênfase à raiva do câncer, à ação de matá-lo, ao ódio por ele; percebe-se que seria possível obter um prognóstico melhor se a pessoa puder aprender a aceitar o câncer como parte sua. Isso também poderia ser uma questão de foro individual, embora a evidência de Derogotti e nosso trabalho sugiram que pode-se esperar um melhor desfecho físico quando a aceitação do câncer e o ajustamento a ele são extremamente precários. Só na clínica para pessoas pobres houve evidência de que a existência de uma relação simbiótica e positiva com o câncer relacionava-se com uma saúde física melhor.

Guerra às verrugas

As imagens transmitem mensagens compreendidas pelo sistema imunológico. Elas ligam os pensamentos conscientes aos glóbulos brancos, de modo que as combinações e cifras apropriadas se apressam a atuar de um modo que nem mesmo o imunologista mais bem informado poderia ordenar. Lewis Thomas aborda essa questão em um ensaio encantador sobre o mais improvável dos temas: a verruga.[36]

A verruga é um punhado de células infectadas por vírus. Surge da noite para o dia, adquire a mais permanente de todas as aparências e, então, desaparece com a mesma rapidez com que surgiu. "E pode-se fazê-la ir embora com algo denominado pensamento, ou semelhante ao pensamento. É uma propriedade especial das verrugas, absolutamente surpreendente, uma surpresa ainda maior do que a clonagem, o DNA que se recombina, a endorfina, a acupuntura ou qualquer outra coisa que, no momento, atraia a atenção na imprensa."[37]

O poder da imaginação faz com que as verrugas desapareçam, não importando se aquilo que desencadeou o processo seja chamado de hipnose, sugestão ou a magia de uma velha que obriga você a girar três vezes e lhe diz que as tais verrugas irão embora em uma semana.

Minha própria filha teve verrugas, e eram tantas que o dermatologista disse que congelá-las ou uma cirurgia deixaria muitas cicatrizes em suas pequeninas mãos: "Talvez elas desapareçam. Tentem a magia". Tentamos, mas as verrugas continuaram. Na época, era verão, quando minha filha costumava visitar os avós. Uma surpresa formidável a esperava. Os avós tinham conseguido um cavalo grande e branco, para ela montar enquanto estivesse lá. O sonho de uma menina de dez anos havia se transformado em realidade e jamais alguém a vira tão feliz. Após o primeiro dia as verrugas desapareceram completamente. Ela soube instantaneamente que o cavalo era o responsável. Por algum mecanismo, sua alegria interagiu com seu sistema imunológico, de uma tal maneira que ele reconheceu e atacou a invasão dos vírus.

"Mas qualquer aparato mental que possa rejeitar uma verruga é algo que dá o que pensar. Não é aquele tipo de processo confuso, desordenado, que se esperaria do tipo de Inconsciente que se lê nos livros, ou no limite das coisas que geram os sonhos, ou que resulta de tropeçarmos nas palavras ou ficarmos histéricos." Entre seus predicados, diz Thomas, esta Pessoa responsável pelo processo de cura deve ser um cirurgião, um engenheiro e administrador capacitado, um alto executivo, um biólogo celular de categoria internacional. Se soubéssemos com exatidão como uma verruga desaparece por meio do pensamento, diz ele, então saberíamos a identidade dos participantes bioquímicos na rejeição dos tecidos, e até a natureza de certas doenças. "O melhor é que estaríamos fazendo descobertas sobre aquela espécie de superinteligência que existe em cada um de nós, infinitamente mais esperta, e possuidora de um *know-how* tecnológico que está muito além de nossa compreensão atual."[38]

Isso tudo parece tão incerto... ter de procurar um hipnotizador, enterrar um trapo em uma encruzilhada durante a lua cheia ou encontrar uma fonte de prazer intenso. Mas, por que simplesmente não dirigir os glóbulos brancos para que eles eliminem aquela coisa? Bem, como diz Thomas, nós simplesmente não sabemos a que recorrer. Quem é que sabe se são as células T ou B? Se forem as células-T, exatamente quais serão elas? As que matam? As supressoras? Talvez seja apenas uma questão de confiar nos neutrófilos e nos macrófagos. E se soubéssemos com certeza? Poderia a inteligência superior classificá-los e escolher os recrutas? Examinemos esta possibilidade.

Os glóbulos brancos

Os neutrófilos e os linfócitos são os heróis desta história. Examinemos em primeiro lugar os neutrófilos. São glóbulos brancos localizados na medula óssea e constituem cerca de 65% da população total dos glóbulos brancos. São os grandes responsáveis pelo combate às infecções e estão sempre circulando, procurando detectar bactérias e qualquer outro lixo no corpo. São executores por excelência. Quando substâncias químicas são liberadas no local de uma lesão, os neutrófilos preparam-se para atacar, mudando sua forma para penetrar melhor nas paredes dos vasos e, assim, fazer sua tarefa mortífera. Eles então aderem às paredes dos vasos capilares, que tornaram-se pegajosas precisamente para esse propósito e estendem uma pequena pata (chamada *pseudópode*, que significa "pé falso" e assim se parece) que lhes serve para locomoção. Deslizando pela corrente sangüínea, os neutrófilos vão na direção do agressor e dão início à *fagocitose*, que é o processo de destruição dos intrusos. A deglutição e a digestão se realizam quando o neutrófilo envia seu citoplasma para a partícula intrusa, envolvendo-a e isolando-a em um saco chamado *fagosoma*. Em seguida, enzimas são injetadas no saco, e o intruso é destruído. As enzimas também acabam destruindo os neutrófilos, mas como são produzidos, diariamente, cerca de 100 bilhões deles, normalmente a perda é insignificante. Isto é só o começo da grande marcha; os neutrófilos são seguidos por flancos de atacantes especializados. Pense nos neutrófilos como a primeira linha de defesa, constantemente ativa até, ou sobretudo, em uma pessoa saudável.

As células B e T são chamadas linfócitos porque circulam através do fluido da linfa. Ambas têm por função reagir somente a certos microorganismos e ambas se originam na medula embriônica. Então, as células-T migram para o timo, onde são energizadas para a ação (continua sendo um mistério saber onde as células-B são processadas). As células-T, habitualmente, ficam à espera no tecido linfático e são transportadas através do límpido fluido linfático quando chega a hora de enfrentar organismos hostis. Há pelo menos três espécies de células-T: as *assassinas*, cuja especialidade é matar os vírus e os tecidos estranhos com substâncias químicas poderosas; as *auxiliares*, que ajudam as células-B a encontrar seus alvos específicos e, finalmente, as *supressoras*, que têm uma função reguladora, talvez impedindo que o sistema imunológico perca o controle e ataque a si mesmo, ou outros alvos. Sabe-se que as células-T assassinas estão envolvidas na defesa contra o câncer; as células-T supressoras, na prevenção do colapso auto-imune. As células-B, por outro lado, criam proteínas chamadas anticorpos, que podem identificar um invasor específico e dão início ao complicado processo de sua destruição.

Os três estudos seguintes, incluídos entre as mais avançadas pesquisas da ciência contemporânea, envolvem o controle dos neutrófilos ou linfócitos por um processo mental. O primeiro estudo usa a hipnose, o segundo, o treino do relaxamento, assistido pelo *biofeedback* e o terceiro, a imaginação dirigida especificamente ao controle de uma única função do neutrófilo. Tive o privilégio de acompanhar durante certo tempo essas pesquisas e elas alteraram meu próprio modo de pensar sobre o poder da imaginação. Os métodos de todos os pesquisadores são impecáveis, e eles têm de revisar seus estudos repetidas vezes. O trabalho só poderia ter-se realizado com a cooperação entre os cientistas básicos e os cientistas comportamentalistas.

A hipnose e o sistema imunológico

O jovem psicólogo Howard Hall, em seu trabalho na Universidade Estadual de Pennsylvania, juntamente com seus colegas Santo Longo e Richard Dixon, recorreu a técnicas hipnóticas com pessoas saudáveis e, depois, mediu os efeitos da função imunológica.[39] Antes de examinar este estudo permitam-me fazer um comentário sobre a hipnose. A maior parte dos hipnotizadores concordará que a hipnose depende do sistema imagético. Até instruções indutoras dadas por terapeutas que usam hipnose são, freqüentemente, idênticas às dadas pelos terapeutas que usam a imaginação dirigida. No passado, entretanto, a hipnose tendia a dar pouco espaço para que as pessoas criassem suas próprias imagens, e havia maior confiança na capacidade do hipnotizador para programar quaisquer imagens mentais apropriadas ao desfecho desejado. Embora muitos hipnotizadores ainda mantenham um estilo autoritário, muitos outros não o fazem, sobretudo os que ensinam auto-hipnose. Os terapeutas podem ter ou não um forte comprometimento com noções de imaginação dirigida ou hipnose. Ambos os grupos fundaram suas próprias organizações e nelas promovem treinamentos.

Embora as diferenças sejam de caráter erudito, penso que são importantes. A mística do hipnotizador tradicional e autoritário, a crença de que ele tem poderes mentais especiais e a programação da imaginação podem ser mais eficazes para alguns pacientes. Sob diversos aspectos, o velho estilo autoritário de hipnose assemelha-se mais às técnicas dos xamãs do que o formato educacional mais permissivo da imaginação dirigida. Os bons xamãs, como os bons hipnotizadores, saberiam quais imagens programar, pois elas são bem específicas de uma cultura, estando registradas nas velhas cantigas e retratadas na arte. Por outro lado, uma pessoa pode precisar de liberdade para adotar seu próprio sistema de símbolos, para ter acesso às regiões ocultas do sistema imunológico. Isto é só uma suposição e um estudo a ser realizado no futuro. No momento, a hipnose se adequa ao contexto da cura por meio da imaginação, não importando como ela seja praticada.

Para seu estudo, Hall e seus colaboradores recrutaram vinte voluntários saudáveis, de ambos os sexos, cuja faixa etária ia de 22 a 85 anos. Foi feito um registro pré-hipnótico da função dos linfócitos. Os participantes foram hipnotizados com procedimentos de relaxamento e solicitados a imaginar uma cena tranqüila. Em seguida, a pessoa que conduzia o processo contava até vinte, para aprofundar o relaxamento, e dizia aos pacientes que se imaginassem flutuando em uma nuvem e afundando nela. Em seguida, eles eram solicitados a visualizar e sentir seus glóbulos brancos aumentando de número e nadando como ferozes tubarões, atacando germes fracos e confusos. Isso durou cinco minutos.

Foi dito aos pacientes que os tubarões continuariam a defendê-los, ainda que eles não estivessem pensando nisso. Receberam informações escritas e verbais sobre a auto-hipnose e foram aconselhados a praticá-la duas vezes por dia, durante uma semana. Além do teste de pré-hipnose, foi colhido sangue novamente, após a primeira sessão e outra vez após a segunda, uma semana depois. Todos os pacientes foram testados em sua capacidade para serem hipnotizados, usando-se para isso a Escala de Susceptibilidade Hipnótica de Stanford.

Foram feitas várias análises do sangue, inclusive a contagem total dos glóbulos brancos, dos linfócitos, das células T e B, além de testes da função ou reatividade das células T e B. Para avaliar o efeito, os participantes foram divididos em um grupo de pessoas mais velhas e um grupo de pessoas mais novas (acima e abaixo de cinqüenta anos). Em três dos testes envolvendo estimulação das células-T com um mitógeno, o grupo mais jovem apresentou um aumento estatisticamente significativo do funcionamento imunológico, uma semana após o procedimento. Isso não ocorreu com o grupo mais velho, e isso foi atribuído à supressão da função imunológica, que é normal com a idade (essas conclusões, entretanto, são um artifício estatístico: no grupo mais jovem, os resultados poderiam ter ocorrido apenas 5 vezes em 100, por acaso; e, portanto, foram considerados significativos. No grupo de pessoas mais velhas, eles poderiam ter ocorrido apenas 10 vezes em 100, por acaso; assim sendo, como um bom pesquisador e por convenção, Hall teve de abandonar os resultados, embora houvesse evidências substanciais para suspeitar de alguma influência).

Os pesquisadores sentiam, entretanto, que suas descobertas mais importantes diziam respeito à relação entre a imunidade e a facilidade para ser hipnotizado. Com base na Escala de Stanford, grupos muito e pouco hipnotizáveis foram formados. Notou-se um significativo aumento da contagem de linfócitos uma hora após a hipnose, mas só entre os voluntários altamente hipnotizáveis. Não foi observada qualquer elevação nos dois grupos após uma semana.

Relaxamento com biofeedback e a função imunológica

Para sua tese de doutoramento, Barbara Peavy estudou o efeito da função imunológica em um programa de relaxamento com *biofeedback* (em 1984, o comunicado que descrevia este estudo foi apresentado no encontro anual da Sociedade de Biofeedback da América por Peavy e pelos co-autores, G. F. Lawlis e A. Goven, sendo reconhecida como a mais notável realização daquele ano).[40]

Inicialmente, Peavey reuniu um grupo de dezesseis pessoas que apresentavam um nível elevado de estresse e também com níveis baixos de imunidade, medidos por contagem dos glóbulos brancos e por um teste da capacidade dos neutrófilos de fagotizar ou ingerir detritos. A metade das pessoas constituíram o grupo de controle e a outra metade o programa de *biofeedback*. Estas receberam instruções sobre *biofeedback*. Os níveis básicos de relaxamento foram obtidos por meio do uso do equipamento do *biofeedback* e, em seguida, sessões individuais, com duração de uma hora cada, foram realizadas duas vezes por semana. O treinamento incluía praticar em casa, por meio de exercícios de relaxamento gravados em fita, e de informações específicas sobre o estresse. Os participantes foram treinados por intermédio do EMG (um monitor dos músculos) e pelo *biofeedback* da temperatura, até alcançarem um nível determinado por pesquisadores que já haviam trabalhado nessa área, nível este relacionado com um estado de relaxamento. Tais procedimentos são reconhecidos e amplamente empregados por terapeutas especializados em *biofeedback* e destinam-se a fazer as pessoas relaxarem e aprenderem a reduzir os efeitos físicos do estresse. Inicialmente, foram coletadas amostras de sangue, para identificar os participantes, conforme foi mencionado, no início das sessões de relaxamento com *biofeedback* e depois de cada participante ter preenchido os critérios de relaxamento.

Quando o desempenho do sangue nesses participantes foi comparado com seus próprios testes de pré-tratamento e com o grupo de controle, que não recebera tratamento algum, verificou-se que seus neutrófilos funcionavam significativamente melhor após o tratamento. Não havia diferenças quanto ao número de glóbulos brancos, o que indica que o efeito relacionava-se unicamente com a função. Nada foi dito aos participantes sobre o sistema imunológico, e o objetivo do estudo também não foi discutido. No entanto, quando esses indivíduos extremamente estressados aprenderam a relaxar mediante as cuidadosas medidas empregadas por Peavey, manifestou-se um efeito direto, porém seletivo, sobre a imunidade.

Outros pesquisadores descobriram que apenas o relaxamento não é condição suficiente para alterar o sistema imunológico e que é necessário algum procedimento ligado à imaginação ou visualização.[41] Entretanto, nesses estudos subseqüentes, foi oferecida apenas uma sessão de treinamento de relaxamento. Provavelmente, isso não teria maiores conseqüências, já que, muitas vezes, são necessárias várias sessões antes que se aprenda a relaxar. O estudo de Peavey, por outro lado, adotou, em relação ao manejo do estresse, uma abordagem abrangente, de longo prazo, o que pode explicar suas descobertas tão diferenciadas umas das outras. O estresse, como supressor da função imunológica, tem sido bem estudado. É lógico que qualquer tratamento que reduza o estresse deveria ajudar a restaurar a integridade do sistema imunológico.

No estudo de Hall e no trabalho de Peavey não se fez tentativa alguma de controlar qualquer tipo ou atividade dos glóbulos brancos. No entanto, seu trabalho é extremamente promissor, pois demonstra que, com um esforço consciente, o sistema imunológico pode ser encorajado a funcionar de um modo que, ao que se sabe, é mais propício a uma boa saúde. Esses estudos também implicam uma espécie de controle, na medida em que condições adequadas são estabelecidas para que a sabedoria do corpo, esta grande superinteligência, siga uma direção saudável. Como os pesquisadores realizaram apenas um número limitado de análises do sangue, seus procedimentos podem ter tido sobre o sistema imunológico um efeito mais amplo do que eles conseguiram identificar.

A imaginação e os neutrófilos

Quais são os limites extremos de nossa capacidade de comunicação consciente com as funções do corpo? Há vinte anos, o médico e cientista J. V. Basmajian publicou um artigo em *Science*, apresentando evidências de que os seres humanos poderiam aprender a exercer um controle voluntário sobre uma célula. Quando eletrodos muito pequenos, capazes de medir a atividade elétrica de uma célula, eram inseridos em uma célula nervosa motora e quando era dado um *feedback* auditivo à pessoa, sempre que a célula disparasse, essa mesma pessoa podia aprender rapidamente a controlar esse mecanismo sempre que quisesse. Ela poderia até aprender a detonar explosões prolongadas, que soavam como rufar de tambores quando chegavam até quem estava falando, pequenas explosões ou padrões que elas próprias escolhiam.[42]
O trabalho de Basmajian, as pesquisas realizadas por Barbara Brown, Joe Kamiya e por outros laboratórios no mundo inteiro, demonstrando que as ondas cerebrais poderiam ser controladas, desde que a elas fosse proporcionado um *feedback*; os estudos sobre a fisiologia dos iogues na Índia, capazes de feitos assombrosos — tudo isto desafiava as certezas sobre o sistema nervoso humano, certezas relativamente assentadas. Todos esses estudos mostravam que as funções que se julgavam estar totalmente fora de um controle consciente eram bastante controláveis, por meio de uma prática especializada e, normalmente, isso parecia requerer algum tipo de *feedback*. Acredita-se que nenhum aprendizado possa ocorrer sem o *feedback*. (Se não fosse assim, como poderíamos saber se acertamos ou não?) Para a sociedade industrializada, modernizada, o *feedback* se deu através de máquinas aperfeiçoadas para medir a fisiologia e então dar um retorno à informação, através de milhares de recursos imaginativos: luzes, leituras digitais, zumbidos e até mesmo gráficos computadorizados. O *biofeedback* acabou impondo-se por seus próprios méritos.

Não há função corporal que não possa ser controlada até certo ponto, desde que seja adequadamente monitorada e que os pacientes recebam informações por um rápido *feedback*. O sistema imunológico provou não ser exceção. A habilidade para dominar todas as doenças infecciosas e relacionadas com o sistema imunológico deve acompanhar de perto a tecnologia que possibilite justamente esse monitoramento. Enfrentamos, porém, um duplo atraso: em primeiro lugar, ainda não foi desenvolvida uma tecnologia não-invasiva, que monitore constantemente o sangue; em segundo, não conhecemos as cifras apropriadas e os componentes do sistema imunológico para lutar contra uma doença. Novas pesquisas sugerem que monitoramento e *feedback* podem ser desnecessários para a comunicação com o sistema imunológico. Sugerem também que, com a utilização de um procedimento imaginário, mudanças desejadas e altamente específicas poderão 'ocorrer. Já tivemos vislumbres disso no trabalho com *biofeedback*. Barbara Brown relatou sua surpresa ao descobrir que os participantes de seus ensaios conseguiam criar ondas cerebrais alfa quando solicitados, sem nenhum equipamento de *feedback*, mas somente após passarem algum tempo no equipamento de monitoramento do cérebro (EEG) e aprenderem a associar um estado sentimental (ou algum tipo de imagem) com a produção das ondas alfa. Esses participantes simplesmente recriavam esse estado mental e as ondas alfa eram então produzidas.[43] Os iogues também raramente recorrem ao *feedback* eletrônico. Sintonizam-se com seu próprio funcionamento, depois de ouvi-lo em silêncio por muitos anos. O controle é uma decorrência natural. Todos temos a capacidade de desenvolver nossos cérebros dessa maneira, como o mais requintado de todos os instrumentos de *biofeedback*. O tempo e o empenho necessários para realizar essa tarefa requerem, porém, uma dedicação quase religiosa. Com efeito, para os iogues, o controle fisiológico é uma demonstração de sua espiritualidade.

Na Universidade Estadual de Michigan vários pesquisadores, incluindo C. Wayne Smith e John Schneider, testaram repetidas vezes a relação entre imaginação e sistema imunológico. Suas descobertas sugerem que a imaginação, em si e por si, sem anos e anos de treinamento de meditação e sem o *biofeedback*, pode controlar certas funções dos neutrófilos.[44]

Seu primeiro estudo foi realizado com oito homens e oito mulheres, em sua maioria estudantes de medicina e psicologia. Os participantes selecionados eram todos saudáveis e foram cuidadosamente entrevistados. Somente aqueles que acreditavam ter capacidade para controlar conscientemente seu sistema imunológico foram aceitos no estudo. Tinham também de concordar em participar de seis sessões. Durante a primeira sessão, o sangue era extraído duas vezes e os participantes preenchiam inventários de personalidade. A segunda sessão era dedicada a uma discussão sobre a função dos glóbulos brancos e exibiam-se para os participantes diapositivos dos neutrófilos que, mais tarde, seriam incorporados à sua imaginação. Durante a terceira sessão tocava-se uma fita de relaxamento e à imaginação geral. A quarta e a quinta sessões eram dedicadas à ilustração. Eram explicados os fundamentos lógicos e os objetivos do estudo e eram dadas sugestões para uma imaginação eficaz. Em seguida o grupo treinava a imaginação e desenhava sua imaginação, que recebiam pontos a partir de critérios específicos.

O procedimento imaginação implicava em aconselhar o grupo a visualizar os neutrófilos mudando sua forma, prendendo-se à parede dos vasos e passando através dela e indo àqueles lugares onde os detritos haviam se acumulado. Os glóbulos brancos eram descritos como coletores de detritos, que recolhiam o lixo e jogavam-no para fora do corpo. O procedimento durava vinte minutos. Foi sugerido aos participantes que brincassem com suas imagens e alterassem o procedimento de qualquer modo que lhes parecesse fazer sentido. Entregavam-lhes artigos para serem lidos em casa, esclarecendo os estudos sobre imaginação e descrevendo a função dos glóbulos brancos.

Na sexta sessão, era extraído sangue, repetiam-se as instruções sobre relaxamento e imaginação específica e o sangue voltava a ser colhido. As imagens recebiam pontos de três avaliadores, que não tinham conhecimento prévio dos resultados do trabalho com sangue. O sistema de pontos constituía outro estudo, em que foram descobertas inúmeras correlações entre o trabalho com sangue e os padrões modificados a partir da Imagem CA.

A contagem do número total de glóbulos brancos baixou significativamente, entre a pré e a pós-sessão (de 8.200 ±1.500 a 6.400 ±1.300). Os resultados poderiam ter ocorrido apenas uma vez em 10.000, por acaso. *Todos* os dezesseis participantes apresentaram uma queda na contagem, e o percentual médio de neutrófilos que deixaram a corrente sangüínea era de 60%. O mais surpreendente é que a queda na contagem dos glóbulos brancos totais era quase inteiramente atribuível aos neutrófilos; os demais glóbulos brancos não saíram. Ao que parece, a imaginação era altamente específica para os neutrófilos.

Estes, entretanto, também apresentaram uma queda significativa da aderência ou capacidade de se agarrarem às paredes dos vasos. Inicialmente, isso deixou os pesquisadores intrigados, pois tinham solicitado aos participantes que imaginassem um aumento da aderência. Então levantaram a hipótese de que era possível que todas as células responsivas já haviam deixado a corrente sangüínea, devido à grande redução do número de neutrófilos em circulação. Então, outro grupo de participantes foi submetido a um treinamento idêntico, só que, desta vez, lhes foi solicitado que imaginassem os neutrófilos permanecendo na corrente sangüínea e continuando a aderir. Desta vez, a aderência *aumentou* durante o procedimento à imaginação. A porcentagem média de células que aderiam, após a primeira experiência, foi de 28% e, após a segunda, de 56%. Os autores continuaram a replicar esses resultados, com controles cada vez mais severos. As replicações preliminares foram realizadas em vários laboratórios. As conclusões continuam sendo constantes, o efeito mostra consistência e excede de longe quaisquer expectativas de acaso. A imaginação parece ter um impacto direto sobre a função dos neutrófilos, pelo menos naqueles que acreditam que isso acontecerá.

Epílogo

Após algum esforço articulado para usar a imaginação na obtenção de saúde, as sensações físicas e as imagens verbais desaparecem. As ondas cerebrais se modificam, dos níveis alfa, de um estado de semidesperto para estados mais profundos. O vazio desprovido de imagens e de palavras é vivenciado como um estado de unidade, de harmonia divina. A luta pela saúde física torna-se irrelevante nesse esquema maior; a magia permanece; o espírito triunfa.

Enfim, a imaginação não deve ser vista como uma panacéia para todos os males da espécie humana — a menos, é claro, que escolhamos acreditar que não há limites para a consciência e sua inerente habilidade para alterar o estado das coisas.

Anexo A

Roteiro imaginário, por Samuels e Bennett

Feche os olhos. Inspire e expire profunda e lentamente. Relaxe o corpo todo, seguindo o método que melhor lhe convenha. Deixe então que todas as suas idéias relacionadas com os sintomas da doença... se tornem bolhas em sua consciência. Imagine agora que essas bolhas estão sendo sopradas para fora de sua mente, de seu corpo, de sua consciência, por uma brisa que as afasta de você, para bem longe, até que não consiga mais vê-las ou senti-las. Observe-as desaparecendo no horizonte. Agora imagine que está em um lugar de que gosta muito. Pode ser a praia, a montanha, o deserto ou onde quer que você se sinta vivo, saudável, à vontade. Imagine que o espaço em torno de você está repleto de luz brilhante, clara. Deixe que a luz flua para seu corpo, tornando você mais brilhante e preenchendo-o com a energia da saúde. Goze o fato de banhar-se nessa luz...[1]

Anexo B

Roteiro imaginário, adaptado de Irving Oyle

As instruções básicas são as seguintes: (1) Ache um lugar isolado, fique à vontade e feche os olhos. (2) Dirija seus pensamentos para a respiração; inspire e conte 1.000, 2.000, 3.000, 4.000; expire e conte de trás para diante (4.000, 3.000, 2.000, 1.000). (3) Ao inspirar, imagine uma onda de energia subindo pela frente do corpo; enquanto estiver expirando, imagine a energia movendo-se por cima de sua cabeça, descendo pelas costas e saindo pelos calcanhares. (4) Imagine um belo lugar com paisagens, sons e odores. Imagine como seu corpo se sente em um lugar como esse. Continue a fazer o exercício de respiração, deixando que a energia flua e permaneça em pensamento neste lugar imaginário por quinze minutos, mas mantenha-se concentrado na respiração e no fluxo da energia. (5) Nesse belo lugar, olhe à sua volta, procurando uma criatura. Pode ser um animal, uma pessoa e até mesmo uma planta. Esta forma de vida é sua aliada, guia espiritual, conselheira, psicanalista. (6) Faça amizade com ela, pergunte qual seu nome, continue a concentrar-se na respiração. Passe algum tempo discutindo o problema com essa criatura da imaginação e ouça seu conselho. (7) Indague se ela está disposta a encontrar-se com você diariamente. (8) Com a intenção de firmar o compromisso, peça à criatura que lhe dê um sinal de seu poder, seja um alívio dos sintomas, seja uma resposta a um problema.[2]

As instruções relativas ao que Oyle chama de "operar seu biocomputador" são a primeira e a mais confiável forma de medicina que a humanidade conhece. Está pintada nas cavernas que abrigaram nossos antepassados durante a era paleolítica e prosseguiram através das cantigas e totens. Baseada em minhas próprias experiências, eu os aconselho a jamais fazer este exercício superficialmente. Uma ligeira alteração sensorial provocada pelos padrões da respiração, os níveis da realidade que a psique introduz nos limites da percepção e o material que surge, após ter estado profundamente mergulhado no subconsciente (em geral por um bom motivo), compõem os ingredientes de uma experiência algumas vezes assustadora e sempre carregada de emoção. Seguindo o exemplo dos índios, você talvez queira fazer o teste de validade do espírito aliado. Peça-lhe que lhe apareça nos próximos dias sob alguma forma, na realidade cotidiana, ordinária, quando você está bem desperto.

Anexo C

Relaxamento, imaginação e roteiro de pré-biofeedback

O objetivo é aprender como relaxar e reduzir qualquer dor ou ansiedade que você possa estar sentindo. Antes de começar, porém, quero que você se instale em sua cama ou em sua cadeira, de modo que fique completamente relaxado e à vontade. Agora concentre-se em sua respiração, inspirando, expirando, pensando para você mesmo: "relaxe". Inspire. Expire. Mais uma vez... mais uma vez. Sempre que sentir tensão, dor ou ansiedade, durante o exercício, quero que você respire profundamente e diga a você mesmo: "relaxe". Inspire. Expire. Relaxe. Se, por acaso, seus pensamentos interferirem enquanto estamos realizando esta etapa de relaxamento, simplesmente envolva-os em uma bolha e deixe-os flutuar para bem longe de você.

Agora, concentrando-se apenas no som de minha voz, permita-se alguns minutos de total relaxamento, feche os olhos com suavidade, e enquanto eu conto de dez até um, pense que está ficando cada vez mais relaxado... deixe que toda tensão, todo estresse saiam de você. Relaxe até os níveis mais profundos que possa imaginar: dez, nove, oito, sete, seis, cinco, quatro, três, dois, um, zero. Muito bem.

Façamos agora uma viagem mental através de seu corpo, de modo que possamos identificar quaisquer tensão ou ansiedade que tenham permanecido. Comece pelos pés. Pense que estão ficando muito pesados, relaxados, quentes, imagine que estão afundando. Concentre-se primeiro no pé direito e, depois, no esquerdo. Tome consciência de cada um de seus dedos... eles estão começando a formigar. Imagine simplesmente que toda a tensão está saindo de seus pés, deixe os músculos ficarem bem soltos, sem a menor rigidez, quentes, formigando. Agora pense por alguns momentos nas pernas e panturrilhas. Pense sobretudo na panturrilha da perna direita. Imagine que quaisquer músculos que estejam tensos ficam relaxados, quentes. Pense agora na panturrilha da perna esquerda... pense na coxa direita, na coxa esquerda... imagine que os músculos estão se soltando, se alongando, se esquentando e que se livram de toda tensão. Concentre-se agora na bacia, deixando que qualquer tensão se desfaça, e em seu abdome. Muitos de nós acumulam grande estresse e tensão em nossos abdomes. Deixe que ela se dissipe, liberte-a. Pense por alguns momentos em suas costas... todos os muitos e muitos músculos que existem na parte superior e inferior das costas. Deixe-os se soltarem... se esquentarem, confortáveis. Deixe os ombros baixarem ligeiramente, livrando-se de todo peso. Agora você está se sentindo muito bem, muito à vontade. Quero que pense no braço direito, na parte superior, na parte inferior e na mão. Por alguns momentos deixe-os livres de quaisquer responsabilidades, relaxe-os. Passemos para o braço esquerdo; primeiro a parte superior, depois a inferior e depois a mão. Agora, em seus olhos da mente, percorra os músculos do pescoço. Gire mentalmente o pescoço, deixando toda a tensão desaparecer. Concentre-se por alguns instantes na mandíbula. Relaxe-a ligeiramente. Deixe-a ficar tão relaxada quanto possível. Focalize o lado direito do rosto, que se torna relaxado, aquecido, suave. Passe então para o lado esquerdo do rosto, relaxe e sinta como está confortável. Trabalhe agora todos os músculos em torno dos olhos e relaxe. Agora é a vez da cabeça, em torno dela, o topo, a parte posterior. Veja os nós se desatando, a ansiedade, o medo e a tensão dispersando-se.

Agora dê a si mesmo alguns segundos para fazer outra viagem mental através de seu corpo, identificando quaisquer tensões que permaneceram. Deixe-as ir embora. Permita-se alcançar novos níveis de relaxamento, de conforto. Lembre-se de que quando relaxa deste jeito, seu corpo começa a se curar, e você fica energizado para poder realizar quaisquer tarefas que tenha à sua frente. Agora, durante os próximos minutos, ouvirá o som das ondas do mar. Continue a relaxar, permitindo-se agora ficar livre de preocupações, deixando seu corpo restabelecer-se.

Anexo D

Imaginação corpo/mente.
Fazendo uma viagem mental: a doença

Agora faça uma viagem mental, sem censurar qualquer imagem que apareça. Algumas virão à sua mente com vida própria, outras assumirão uma forma à medida que você as esculpir mentalmente com sua imaginação. Focalize a área afetada. Amacie tudo o que estiver em volta dela, permita que sua mente entre nela. Continue com essa sensação de amaciamento e permaneça relaxado. Agora alcance tudo aquilo que o incomoda. Sinta sua textura. Cheire e não se esqueça do odor. Ouça: está lhe dizendo algo. Abra os olhos da imaginação. Mova-se através e em torno de seu problema. Lembre-se de não ser crítico. Se quiser, seja brincalhão. Deixe a forma que você criou movimentar-se e modificar-se. Dê-lhe um nome. Preste atenção em como está se sentindo.

Defesas pessoais

Leve um segundo para deixar essas imagens se dissolverem. Respire e procure entrar em um estado ainda mais profundo de relaxamento. Sabendo que dentro de você está viva a capacidade de sarar de quase tudo, deixe que esta capacidade tome uma forma. Pode ser o sistema imunológico ou uma rede de consertos altamente especializada ou uma modificação das estruturas. Observe. Centre-se, desça por seu corpo, até ver e sentir isso acontecendo. Crie as imagens, se elas não aparecerem por si. O sistema de defesa está funcionando? Em caso positivo, como? Faça perguntas e ouça. Deixe suas defesas chegarem até você da forma que desejarem. Lembre-se delas.

Tratamento

Deixe as imagens se dissolverem. Se você está recebendo algum tratamento, comece a imaginar que isto está acontecendo. Observe o que acontece depois que ele entra em seu corpo e para onde vai. Repare em sua forma e cor. Sinta-o interagindo com suas células. O que ele está fazendo com elas ou para elas? Não tenha nenhuma pressa neste momento. Se você está sendo submetido a mais de um tipo de terapia, imagine igualmente os outros. Observe seu estado emocional enquanto essas coisas interagem dentro de você. Não seja crítico. Confie em si. Tenha confiança no método de diagnóstico e de cura mais antigo que conhecemos.[3]

Anexo E

Roteiro imaginário para queimados

Quero que você se sinta confortável em sua cama ou poltrona. Deixe de lado todos seus pensamentos... sinta-se confortável, feche os olhos, relaxe e ouça... relaxe e ouça. Você pode até mesmo sentir um pouco de sono. Sinta-se bem por alguns instantes. Feche os olhos. Respire fundo... expire todo o ar. Recoste-se... sinta-se bem... sinta-se cada vez melhor o tempo todo.

Enquanto eu estiver contando de dez até um, deixe cada contagem ser um sinal para ficar mais e mais relaxado: dez, nove, oito, sete, seis, cinco... agora sinta-se cada vez melhor... quatro, três, dois, um. Agora relaxe os pés, deixe-os ficar aquecidos e confortáveis. Relaxe as pernas, experimente nelas uma sensação de alívio, de tranqüilidade. Agora você está se sentindo mais pesado. Relaxe e deixe seu estômago livre de toda tensão. Relaxe os quadris cada vez mais. Inspire profundamente, expire. Deixe toda tensão se dissipar. Agora relaxe as costas... na parte superior e na parte inferior. E agora passe para o pescoço, para os ombros. Seu braço direito está relaxando, bem como sua mão direita. Sinta-se cada vez mais tranqüilo. Seu braço e sua mão esquerdos estão relaxados. Cada vez mais profundamente... é bom relaxar... acalmar-se... um pouco mais, um pouco mais. Agora o rosto, a cabeça... relaxe, cada vez mais profundamente. Sua cabeça talvez esteja pesada, aquecida.

Quando eu contar três, livre-se de qualquer tensão que ainda estiver sentindo: um, dois, três.

Agora você está se sentindo à vontade, talvez um pouco sonolento, seus olhos estão fechados. Enquanto converso com você sobre seu tratamento, relaxe. Lembre-se, sempre que sentir-se tenso ou receoso, de inspirar profundamente e dizer: "relaxe, paz, calma". Deixe o medo se dissipar.

Imagine agora que está chegando o momento de você se despir e ir tomar banho. Veja a cena em sua imaginação. Relaxe cada vez mais profundamente, inspire profundamente sempre que sentir desconforto. A enfermeira chega e começa a cortar as ataduras. Imagine isso acontecendo. Sempre que se sentir desconfortável, respire e relaxe. Imagine isso acontecendo, sinta a enfermeira cortando as ataduras e sua pele em contato com o ar fresco. Inspire profundamente, deixe de lado qualquer sensação de desconforto, sinta-se relaxado e calmo. Enquanto a enfermeira desenrola as ataduras e as retira, você percebe uma sensação de frescor. Deixe isso acontecer. Todo desconforto passa. Inspire profundamente. Deixe o desconforto se afastar. Permanecendo muito relaxado e calmo, você começa a erguer-se da cama... talvez sem ajuda da enfermeira. Está relaxado, calmo, sentindo-se muito bem. Imagine-se caminhando na direção da porta, percorrendo o corredor na direção do banheiro... sente um pouco de frio, mas nenhuma dor. Respire profundamente, exercite seus músculos a cada passo que dá... passadas cada vez mais largas e vigorosas. Continue a respirar. Exercite seus pulmões cada vez que respirar. Lembre-se de expirar completamente e relaxe.

Quando eu contar três, quero que você deixe de lado quaisquer tensões que possa estar sentindo em qualquer parte de seu corpo: um, dois, três.

Veja-se movimentando-se enquanto se aproxima do banheiro. Está vendo a pessoa que lá está e que o ajudará, caso venha a necessitar. Quando entrar na banheira, sinta a água. Inicialmente, é uma sensação forte... e, aos poucos, você vai se sentindo cada vez melhor. Você começa a ter uma sensação agradável na pele, debaixo da água... é uma sensação de limpeza, de alívio. A pele queimada, morta, precisa ser esfregada, removida, para que a pele nova possa começar a crescer. Quando isso ficar desconfortável, respire fundo e deixe o momento passar... permaneça muito relaxado e calmo... deixe que a sensação gostosa, proporcionada pela água morna, ocupe toda sua atenção.

Agora continue a relaxar, cada vez mais profundamente, encarando com prazer a volta à cama e, quem sabe, a perspectiva de uma soneca.

Agora você se vê saindo da banheira, enxugando-se com suavidade, cobrindo-se e voltando para a cama ou para a poltrona. Enquanto isso ocorre, permanece muito calmo e relaxado. Deixe o desconforto passar. Se precisar esperar por algum tempo, use esses momentos para continuar a relaxar... como está fazendo agora, cochilando um pouco. Talvez sinta um pouco de frio, mas isso é natural e essa sensação terminará quando lhe puserem as ataduras. Agora você está se sentindo muito bem; relaxe cada vez mais. A enfermeira chega com as ataduras novas. Inicialmente, ela passa um creme branco em suas queimaduras e isso traz alívio. Assim que o creme toca em sua pele, você se sente muito bem. Agora, uma gaze muito fina é colocada sobre o creme e qualquer desconforto que você ainda estiver sentindo começa a dissipar-se. Ataduras novas são colocadas em você. A cada minuto que passa, você se sente mais e mais aquecido. Agora toda sensação de desconforto se foi.

Lembre-se de contribuir com seu tratamento, deixando seu corpo ficar relaxado, sentindo-se bem, respirando profundamente. Toda vez que experimentar uma sensação de desconforto, inspire e expire completamente. Durante alguns minutos imagine-se bem, saudável, no lugar mais belo que se possa imaginar. Continue a respirar profundamente. Inspire, expire, relaxe, relaxe, relaxe.

Ordenamento das medidas significativas e confiáveis, para atenuar a dor e a ansiedade de pacientes queimados

Tratamentos que obedeceram à mesma ordem não são significativamente diferentes.
4 = Melhoria máxima
1 = Melhoria mínima

VARIÁVEL CONFIÁVEL	Controle do grupo	Relaxamento	Relaxamento imaginário	Relaxamento imaginário/ biofeedback
Treinamento da temperatura periférica	1	4	4	4
Sessão de tratamento com o eletro-mielógrafo	1	2	4	3
Treinamento com unidades subjetivas de desconforto	1	2	4	4
Tratamento com unidades subjetivas de desconforto	1	2	4	4
Estado de ansiedade de Spielberger				
Após o treinamento	1	4	4	4
Após o tratamento	1	2	4	4
Medicamentos para dores menos intensas	1	1	4	3
Sedativos	1	2	4	3

Anexo F

AÇÃO PROPOSITADA

(+) IMAGINAÇÃO POSITIVA   (+) GLÓBULOS VERMELHOS
(+) HISTERIA (MMPI)   (+) GLÓBULOS BRANCOS
(+) CONTROLE (MMPI)   (—) HEMOGLOBINA
(+) ANSIEDADE (POMS)
(—) INCLUSÃO EXPRESSA (FIRO)
(—) INCLUSÃO DESEJADA (FIRO)
(—) ACASO (L de C)

LUTA NÃO DIRIGIDA

(+) PSICASTENIA   (+) GLÓBULOS VERMELHOS
(+) F (MMPI)   (—) HEMOGLOBINA
(—) ACASO (L de C)   (+) VOL. CORPUSCULAR MÉDIO
(—) DOENÇA (FIRO)   (—) CONT. CORPUSCULAR MÉDIA
(+) DEPRESSÃO (POMS)
(+) PSICOPATOLOGIA (MMPI)
(—) HISTERIA (MMPI)
(+) OUTROS FATORES SIGNIFICATIVOS (L. de C)

RESIGNAÇÃO

(+) DEPRESSÃO (MMPI)   (+) GLÓBULOS VERMELHOS
(+) TENSÃO (POMS)   (—) HEMOGLOBINA
(—) HISTERIA (MMPI)   (+) MCV
(—) ESQUIZOFRENIA (MMPI)   (—) MCC
    (—) SEGS
    (—) LINFÓCITOS

Anexo G

Correlações significativas entre a IMAGEM CA selecionada e as variáveis hematológicas e das substâncias químicas do sangue

Variável	IMAGEM CA				Imaginação Metafórica			
	Câncer		WBC		Câncer			
	AT	FO	AT	FO	CO	PE	FO	AT
Mensuração do sangue:								
RBC	29	32	33	30				
HGB			30	27		35*		31
HCT		-30				36*	25	42*
Plaqueta			28			29		
WBC								25
Proteína						26		
Fósforo			-25	-32				
Ácido úrico			29					
Creatinina				25				
Fosfatase alcalina	37*				35			
SGOT	26							

* p<0.01; Os demais significantes em p<0.05.
Nota:
AT = atividade
FO = força
CO = cor
PE = periculosidade

Notas

Capítulo 1

1. R. F. Kraus, *A Psychoanalytic Interpretation of Shamanism*, pp. 19-32.
2. R. L. Bergman, *A School for Medicine Men*, p. 663.
3. J. Rothenberg, *Technicians of the Sacred.*
4. W. LaBarre, *Shamanic Origins of Religion and Medicine*, pp. 7-11.
5. M. Eliade, *Shamanism: Archaic Techniques of Ecstasy.*
6. Ibid.
7. L. G. Peters e D. Price-Williams, *Towards an Experiential Analysis of Shamanism*, pp. 398-418.
8. J. A. Wike, *Modern Spirit Dancing of Northern Puget Sound.*
9. Ver nota 5.
10. M. J. Harner, *The Way of the Shaman.*
11. G. Majno, *The Healing Hand.*
12. A. S. Lyons e R. J. Petrucelli, *Medicine: An Illustrated History.*
13. W. B. Cannon, *Voodoo Death*, pp. 182-90; S. C. Cappannari et al., *Voodoo in the General Hospital*, pp. 938-40; J. R. Saphir et al., *Voodoo Poisoning in Buffalo, New York*, pp. 437-8.
14. W. LaBarre, *The Peyote Cult.*
15. Harner, *Way of the Shaman*, p. xii.
16. J. Frank, *Persuasion and Healing.*
17. A. Johannes, *Many Medicines in One*, pp. 43-70.
18. R. Grossinger, *Planet Medicine*, p. 13; ibid., p. 23.
19. L. Jilck-Aall, *Cull Mama Doctor.*
20. V. Garrison, *Doctor, Espiritista, or Psychiatrist?*, pp. 65-180.
21. Harner, *Way of the Shaman*, p. 45.
22. Kendall, *Supernatural Traffic: East Asian Shamanism*, p. 180.
23. Ver nota 1.
24. Kendall, *Supernatural Traffic*, p. 171.
25. S. Rogers, *Shamans and Medicine Men*, pp. 1202-23.
26. R. H. Lowie, *Primitive Religion*; D. Landy, *Culture, Disease and Healing*; M. Eliade, *Shamanism.*
27. J. Halifax, *Shamanic Voices*, p. 11.

215

28. A. A. Popov, "How Sereptic Djarvoskin of the Nganasans (Tavgi Samoyeds) Became a Shaman".
29. W. G. Jilek, *Indian Healing*, p. 64; ibid., p. 66; ibid.
30. Ibid., p. 73; ibid., pp. 73-4.
31. G. B. Risse, *Shamanism: The Dawn of a Healing Profession*, p. 22.
32. C. Castañeda, *The Teachings of Don Juan*; idem, *A Separate Reality*.
33. A. Hultkrantz, *A Definition of Shamanism*, pp. 25-37.
34. C. T. Tart, *States of Consciousness*.
35. Ver nota 7.
36. E. Underhill, *Mysticism*; W. James, *The Variety of Religious Experience*.
37. L. LeShan, *The Medium, the Mystic, and the Physicist*.
38. Ver nota 7.
39. LeShan, *Medium, Mystic, and Physicist*, p. 42.
40. Ibid., p. 108.
41. LeShan, *Medium, Mystic, and Physicist*; F. Capra, *The Turning Point*.
42. J. Kamiya, trecho da comunicação apresentada à Conferência Internacional sobre Ciência e Xamanismo, Esalen Institute, Big Sur, Califórnia, em fev. 1984.
43. C. T. Tart, *A Psychophysiological Study of Out-of-the-Body Experiences in Selected Subjects*, pp. 1-16.
44. Castañeda, *Teachings of Don Juan*.
45. P. Suedfeld, *Restricted Environmental Stimulation*.
46. W. Heron, *The Pathology of Boredom*, pp. 52-6; J. Zubek, C. Welch e M. Saunders, *Electroencephalographic Changes During and After 14 Days of Perceptual Deprivation*, pp. 490-92.
47. Ver nota 45.
48. P. Suedfeld e R. A. Borrie, *Altering State of Consciousness through Sensory Deprivation*.
49. J. C. Lilly, *The Center of the Cyclone*; idem, *The Deep Self*.
50. M. Zuckerman, *Hallucinations, Reported Sensations, and Images*.
51. Suedfeld, *Restricted Environmental Stimulation*, p. 44.
52. C. Wissler, *The American Indian*; E. M. Loeb, *The Shaman of Niue*, pp. 393-402; P. Radin, *Primitive Religion*.
53. G. Devereux, *Basic Problems of Ethnopsychiatry*; J. Silverman, *Shamanism and Acute Schizophrenia*, pp. 21-31.
54. W. G. Jilek, *Indian Healing*, p. 35.
55. R. Noll,*Shamanism and Schizophrenia*, pp. 443-59.
56. Ver nota 5.
57. Ver nota 10.
58. Noll, *Shamanism and Schizophrenia*, p. 452.
59. K. Wilber, *The Atman Project*; E. Green e A. Green, *Beyond Biofeedback*; J. Hillman, *Re-Visioning Psychology*.
60. R. D. Laing, *The Politics of Experience*; J. W. Perry, *Reconstitutive Process in the Psychopathology of the Self*, pp. 853-76.
61. I. Oyle, *Magic, Mysticism and Modern Medicine*.
62. Ver nota 5.
63. Wilber, *Atman Project*, p. 152; ibid., p. 158; ibid., p. 159.
64. C. Blacker, *The Catalpa Bow*.
65. A. Lommel, *Shamanism*, p. 60.
66. M. Eliade, *Some Observations on European Witchcraft*.
67. W. Y. Evans-Wentz, *Tibetan Yoga and Secret Doctrines*.
68. H. C. Guyton, *Human Physiology and Mechanisms of Disease*.
69. Não tentarei documentar essas descobertas comuns. A melhor fonte de informação sobre o trabalho científico desenvolvido nesta área é a publicação trimestral *Biofeedback and Self-Regulation*.
70. M. J. Harner, *The Way of the Shaman*.
71. O. Nordland, *Shamanism as an Experience of the Unreal*, p. 174.

72. Harner, *Hallucinogens and Shamanism*; R. G. Wasson, *Divine Mushroom of Immortality*; W. LaBarre, *The Peyote Cult*, P. T. Furst (org.), *Flesh of the Gods*.
73. D. C. Noel, *Seeing Castañeda*.
74. De uma entrevista com San Keen, publicada in Noel, *Seeing Castañeda*.
75. J. Siskind, *Visions and Cures among the Sharanahua*.
76. Ibid., p. 37; ibid.
77. De Prem Das, citado por Halifax, *Shamanic Voices*, página de rosto.
78. Ibid.
79. Wasson, *Divine Mushroom of Immortality*.
80. H. Munn, *The Mushrooms of Language*.
81. Ibid., p. 88.
82. Ibid., p. 95.
83. Harner, *Hallucinogens and Shamanism*; Eliade, *European Witchcraft*.
84. J. de Bergamo (c. 1470-71), *Quaestio de Strigis*, p. 199.
85. Ver nota 70.
86. Grossinger, *Planet Medicine*, pp. 42-3.
87. D. K. Stat, *Ancient Sound: The Whistling Vessels of Peru*, pp. 2-7.
88. Bergman, *School for Medicine Men*, pp. 663-66.
89. N. Drury, *The Shaman and the Magician*.
90. Fontes: fitas de toques de tambor xamânicos podem ser obtidas no Center for Shamanic Studies, Box 673, Belden Station, Norwalk, Conn., 06852; invocações e canções indígenas, através de Del Enterprise, Inc., Box 248, Mission, S. Dak., 57555. Quando se tem vizinhos pouco amáveis, as fitas escutadas com um fone de ouvido eliminam alguns dos problemas criados pelo barulho, ao se realizar um trabalho xamânico.
91. Drury, *Shaman and Magician*, p. 8.
92. Ver nota 68.
93. R. Melzack e P. D. Wall, *Pain Mechanism: A New Theory*, pp. 971-79.
94. A. Neher, *Auditory Driving Observed with Scalp Electrodes in Normal Subjects*, pp. 449-51; idem, *A Physiological Explanation of Unusual Behaviour in Ceremonies Involving Drums*, pp.151-60.
95. Green e Green, *Beyond Biofeedback*.
96. Jilek, *Indian Healing*.
97. E. D. Adrian e B. H. C. Matthews, *The Berger Rhythm*, pp. 355-85; F. Morrell e H. H. Jasper, *Electrographic Studies of the Formation of Temporary Connections in the Brain*, pp. 201-15 e muitos outros autores.
98. E. R. John e K. F. Killam, *Electrophysiological Correlates of Avoidance Conditioning in the Cat*, pp. 252-74.
99. H. Benson, *The Relaxation Response*; idem, J. F. Beary, e M. P. Carol, *The Relaxation Response*, pp. 37-46.
100. Benson, *Relaxation Response*.
101. Blacker, *Catalpa Bow*.
102. A. Balikci, *Shamanistic Behavior among the Netsilik Eskimos*.
103. Wasson, *Divine Mushroom of Immortality*.
104. LaBarre, *Shamanic Origins*.
105. M. J. Gage, *Women, Church and State*, p. 281.
106. Ver nota 5.
107. S. Krippner e A. Villoldo, *The Realms of Healing*.
108. Kraus, *Psychoanalytic Interpretation of Shamanism*, p. 26.
109. Noll, *Shamanism and Schizophrenia*, p. 445.
110. Rogers, *Shamans and Medicine Men*.
111. T. T. Waterman, "The Paraphernalia of the Cuwamish 'Spirit-Canoe' Ceremony".
112. J. H. Tenzel, *Shamanism and Concepts of Disease in a Mayan Indian Community*, pp. 372-80.
113. E. R. Service, *A Profile of Primitive Culture*.
114. W. Wildschut, *Crow Indian Medicine Bundles*.

115. G. A. Reichard, *Navaho Religion*.
116. Bergman, *School for Medicine Men*, p. 666.
117. Grossinger, *Planet Medicine*, p. 97.

Capítulo 2

1. R. Grossinger, *Planet Medicine*.
2. A. S. Lyons, R. e J. Petrucelli, *Medicine: An Illustrated History*, p. 170.
3. De Phillimores Apollonius de Tyans, Livro II, Cap. XXXVII.
4. Eis três excelentes fontes para a história da medicina durante essa época: G. A. Binder, *Great Moments in Medicine*; W. Osler, *The Evolution of Modern Medicine*; Lyons e Petrucelli, *Medicine*.
5. M. J. Gage, *Women, Church and State*, p. 241.
6. Ibid., p. 242.
7. Ibid., p. 243.
8. M. Murray, *The Witch Cult in Western Europe*.
9. M. Eliade, *Some Observations on European Witchcraft*, p. 41.
10. Comunicação pessoal com M. J. Harner, 1982; Harner (org.), *Hallucinogens and Shamanism*.
11. Harner, *Hallucinogens and Shamanism*.
12. M. B. Kreig, *Green Medicine: The Search for Medicines that Heal*.
13. E. Maple, *Magic, Medicine, and Quackery*.
14. Ibid., p. 43.
15. Lyons e Petrucelli, *Medicine*.
16. Citado por Maple, *Magic, Medicine, and Quackery*, p. 67.
17. B. Ehrenreich e D. English, *Witches, Midwives, and Nurses*.
18. Citado por H. R. Trevor-Roper, *The European Witch-Craze of the Sixteenth and Seventeenth Centuries and Other Essays*, p. 142.
19. G. Zilboorg, *The Medicine Man and the Witch during the Renaissance*, p. 62.
20. M. Harris, *Cows, Pigs, Wars and Witches*.
21. M. Daly, *Gyn/Ecology: The Metaethics of Radical Feminism*.
22. Ver Gage, *Women, Church and State*, no que se refere à interrupção das despesas feitas com o objetivo de se queimar bruxas na França.
23. Citado por F. Capra, *The Turning Point*.
24. Capra, *Turning Point*, p. 56.
25. Osler, *Modern Medicine*, p. 187.
26. A. M. Stoddart, *Life of Paracelsus*, p. 213.
27. F. Hartman, *Paracelsus: Life and Prophecies*, pp. 111-12.
28. C. E. McMahon, *The Role of Imagination in the Disease Process*, p. 181.
29. F. Sommers, *Dualism in Descartes*.

Capítulo 3

1. N. Cousins, *The Healing Heart*, p. 16.
2. J. Achterberg, I. Collerain e P. Craig, *A Possible Relationship between Cancer, Mental Retardation, and Mental Disorders*, pp. 135-39.
3. D. Costa, E. Mestes e A. Coban, *Breast and Other Cancer Deaths in a Mental Hospital*, pp. 371-78.
4. Ver S. E. Locke e M. Hornig-Rohan, *Mind and Immunity*, no que se refere a uma bibliografia comentada sobre este material.
5. J. W. Berg, R. Ross e H. B. Latourette, *Economic Status and Survival of Cancer Patients*, pp. 467-77.
6. J. Frank, *Persuasion and Healing*.

218

7. Ibid., p. 138.
8. M. Lorr, D. M. McNair e G. H. Weinstein, *Early Effects of Librium Used with Psychotherapy*, pp. 257-70.
9. F. A. Volgyesi, *School for Patients*, pp. 8-17.
10. S. Wolf, *Effects of Suggestion and Conditioning on the Action of Chemical Agents in Human Subjects*, pp. 100-109.
11. Cousins, *Human Options*, pp. 19-20.
12. J. Achterberg, e G. F. Lawlis, *Bridges of the Bodymind*; L. LeShan, *The Mechanic and the Gardener*; L. Dossey, *Space, Time and Medicine*; J. D. Goldstritch, *The Best Chance Diet*; D. Ornish, *Stress, Diet and Your Heart*; O. C. Simonton, S. Simonton, e J. Creighton, *Getting Well Again*.
13. J. H. Schultz, e W. Luthe, *Autogenic Training*.
14. G. Dick-Read, *Childbirth without Fear*, p. 14.
15. D. Brook, *Naturebirth*, p. 133; ibid., p. 127.
16. C. Garfield, *Beyond the Relataxion Response*.
17. Brook, *Naturebirth*, p. 130.
18. Transcrito de Demographic Yearbooks, estatística publicada pela Organização das Nações Unidas (ONU).
19. D. Haire, e J. Haire, *The Cultural Warping of Childbirth*.
20. J. E. Johnson, *Effects of Accurate Expectations about Sensations on the Sensory and Distress Components of Pain*, pp. 261-75; idem et al., *Sensory Information Instruction in a Coping Strategy, and Recovering from Surgery*, pp. 4-17.
21. D. Krieger, *Therapeutic Touch*.
22. Achterberg e Lawlis, *Imagery of Cancer*.
23. Esse material foi apresentado pelo dr. Heidt por ocasião da Segunda Conferência Anual sobre Imaginário e Processos de Fantasia, nov. 1978. Estudos de caso foram publicados em Achterberg e Lawlis, *Bridges of the Bodymind*.
24. Achterberg e Lawlis, *Bridges of the Bodymind*.
25. M. Samuels e H. Bennett, *Be Well*, p. 144.
26. M. Samuels e N. Samuels, *Seeing with the Mind's Eye*; Samuels e Bennett, *The Well Body Book*; idem, *Be Well*.
27. I. Oyle, *Magic, Mysticism and Modern Medicine*, p. 11.
28. Ibid., p. 34.
29. Oyle, *The New American Medical Show*, p. 149.
30. J. Segal, *Biofeedback as a Medical Treatment*, p. 149.
31. Eis algumas fontes recomendáveis e variadas sobre os aspectos técnicos do *biofeedback*: E. Green e A. Green, *Beyond Biofeedback*; K. R. Gaarder e P. Montgomery, *Clinical Biofeedback: A Procedural Manual*; B. Brown, *New Mind, New Body*; idem, *Stress and the Art of Biofeedback*; D. S. Olton e A. R. Noonberg, *Biofeedback: Clinical Applications in Behavioral Medicine*; J. V. Basmajian, *Muscles Alive*, 3ª ed.; R. J. Gatchel e K. P. Price (orgs.), *Clinical Applications of Biofeedback*.
32. Achterberg, P. McGraw e Lawlis, *Rheumatoid Arthritis: A Study of Relaxation and Temperature Biofeedback as an Adjunctive Therapy*, pp. 207-23.
33. A pesquisa, aplicação e referências científicas relativas a vários distúrbios específicos foram abordados com profundidade em Achterberg e Lawlis, *Bridges of the Bodymind*.
34. Procedimentos estatísticos referentes ao diagnóstico encontram-se in Achterberg e Lawlis, *Imagery and Disease*, que contém um trabalho anteriormente publicado em *Imagery of Cancer*, bem como instrumentos de avaliação para a diabete e a dor na coluna (Instituto de Testes de Personalidade e Capacidade, 1984). Uma breve discussão sobre o desenvolvimento do instrumento do câncer se encontra mais adiante, no capítulo 6.
35. E. Kiester, *The Playing Fields of the Mind*, p. 20.
36. Achterberg, C. Kenner e Lawlis, *Biofeedback, Imagery, and Relaxation*; Kenner e Achterberg, *Non-Pharmacologic Pain Relief for Patients*.

Capítulo 4

1. M. S. Gazzaniga e J. E. Ledoux, *The Integrated Mind*.
2. A. Luria, *The Mind of a Mnemonist*.
3. T. X. Barber, H. H. Chauncey e R. A. Winer, *Effects of Hypnotic and Nonhypnotic Suggestion on Paratid Gland Response to Gustatory Stimuli*, pp. 374-80; K. D.White, *Salivation: The Significance of Imagery in its Voluntary Control*, pp. 196-203.
4. A. E. Kazdin e L. A. Wilcoxin, *Systematic Desensitization and Non-specific Treatment Effects*, p. 5; E. L. Digiusto e N. Bond, *Imagery and the Autonomic Nervous System*, pp. 427-38.
5. K. L. Lichstein e E. Lipshitz, *Psychophysiological Effects of Noxious Imagery*, pp. 339-45.
6. W. A. Shaw, *The Relaxation of Muscular Action Potentials to Imaginal Weight Lifting*, pp. 247-50.
7. Barber, *Psychological Aspects of Hypnosis*, pp. 390-419; idem, *Hypnosis: A Scientific Approach*; idem, *Hypnosis, Suggestions and Psychosomatic Phenomena*, pp. 13-27.
8. J. Schneider, C. W. Smith e S. Whitcher, *The Relationship of Mental Imagery to White Blood Cell (Neutrophil) Function*; H. R. Hall, *Hypnosis and the Immune System*, pp. 92-103.
9. Kazdin e Wilcoxin, *Systematic Desensitization*.
10. C. S. Jordan e K. T. Lenington, *Physiological Correlates of Eidetic Imagery and Induced Anxiety*, pp. 31-42.
11. G. E. Schwartz, D. A. Weinberger e J. A. Singer, *Cardiovascular Differentiation of Happiness, Sadness, Anger, and Fear: Imagery and Exercise*, pp. 343-64.
12. R. W. Sperry e M. S. Gazzaniga, *Language following Surgical Disconnection of the Hemispheres*, pp. 108-21; J. E. Bogen, *The Other Side of the Brain*, pp. 135-62.
13. Gazzaniga e LeDoux, *Integrated Mind*; Bogen, *Other Side of the Brain*; J. Levy, C. Trevarthen e R. W. Sperry, *Perception of Bilateral Chimeric Figures following Hemispheric Deconnection*, pp. 61-78.
14. D. Galin e R. Ornstein, *Individual Differences in Cognitive Style*, pp. 367-76.
15. M. A. Safer e H. Leventhal, *Ear Differences in Evaluating Emotional Tones of Voice and Verbal Content*, pp. 75-82; D. M. Tucker et al., *Right Hemisphere Activation during Stress*, pp. 697-700.
16. B. Lyman, S. Bernardin e S. Thomas, *Frequency of Imagery in Emotional Experience*, pp. 1159-62.
17. P. Bakan, *Imagery, Raw and Cooked*; J. Head, *Aphasia and Kindred Disorders of Speech*, Vol. 1.
18. I. M. Lesser, *A Review of the Alexithymia Concept*, pp. 531-43.
19. W. J. H. Nauta, *Some Efferent Connections of the Prefrontal Cortex in the Monkey*.
20. C. F. Jacobsen, *Studies of Cerebral Function in Primates*, pp. 3-60.
21. A. Meyer e E. Beck, *Prefrontal Leucotomy and Related Operations*.
22. B. Milner, *Interhemispheric Differences in the Localization of Psychological Process in Man*, pp. 272-77.
23. M. E. Humphrey e O. L. Zangwill, *Cessation of Dreaming after Brain Injury*, pp. 322-25.
24. M. Critchley, *The Parietal Lobes*.
25. B. Milner, *Brain Mechanisms Suggested by Studies of Temporal Lobes*; E. DeRenzi, *Nonverbal Memory and Hemispheric Side of the Lesion*, pp. 181-89.
26. J. H. Jackson, *On Right or Left-Sided Spasm at the Onset of Epileptic Paroxysms, and on Crude Sensation Warnings and Elaborate Mental States*, pp. 192-206.
27. W. Penfield e P. Perot, *The Brain's Record of Auditory and Visual Experience*, pp. 595-96.
28. H. Selye, *The Stress of Life*.
29. W. Herbert, *Elaborating the Stress Response*.
30. A. Samuels, *Beyond the Relaxation Response*.
31. H. F. Dvorak et al., *Fibrin Gel Investment Associated with Line 1 and Line 10 Solid Tumor Growth, Angiogenesis, and Fibroplasia in Guinea Pigs*, pp. 1458-72.

32. K. Lashley, *In Search of the Engram*, pp. 425-82.
33. P. J. van Heerden, *The Foundation of Empirical Knowledge*.
34. K. Pribram, *Languages of the Brain*; idem, *Problems Concerning the Structure of Consciousness*; K. Wilber, *The Holographic Paradigm and Other Paradoxes*; M. Ferguson, *Karl Pribram's Changing Reality*.
35. Pribram, *Languages of the Brain*, p. 157.
36. Pribram, *What the Fuss is All About*, p. 32.
37. Pribram, *Languages of the Brain*, p. 152.
38. Ibid., p. 100.
39. A. Ahsen, *Neural Experimental Growth Potential for the Treatment of Accident Traumas, Debilitating Stress Conditions, and Chronic Emotional Blocking*, pp. 1-22.
40. S. Weisburd, *Food for Mind and Mood*, pp. 216-19.
41. J. Achterberg et al., *Psychological Factors and Blood Chemistries as Disease Outcome Predictors for Cancer Patients*, pp. 107-22; R. L. Trestman, *Imagery, Coping, and Physiological Variables in Adult Cancer Patients*.
42. H. Benson, *The Relaxation Response*.
43. Ver D. D. Barchas et al., *Behavioral Neurochemistry*, pp. 964-73, para uma excelente revisão sobre a neuroquímica comportamental. Dá ênfase às endorfinas como neurorreguladoras.
44. M. W. Adler, *Endorphins, Enkephalins, and Neurotransmiters*, pp. 71-4.
45. J. D. Levine, N. C. Gordon e H. L. Fields, *The Mechanism of Placebo Analgesia*, pp. 654-57.
46. L. C. Saland et al., *Acute Injections of Opiate Peptides into the Rat Cerebral Ventrical*, pp. 523-28.
47. S. C. Gilman et al., *Beta-Endorphin Enhances Lymphocyte Proliferative Responses*, pp. 4226-30.
48. E. Hazum, K. J. Chang e P. Cuartrecasas, *Specific Monoplate Receptors for Beta-Endorphin*, pp. 1033-35.
49. E. W. D. Colt, W. Wardlaw e A. G. Frantz, *The Effect of Running on Plasma Beta-Endorphin*, p. 1637.
50. A. Goldstein, *Thrills in Response to Music and Other Stimuli*, pp. 126-9.
51. S. Steinberg, *Endorphins: New Types and Sweet Links*, p. 136.

Capítulo 5

1. A. Kleinman e L. H. Sung, *Why Do Indigenous Practitioners Successfully Heal?*, pp. 7-26.
2. Ibid.
3. Kleinman, *Some Issues for a Comparative Study of Medical Healing*.
4. Kleinman e Sung, *Indigenous Practitioners*, p. 8.
5. E. Benedict e T. Porter, *Native Indian Medicine Ways*, p. 7.
6. Z. J. Lipowski, *Psychosomatic Medicine in the Seventies*, pp. 233-38.
7. Cit. por ibid., p. 233.
8. K. Pelletier, *Mind as Healer, Mind as Slayer*.
9. J. L. Singer e K. S. Pope (orgs.)., *The Power of the Human Imagination*; A. Sheikh, *Imagery: Current Theory, Research and Application*; J. E. Shorr et al. (orgs.), *Imagery: Its Many Dimensions and Applications*.
10. A. Sheikh e C. S. Jordan, *Clinical Uses of Mental Imagery*.
11. Ibid., p. 423.
12. K. D. Strosahl e J. C. Ascough. *Clinical Uses of Mental Imagery*, pp. 422-438.
13. D. Meichenbaum, *Cognitive-Behavioral Modification*.
14. Meichenbaum, "Why Does Using Imagery in Psychotherapy Lead to Change?"
15. Singer, *Imagery and Daydream Methods in Psychotherapy and Behavior Modification*.
16. C. Philips e M. Hunter, *The Treatment of Tension Headache*, pp. 499-507; N. Spanos, C. Horton e J. Chaves, *The Effects of Two Cognitive Strategies on Pain Threshold*, pp. 677-81; J. J. Horan, F. C. Layne e C. H. Pursell, *Preliminary Studies of "In Vivo" Emotive Imagery on Dental Discomfort*, pp. 105-6.

17. F. H. Kanfer, *The Many Faces of Self-Control*.
18. M. D. Avia e F. H. Kanfer, *Coping with Aversive Stimulation*, pp. 73-81; E. L. Worthington, Jr., *The Effects of Imagery Content, Choice of Imagery Content, and Self-Verbalization on the Self-Control of Pain*, pp. 225-40.
19. Kleinman e Sung, *Indigenous Practitioners*, p. 7.
20. E. F. Torrey, *What Western Psychotherapists Can Learn from Witchdoctors*, pp. 69-76.
21. J. Frank, *Persuasion and Healing*; Kleinman e Sung, *Indigenous Practitioners*, pp. 7-26.
22. R. C. Ness e R. M. Wintrob, *Folk Healing*.
23. L. D. Weatherhead, *Psychology, Religion and Healing*.
24. Frank, *Persuasion and Healing*.
25. Ver nota 20.
26. G. B. Risse, *Shamanism: The Dawn of a Healing Profession*, pp. 18-23.
27. J. Maddox, *The Medicine Man*, cit. por Torrey, *What Western Psychiatrists Can Learn*, p. 73.
28. M. E. P. Seligman, Helplessness; W. B. Cannon, *Voodoo Death*, pp. 182-90.
29. Frank, *Persuasion and Healing*, p. 66.
30. Risse, *Shamanism*, p. 22; ibid.
31. J. Deese e S. H. Hulse, *The Psychology of Learning*.
32. Ness e Wintrob, *Folk Healing*.
33. W. G. Jilek, *Indian Healing*.
34. R. L. Bergman, *A School for Medicine Men*, pp. 663-66.

Capítulo 6

1. C. Bernard, *An Introduction to the Study of Experimental Medicine*, texto publicado pela primeira vez em 1865, revisto e traduzido em 1957, p. 73.
2. J. Page, *Blood: The River of Life*.
3. R. Ader (org.), *Psychoneuroimmunology*.
4. _____ e N. Cohen, *Behaviorally Conditioned Immunosupresion and Murine Systemic Lupus Erythematosus*, pp. 127-8.
5. S. E. Locke e M. Horning-Rohan, *Mind and Immunity*.
6. M. P. Rogers, D. Dubey e P. Reich, *The Influence of the Psyche and the Brain on Immunity and Disease Susceptibility*, pp. 147-65; M. Stein, R. Schiavi e M. Camerino, *Influence of Brain and Behavior on the Immune System*, pp. 435-40.
7. E. Harrell, P. Lambert e J. Achterberg, *The Effects of Electrical Stimulation of the Hypothalamus on Macrophagic Activity in the Rat*, pp. 193-96.
8. K. Bulloch e R. Y. Moore, *Innervation of the Thymus Gland by Brain-stem and Spinal Cord in Mouse and Rat*, pp. 157-66.
9. P. Bardos et al., *Neocortical Lateralization of NK Activity in Mice*, pp. 609-11.
10. N. Geschwind e P. Behan, *Left-Handedness: Association with Immune Disease, Migraine, and Developmental Learning Disorder*, pp. 5097-100.
11. Bibliografia patrocinada pela Reynolds Foundation, mimeografada e posta em circulação, 1976.
12. E. Green e A. Green, *Beyond Biofeedback*.
13. B. Klopfer, *Psychological Variables in Human Cancer*, p. 334.
14. Ibid., p. 339.
15. L. LeShan, *The Mechanic and the Gardener*, p. 139.
16. Ibid.
17. A. Carrel, *Man the Unknown*.
18. Ibid., p. 314.
19. H. Selye, *The Stress of Life*.
20. S. C. Gilman et al., *Beta-Endorphin Enhances Lymphocyte Proliferative Responses*, pp. 4226-30.

21. Trabalho realizado pelos pesquisadores Plotnikoff, Miller e Murgo na Oral Roberts School of Medicine em Tulsa, Okla., e relatado em *Science News*, vol. 122, 24 jul. 1982.
22. J. Wyblan et al., *Suggestive Evidence for Receptors for Morphine and Methionine-Enkephalin on Normal Human Blood T-Lymphocytes*, pp. 1068-70.
23. H. Newman, *Health Attitudes, Locus of Control and Religious Orientation.*
24. D. Gregg, *The Paucity of Arthritis among Psychotic Patients*, pp. 853-4; T. L. Pilkington, *The Coincidence of Rheumatoid Arthritis and Schizophrenia*, pp. 604-7.
25. Achterberg, I. Collerain e P. Craig, *A Possible Relationship between Cancer, Mental Retardation, and Mental Disorders*, pp. 135-9.
26. A. Leaf, *Every Day is a Gift When You Are over 100*, pp. 93-118; S. Benet, *Abkhasians*; G. Halsel, *Los Viegos.*
27. Leaf, *Every Day is a Gift.*
28. Achterberg, O. C. Simonton e S. Simonton, *Psychology of the Exceptional Cancer Patient*, pp. 416-22.
29. R. Derogatis, M. D. Abeloff e N. Melisaratos, *Psychological Coping Mechanisms and Survival Time in Metastatic Breast Cancer*, pp. 1504-08.
30. Este trabalho e os seguintes estudos são encontrados nestas publicações: Achterberg et. al., *Psychological Factors and Blood Chemistries as Disease Outcome Predictors for Cancer Patients*, pp. 107-22; Achterberg e G. F. Lawlis, *A Canonical Analysis of Blood Chemistry Variables Related to Psychological Measures of Cancer Patients*, pp. 1-10.
31. R. L. Trestman, *Imagery, Coping, and Physiological Variables in Adult Cancer Patients.*
32. Este trabalho foi publicado em Achterberg e Lawlis, *Imagery of Cancer: A Diagnostic Tool for the Process of Disease*, editado por IPAT em 1978 e revisto em 1984 com a finalidade de incluir instrumentos para se lidar com a diabete e a dor sob um novo título: *Imagery and Disease.*
33. P. Bakan, *Imagery, Raw and Cooked.*
34. Resultados detalhados sobre as descobertas da Clínica de Reabilitação do Câncer se encontram em: Final Report, Cancer Rehabilitation Demonstration Project, NCI N01-CN-45133, National Cancer Institute, National Institute of Health, Washington, DC., 1977. Os resultados do estudo sobre a laringectomia estão em Final Report, Comprehensive Rehabilitation of the Laryngectomee, NCI R18-CA 18629, National Cancer Institute, National Institute of Health, Washington, D.C., 1979.
35. M. J. Harner, comunicação pessoal.
36. L. Thomas, *On Warts.*
37. Ibid., p. 62.
38. Ibid., pp. 63-64; ibid., p. 65.
39. H. R. Hall, *Hypnosis and the Immune System: A Review with Implications for Cancer and the Psychology of Healing*, pp. 92-103; idem, S. Longo e R. Dixon, "Hypnosis and the Immune System: The Effect of Hypnosis on T and B Cell Function".
40. B. S. Peavey, "Biofeedback Assisted Relaxation: Effects on Phagocytic Immune Function."
41. C. W. Smith et al., *Imagery and Neutrophil Function Studies.*
42. J. V. Basmajian, *Control of Individual Motor Units*, pp. 440-41.
43. B. Brown, *New Mind, New Body.*
44. J. Schneider, C. W. Smith e S. Whitcher, *The Relationship of Mental Imagery to White Blood Cell (Neutrophil) Function.*

Anexos

1. M. Samuels e H. Bennett, *Be Well*, p. 284.
2. I. Oyle, *The New American Medical Show.*
3. Ao longo dos anos em que se realizaram projetos de pesquisa, foram elaborados roteiros que servem ao sutil objetivo de se educar a saúde. Tais roteiros informam o pa-

ciente sobre a natureza do distúrbio e sobre as fontes potenciais de recuperação, sobretudo as fontes autocurativas do próprio paciente. Eles se encontram em fita gravada e se referem a diabete, artrite reumatóide, dor, câncer, ferimentos provocados por queimaduras, enxaqueca e obesidade. Uma fita geral, relativa ao relaxamento, também serve como indução pré-imaginário e ao pré-*biofeedback*. As fitas custam $13.50 mais $2.00 de despesas relativas à embalagem e remessa (os residentes no Estado do Texas devem acrescentar 5%, que é a taxa de venda). Pedidos a Health Associates, Inc. P. O. Box 36471, Dallas, Tx. 75235.

Bibliografia

Achterberg, J.; Collerain, I. e Craig, P. "A Possible Relationship Between Cancer, Mental Retardation, and Mental Disorders". *Journal of Social Science and Medicine*, 12:135-39, maio 1978.

_____; Kenner, C. e Lawlis, G. F. *Biodfeedback, Imagery, and Relaxation: Pain and Stress Intervention for Severely Burned Patients*. Comunicação apresentada à Biodfeedback Society of America, Annual Meetings, Chicago, Ill., março 1982.

_____ e Lawlis, G. F. *Imagery of Cancer: A Diagnostic Tool for the Process of Disease*. Champaign, Ill.: Institute for Personality and Ability Testing, 1978.

_____ e _____. "A Canonical Analysis of Blood Chemistry Variables Related to Psychological Measures of Cancer Patients". *Multivariate Experimental Clinical Research*. 1 e 2 (4):1-10, 1979.

_____ e _____. *Bridges of the Bodymind: Behavioral Approaches to Health Care*. Champaign, Ill., Institute for Personality and Ability Testing, 1980.

_____ e _____. "Imagery and Terminal Care: The Therapist as Shaman". In *Behavior Therapy in Terminal Care*, org. D. Sobel. Cambridge, Mass., Ballinger, 1981.

_____ e _____. *Imagery and Disease*. Champaign, Ill. Institute for Personality and Ability Testing, 1984.

_____; _____; Simonton, O. C.; Simonton, S. "Psychological Factors and Blood Chemistries as Disease Outcome Predictors for Cancer Patients". *Multivariate Experimental Clinical Research*, 3: 107-122, 1977.

_____; McGraw, P.; e Lawlis, G. F. "Rheumatoid Arthritis. A Study of Relaxation and Temperature Biofeedback as an Adjunctive Therapy". *Biofeedback and Self-Regulation*, 6:207-223, 1981.

_____; Simonton, O. C.; e Simonton, S. "Psychology of the Exceptional Cancer Patient: A Description of Patients Who Outlive Predicted Life Expectancies". *Psychotherapy: Theory, Research and Practice*, 14:416-22, inverno 1977.

Ader, R. (org.). *Psychoneuroimmunology*. Nova York, Academia Press, 1981.

_____ e Cohen, N. "Behaviorally Conditioned Immunosupression and Murine Systemic Lupus Erythematosus". *Psychosomatic Medicine*, 44:127-8, 1982.

Adler, M. W. "Endorphins, Enkephalins, and Neurotransmiters". *Surgical Rounds*, pp. 71-4. Jun. 1983.

Adrian, E. D. e Matthews, B. H. C. "The Berger Rhythm, Potential Changes from the Occiptal Lobes in Man". *Brain*, 57:355-85, 1934.

Ahsen, A. *Basic Concepts in Eidetic Psychotherapy*. Nova York, Brandon House, 1968.

_____. "Eidetics: Neural Experimental Growth Potential for the Treatment of Accident Traumas, Debilitating Stress Conditions and Chronic Emotional Blocking." *Journal of Mental Imagery*, 2:1-22, 1978.

Anderson. M. P. "Imaginal process: Therapeutic applications and theoretical models." In *Psychotherapy Process: Current Issues and Future Trends*. M. J. Mahoney (org.). Nova York, Plenum, 1980.

Aristóteles. *Parva Naturalia*. Ed. Oxford, vol. III, 463a.

Assagioli, R. *Psychosynthesis: A Collection of Basic Writings*. Nova York, Viking, 1965.

Avia, M. D. e Kanfer, F. H. "Coping with Aversive Stimulation: The Effects of Training in a Self-Management Contest". *Cognitive Therapy and Research*, 4:73-81, 1980.

Bakan, P. "Imagery, Raw and Cooked: A Hemispheric Recipe." In *Imagery*. J. E. Shorr; G. E. Sobel; P. Robin; e J. A. Connella (orgs.). Nova York, Plenum Press, 1980.

Balikci, A. "Shamanistic Behavior among the Netsilik Eskimos." In *Magic Witchcraft and Curing*. J. Middleton (org.). Nova York, The Natural History Press, 1967.

Barber, T. X. "Psychological Aspects of Hypnosis." *Psychological Bulletin*, 58:390-419, 1961.

_____. *Hypnosis: A Scientific Approach*. Nova York, Van Nostrand, 1969.

_____. "Hypnosis, Suggestions and Psychosomatic Phenomena: A Nova Look from the Standpoint of Recent Experimental Studies". *The American Journal of Clinical Hypnosis*, 21:13-27, 1978.

_____, Chauncey, H. H. e Winer, R. A. "Effects of Hypnotic and Nonhypnotic Suggestions on Paratid Gland Response to Gustatory Stimuli." *Psychosomatic Medicine*, 26:374-80, 1964.

Barchas, D. D.; Akil, H.; Elliot, G.R.; Holman, R. B.; e Watson. S. J. "Behavioral Neurochemistry: Neuroregulators and Behavioral States." *Science*, 200:964-73, 1978.

Bardos, P.; Degenne, D.; Lebranchu, Y.; Bizière, K.; e Renoux, G. "Neocortical Lateralization of NK Activity in Mice". *Scandinavian Journal of Immunology*, 13:609-11, 1981.

Bartrop, R. W.; Luckhurst, E.; Lazurus, L.; Kiloh, L. G.; e Penny, R. "Depressed Lymphocyte Function after Bereavement." *Lancet*, 1:834-36, 1977.

Basmajian, J. V. "Control of Individual Motor Units." *Science*, 141:440-1, 1963.

_____. *Muscles Alive: Their Functions Revealed by Electromyography*. 3ª ed. Baltimore, Williams, e Wilkins, 1979.

Beck, A. R. "Role of Fantasies in Psychotherapy and Psychopathology." *Journal of Nervous and Mental Diseases*, 150:3-17, 1970.

Benedict, E. e Porter, T. "Native Indian Medicine Ways". *Monchanin Journal*, 10:11-22, 1977.

Benet, S. *Abkhasians*. Nova York, Holt, Rinehart and Wiston, 1974.

Benson, H. *The Relaxation Response*. Nova York, Morrow, 1975.

_____; Beary, J. F.; e Carol, M. P. "The Relaxation Response". *Psychiatry*, 37:37-46, 1974.

Berg, J. W.; Ross, R.; e Latourette, H. B. "Economic Status and Survival of Cancer Patients." *Cancer*, 39:467-77, 1977.

Bergamo, J. de. (c. 1470-1471). "Quaestio de Strigis". Manuscrito inédito, Biliothèque Nationale, Paris. Cit. in Joseph Hanse. *Quellen and Untersuchen zur Geschichte des Hexenwahns und der Hexenverfulgung in Mittelalter*. Bonn, Carl Georgi, 1901 (1905), pp. 195-200.

Bergman, R. L. "A School for Medicine Men". *American Journal of Psychiatry*, 130 (6):663-6, jun. 1973.

Bernard, C. *An Introduction to the Study of Experimental Medicine*. Nova York, Dover Publications, Inc., 1957.

Binder, G. A. *Great Moments in Medicine*. Detroit, Parke-Davis, 1966.

Binet, A. *L'Etude Experimentale de l'Intelligence*. Paris, Costes, 1922.

Blacker, C. *The Catalpa Bow*. Londres, Allen & Unwin, 1975.

Bogen, J. E. "The Other Side of the Brain: An Oppositional Mind". *Bulletin of the Los Angeles Neurological Society*, 34:135-62, 1969.

Brook, D. *Naturebirth*. Nova York, Pantheon Books, 1976.

Brown, B. *New Mind, New Body*. Nova York, Harper & Row, 1974.

_____. *Stress and the Art of Biofeedback*. Nova York, Harper e Row, 1977.

Bulloch, K. e Moore, R. Y. "Innervation of the Thymus Gland in Brainstem and Spinal Cord in Mouse and Rat". *American Journal of Anatomy*, 161:157-66, 1981.

Cannon, W. B. "Voodoo Death." *Psychosomatic Medicine*, 19:182-90, 1957.

Cappannari, S. C.; Rau, B.; Abram, H. S.; et al. "Voodoo in the General Hospital: A Case of Hexing and Regional Enteritis." *Journal of the American Medical Association*, 232:938-40, 1975.

Capra, F. *The Turning Point*. Nova York, Simon & Schuster, 1982.

Carrel, A. *Man the Unknown*. Nova York, Harper & Row, 1935.

Castañeda, C. *The Teachings of Don Juan: A Yaqui Way of Knowledge*. Berkeley e Los Angeles, University of California Press, 1968.

_____. *A Separate Reality: Further Conversations with Don Juan*. Nova York, Simon & Schuster, 1971.

Cautela, J. R. "Covert Conditioning: Assumptions and Procedures". *Journal of Mental Imagery*, 1:53-64, 1977.

Clark, P. "The Phantasy Method of Analyzing Narcissistic Neurosis". *Psychoanalytic Review*, 13:225-32, 1925.

Colt, E. W. D.; Wardlaw, W.; e Frantz, A. G. "The Effect of Running on Plasma Beta-Endorphin". *Life Science*, 28:1637, 1981.

Costa, D.; Mestes, E.; e Coban A. "Breast and Other Cancer Deaths in a Mental Hospital". *Neoplasma*, 28:371-78, 1981.

Cousins, N. *Human Options*. Nova York, W. W. Norton & Co., 1981.

_____. *The Healing Heart*. Nova York, W. W. Norton & Co., 1983.

Crampton, M. *An Historical Survey of Mental Imagery Techniques in Psychotherapy and Description of the Dialogic Imaginal Integration Method*. Montreal, Quebec Center for Psychosynthesis, 1974.

Critchley, M. *The Parietal Lobes*. Londres, Edward Arnold, 1953.

Daly, M. *Gyn/Ecology: The Metaethics of Radical Feminism*. Boston, Beacon Press, 1978.

Deese, J. e Hulse, S. H. *The Psychology of Learning*. Nova York, McGraw Hill, 1967.

DeRenzi, E. "Nonverbal Memory and Hemispheric Side of the Lesion". *Neuropsychologia*, 6:181-9, 1968.

Derogatis, R.; Abeloff, M. D.; e Melisaratos, N. "Psychological Coping Mechanisms and Survival Time in Metastatic Breast Cancer." *Journal of the American Medical Association*, 242:1504-8, 5 out. 1979.

DeSoille, R. *The Directed Daydream*. Nova York, Psychosynthesis Research Foundation, 1965.

Devereux, G. *Basic Problems of Ethnopsychiatry*. Chicago, University of Chicago Press, 1980.

Dick Read, G. *Childbirth without Fear*. Nova York, Harper e Row, 1953.

DiGuisto, E. L. e Bond, N. "Imagery and the Autonomic Nervous System: Some Methodological Issues". *Perceptual and Motor Skills*, 48:427-38, 1979.

Dossey, L. *Space, Time and Medicine*. Boulder, Co., Shambala, 1982.

Drury, N. *The Shaman and the Magician*. Londres, Boston, e Henley, Routledge & Kegan Paul, 1982.

Dvorak, H. F.; Dvorak, A. M.; Manseau, B. J.; Wiberg, L.; e Churchill, W. H. "Fibrin Gel Investment Associated with Line 1 and Line 10 Solid Tumor Growth, Angiogenesis, and Fibroplasia in Guinea Pigs: Role of Cellular Immunity, Myofibroblasts, Microvascular Damage, and Infarction in Line 1 Tumor Regression." *Journal of the National Cancer Institute*, 62:1458-72, 1978.

Ehrenreich, B.; e English, D. *Witches, Midwives, and Nurses: A History of Women Healers.* Nova York, The Feminist Press, 1973.

Eliade, M. *Shamanism: Archaic Techniques of Ecstasy.* Nova York, Pantheon Books, Bollingen Foundation, 1964.

_____. "Some Observations on European Witchcraft". *Occultism, Witchcraft, and Cultural Fashions.* Chicago, Chicago University Press, 1976.

Ellis, A. *Rational-Emotive Therapy and Cognitive Behavior Therapy.* Nova York, Springer, 1981.

Evans-Wentz, W. Y. *Tibetan Yoga and Secret Doctrines.* Londres, Oxford University Press, 1967.

Ferguson, M. "Karl Pribram's Changing Reality". *Re-Vision,* 1(3/4):8-13, 1978.

Ferguson, W. K. e Bruun, G. *A Survey of European Civilization.* Boston, Houghton Mifflin Co., 1958.

Frank, J. *Persuasion and Healing.* Baltimore e Londres, John Hopkins University Press, 1974.

Frank, L. *Die Psychoanalyse.* Munique, E. Reinhardt, 1910.

Fretingny, R. e Virel. A. *L'Imagerie Mentale.* Genebra, Mont Blanc, 1968.

Furst, P. T. (org.). *Flesh of the Gods: The Ritual Use of Hallucinogens.* Nova York, Doubleday/Natural History Press, 1972.

Gaarder, K. R. e Montgomery, P. *Clinical Biofeedback: A Procedural Manual.* 2ª ed. Baltimore, Williams, e Wilkins, 1982.

Gage, M. J. *Women, Church and State.* Publicado em Chicago, Ill., 1893.

Galin, D. e Ornstein, R. "Individual Differences in Cognitive Style — I: Reflective Eye Movements". *Neuropsychologia,* 12:367-76, 1974.

_____ e _____. "Lateral Specialization in Cognitive Modes: An EEG Study". *Psychophysiology,* 9:412-18, 1976.

Garfield, C. "Beyond the Relaxation Response." Comunicação apresentada à Universidade da Califórnia em Los Angeles, fev. 1983.

Garrison, V. "Doctor, Espiritista, or Psychiatrist? Health-Seeking Behavior in a Puerto Rican Neighborhood of New York City". *Medical Anthropology,* 1:65-180, 1977.

Gatchel, R. J. e Price, K. P. (orgs.). *Clinical Applications of Biofeedback: Appraisal and Status.* Nova York, Pergamon, 1979.

Gazzaniga, M. S. e LeDoux, J. E. *The Integrated Mind.* Nova York, Plenum Press, 1978.

Gendlin, E. T. *Focusing.* Nova York, Everest House, 1978.

Gerrard, D. Prefácio a *Seeing with the Mind's Eye,* por M. Samuels e N. Samuels. Nova York, Random House, 1975.

Geschwind, N. e Behan, P. "Left-Handedness: Association with Immune Disease, Migraine, and Developmental Learning Disorder". *Proceedings of the National Academy of Sciences,* 79:5097-100, 1982.

Gillin, J. "Magical Fright". *Psychiatry,* 11:387-400, 1948.

Gilman, S. C.; Schwarts, J. M.; Milner, R. J.; Bloom, F. E. e Feldman, J. D. "Beta-Endorphin Enhances Lymphocyte Proliferative Responses". *Proceedings of the National Academy of Science,* 79:4226-30, jul. 1982.

Goldstein, A. "Thrills in Response to Music and Other Stimuli". *Physiological Psychology,* 8:126-29, 1980.

Goldstritch, J. D. *The Best Chance Diet.* Atlanta, Humanics Limited, 1982.

Green, E. e Green, A. *Beyond Biofeedback.* Nova York, Delta, 1977.

Gregg, D. "The Paucity of Arthritis Among Psychotic Patients." *American Journal of Psychiatry,* 1939, pp. 853-4.

Grossinger, R. *Planet Medicine: From Stone Age Shamanism to Post-Industrial Healing.* Garden City, Nova York, Anchor Press/Doubleday, 1980.

Guillerey, M. "Medicine Psychologique". In *Medecine Officielle et Medecine Heretique.* Paris, Plon, 1945.

Guyton, H. C. *Human Physiology and Mechanisms of Disease.* 3ª ed., Filadélfia, W. B. Saunders Co., 1982.

Haire, D. e Haire, J. "The Cultural Warping of Childbirth". *Special News Report.* International Childbirth Education Association, 1972.

Halifax, J. *Shamanic Voices: A Survey of Visionary Narratives.* Nova York, E. P. Dutton, 1979.

Hall, H. R. "Hypnosis and the Immune System: A Review with Implications for Cancer and the Psychology of Healing". *Journal of Clinical Hypnosis*, 25 (2-3):92-103, 1982-1983.

_____; Longo, S.; e Dixon, R. "Hypnosis and the Immune System: The Effect of Hypnosis on T and B Cell Function." Comunicação apresentada à Society for Clinical and Experimental Hypnosis, 33 Workshops e Encontros Científicos Anuais, Portland, Oregon, out. 1981.

Halsel, G. *Los Viegos.* Emmaus, Rodale Press, 1976.

Happich, C. "Das Bildbewusstsein als Ansatzstelle Psychischer Behandling." Zbl. *Psychotherapie*, 5:663-7, 1932.

Harner, M. J. (org.). *Hallucinogens and Shamanism.* Nova York, Oxford University Press, 1973.

_____. *The Way of the Shaman: A Guide to Power and Healing.* São Francisco, Harper & Row, 1980.

Harrell, E.; Lambert, P.; e Achterberg, J. "The Effects of Electrical Stimulation of the Hypothalamus on Macrophagic Activity in the Rat." *Physiological Psychology*, 9 (2):193-6, 1979.

Harris, M. *Cows, Pigs, Wars and Witches: The Riddles of Culture.* Nova York, Vintage Books, 1978.

Hartman, F. *Paracelsus: Life and Prophecies.* Blauvelt, N. Y., Rudolf Steiner, 1973.

Hazum, E.; Chang K. J.; e Cuartrecasas, P. "Specific Monoplate Receptors for Beta-Endorphins", *Science*, 205:1033-5, 1979.

Head, J. *Aphasia and Kindred Disorders of Speech*, vol. 1. Cambridge, Cambridge University Press, 1926.

Heidt, P. "Patients Tell Their Stories". Comunicação apresentada à Segunda Conferência Anual Sobre Imaginação e o Processo de Fantasia, Nova York, 1978.

Herbert, W. "Elaborating the Stress Response". *Science News*, 24:84, 1983.

Heron, W. "The Pathology of Boredom". *Scientific American*, 196:52056, 1957.

Hilman, J. *Re-Visioning Psychology.* Nova York, Harper e Row, 1975.

Horan, J. J.; Layne, F. C.; e Pursell, C. H. "Preliminary Studies of in Vivo Emotive Imagery on Dental Discomfort". *Perceptual and Motor Skills*, 42:105-6, 1976.

Horowitz, M. J. "Visual Thought Images in Psychotherapy". *American Journal of Psychotherapy*, 12:55-75, 1968.

_____. *Image Formation and Cognition.* Nova York, Appleton, 1970.

_____. "Controls of Visual Imagery and Therapeutic Intervention." In *The Power of Human Imagination*, J. L. Singer e K. S. Pope (orgs.). Nova York, Plenum, 1978.

Hultkrantz, A. "A Definition of Shamanism." *Temenos*, 9:25-37, 1973.

Humphrey, M. E. e Zangwill, O. L. "Cessation of Dreaming after Brain Injury". *Journal of Neurology, Neurosurgery, and Psychiatry*, 14:322-5, 1951.

Ingelfinger, F. J. "The Physicians Contribution to the Health System." *Nova England Journal of Medicine*, 295:565-6, 2 set. 1976.

Jackson, J. H. "On Right or Left-Sided Spasm at the Onset of Epileptic Paroxysms, and on Crude Sensation Warnings and Elaborate Mental States." *Brain*, 3:192-206, 1980.

Jacobsen, C. F. "Studies of Cerebral Function in Primates: 1. The functions of the frontal associations areas in monkeys". *Comparative Psychology Monographs*, 13:3-60, 1936.

Jacobsen, E. "Electrical Measurements of Neuromuscular States During Mental Activities: Imagination of Movement Involving Skeletal Muscle." *American Journal of Physiology*, 91:597-608, 1929.

Jaffe, D. T. e Bresler, D. E. "Guided Imagery: Healing Through the Mind's Eye." In *Imagery: Its Many Dimensions and Applications*, J. E. Shorr, G. E. Sobel, P. Robin e J. A. Connella (orgs.). Nova York, Plenum, 1980.

James, W. *The Varieties of Religious Experience*. Nova York, Collier Books, 1961.

Janet, P. *Nevroses et Idées Fixes*. Paris, Alcan, 1898.

Jellinek, A. "Spontaneous Imagery: A Nova Psychotherapeutic Approach". *American Journal of Psychotherapy*, 3:372-91, 1949.

Jilek, W. G. *Salish Indian Mental Health and Culture Change: Psycho Hygienic and Therapeutic Aspects of the Guardian Spirit Ceremonial*. Toronto e Montreal, Holt, Rinehart e Winston of Canadá, 1974.

_____. *Indian Healing*. Blaine, Wash., Hancock House, 1982.

Jilek-Aall, L. *Call Mama Doctor*. Seattle, Wash., Hancock House, 1979.

Johannes, A. "Many Medicines in One: Curing in the Eastern Highlands of Papua Nova Guinea." *Culture, Medicine, and Psychiatry*, 4 mar. 1980, pp. 43-70.

John, E. R. e Killam, K. F. "Electrophysiological Correlates of Avoidance Conditioning in the Cat." *Journal of Pharmacology and Experimental Therapeutics*, 125:252-74, 1959.

Johnson, J. E. "Effects of Accurate Expectations about Sensations on the Sensory and Distress Components of Pain." *Journal of Personality and Social Psychology*, 27:261-75, 1973.

_____; Rice, V. H.; Fuller, S. S. e Endress, M. P. "Sensory Information Instruction in a Coping Strategy, and Recovery from Surgery". *Research in Nursing and Health*, 1(1):4-17, 1978.

Jordan, C. S. "Mental Imagery and Psychotherapy: European Approaches." In *The Potential of Fantasy and Imagination*. A. A. Sheikh e J. T. Shaffer (orgs.). Nova York, Brandon House, 1979.

_____ e Lenington, K. T. "Psychological Correlates of Eidetic Imagery and Induced Anxiety." *Journal of Mental Imagery*, 3:31-42, 1979.

Jung. C. G. "The Structure and Dymamics of the Psyche." In *Collected Works*, vol. 8. Tradução de R. F. C. Hull. Princeton, Princeton University Press, 1960.

Kamiya, J. Material apresentado à Conferência Internacional sobre Ciência e Xamanismo. Esalen Institute, Big Sur, Califórnia, fev. 1984.

Kanfer, F. H. "The Many Faces of Self-Control; or Behavior Modification Changes its Focus". In *Behavioral Self-Management: Strategies, Techniques and Outcomes*, R. B. Stuart (org.). Nova York, Brunner/Mazel, 1977.

Kazdin, A. E. e Wilcoxin, L. A. "Systematic Desensitization and Non-Specific Treatment Effects: A Methodological Evaluation." *Psychological Bulletin*, 83:5, 1975.

Kazner, M. "Image Formation During Free Association". *Psychoanalytic Quarterly*, 27:465-84, 1958.

Kendall, L. "Supernatural Traffic: East Asian Shamanism." *Culture, Medicine, and Psychiatry*, 5:171-91, 1981.

Kenner, C. e Achterberg, J. "Non-Pharmacologic Pain Relief for Patients". Apresentado aos Encontros Anuais da Associação Americana das Vítimas de Queimaduras, Nova Orleans, abr. 1983.

Kiester, E. "The Playing Fields of the Mind." *Psychology Today*, 18:18-24, jul. 1984.

Kleinman, A. "Some Issues for a Comparative Study of Medical Healing." *International Journal of Social Psychiatry*, 19 (159):159, 1973.

_____ e Sung, L. H. "Why Do Indigenous Practitioners Successfully Heal?" *Social Sciences and Medicine*, 13B:7-26, 1979.

Klopfer, B. "Psychological Variables in Human Cancer". *Journal of Projective Techniques*, 21:331-40, 1957.

Kosbab, F. P. "Imagery Techniques in Psychiatry." *Archives of General Psychiatry*, 32:283-90, 1974.

Kramer, H. e Sprenger, J. *The Malleus Maleficarum*. Trad. Montague Summers. Londres, Pushkin Press, 1928.

Kraus, R. F. "A Psychoanalytic Interpretation of Shamanism." *The Psychoanalytic Review*, 591:19-32, 1972.

Kreig, M. B. *Green Medicine: The Search for Medicines that Heal*. Nova York, Bantam, 1966.

Kretschmer, W. "Meditative Techniques in Psychotherapy". In *Altered States of Consciousness*, C. Tart (org.). Nova York, Wiley, 1969.

Krieger, D. *Therapeutic Touch: How to Use Your Hands to Help or Heal*. Englewood Cliffs, N. J., Prentice-Hall, 1979.

Krippner, S. e Villoldo, A. *The Realms of Healing*. Milbrae, Ca., Celestial Arts, 1976.

LaBarre, W. *The Ghost Dance: Origins of Religion*. Nova York, Delta, 1972.

_____. *The Peyote Cult*. Nova Haven, Yale University Press, 1938.

_____. "Shamanic Origins of Religion and Medicine". *Journal of Psychedelic Drugs* II, 1-2:7-11, 1979.

Laing, R. D. *The Politics of Experience*. Nova York, Ballantine, 1967.

Landy, D. (org.). *Culture, Disease and Healing: Studies in Medical Anthropology*, Nova York, Macmillan, 1977.

Lashley, K. "In Search of the Engram." *Symposium for the Society of Experimental Biology*, 4:425-82, 1950.

LaViolette, F. E. *The Struggle for Survival: Indian Cultures and the Protestant Ethic in British Columbia*. Toronto, University of Toronto Press, 1961.

Lazarus, A. A. e Abramovitz, A. "The Use of Emotive Imagery in the Treatment of Children's Phobias." *Journal of Mental Science*, 108:191-5, 1962.

Lea, H. C. *Materials Toward a History of Witchcraft*, vol. 1-3. Reunidos e editados por Arthur C. Howland. Nova York, Thomas Yoseloff, 1957.

Leaf, A. "Every Day is a Gift When You Are Over 100." *National Geographic Magazine*, 143:93-118, 1973.

LeShan, L. *The Medium, the Mystic and the Physicist*. Nova York, Ballantine Books, 1975. [*O médium, o místico e o físico*, São Paulo. Summus, 1994].

_____. *The Mechanic and the Gardener*. Nova York, Holt, Rinehart e Winston, 1982.

Lesser, I. M. "A Review of the Alexithymia Concept." *Psychosomatic Medicine*, 32:531-43, 1981.

Leuner, H. "Guided Affective Imagery: An Account of Its Development." *Journal of Mental Health*, 1:73-92, 1977.

_____. "Basic Principles and Therapeutic Efficacy of Guided Affective Imagery." In *The Power of Human Imagination*, J. L. Singer e K. S. Pope (orgs.). Nova York, Plenum, 1978.

Levine, J. D.; Gordon, N. C.; e Fields, H. L. "The Mechanism of Placebo Analgesia." *The Lancet*, 23 set. pp. 654-7, 1978.

Levy, J.; Trevarthen, C.; e Sperry, R. W. "Perception of Bilateral Chimeric Figures Following Hemispheric Deconnection". *Brain*, 95:61-78, 1972.

Lichstein, K. L. e Lipshitz, E. "Psychophysiological Effects of Noxious Imagery: Prevalence and Prediction." *Behavior Research and Therapy*, 20:339-45, 1982.

Lilly, J. C. *The Center of the Cyclone: An Autobiography of Inner Space*. Nova York, Julian, 1972.

_____. *The Deep Self*. Nova York, Simon and Schuster, 1977.

Lipkin, S. "The Imagery Collage and its Use in Psychotherapy." *Psychotherapy: Theory, Research, and Practice*, 2:238-42, 1970.

Lipowski, Z. J. "Psychosomatic Medicine in the Seventies: An Overview". *The American Journal of Psychiatry*, 134:233-8, 1977.

Locke, S. E. "Stress Adaptation and Immunity: Studies in Humans." *General Hospital Psychiatry*, 4:49-58, 1982.

_____. e Horning-Rohan, M. *Mind and Immunity: Behavioral Immunology, An Annotated Bibliography* 1976-1982. Nova York, Institute for the Advancemnent of Health, 1983.

Loeb, E. M. "The Shaman of Niue." *American Anthropologist*, 26:393-402, 1924.

Lommel, A. *Shamanism*. Nova York, McGraw Hill, 1967.

Lorr, M.; McNair, D. M.; e Weinstein, G. H. "Early Effects of Librium Used with Psychotherapy." *Journal of Psychiatric Research*, 1:257-70, 1962.

Lowie, R. H. *Primitive Religion*. Londres, Routledge e Sons, 1925.

Luria, A. *The Mind of a Mnemonist*. Nova York, Basic Books, 1968.

Luthe, W. *Autogenic Therapy*, vol. 1-7. Nova York, Grune & Stratton, 1969.

Lyman, B.; Bernardin, S.; e Thomas, S. "Frequency of Imagery in Emotional Experience". *Perceptual and Motor Skills*, 50:1159-62, 1980.

Lyons, A. S. e Petrucelli, R. J. *Medicine: An Illustrated History*. Nova York, Harry N. Abrams, Inc., 1978.

Majno, G. *The Healing Hand: Man and Wound in the Ancient World*. Cambridge, Harvard University Press, 1975.

Maple, E. *Magic, Medicine, and Quackery*. Nova York, A. S. Barner & Co., 1968.

McMahon, C. E. "The Role of Imagination in the Disease Process: Pre-Cartesian History". *Psychological Medicine*, 6:179-84, 1976.

Meichenbaum, D. *Cognitive-Behavioral Modification: An Integrative Approach*. Nova York, Plenum, 1977.

—————. "Why Does Using Imagery in Psychotherapy Lead to Change?" In *The Power of Human Imagination*, J. L. Singer e K. S. Pope (orgs.). Nova York, Plenum, 1978.

Melzack, R. e Wall, P. D. "Pain Mechanism: A Nova Theory." *Science*, 150:971-9, 1965.

Meyer, A. e Beck, E. *Prefrontal Leucotomy and Related Operations: Anatomic Aspects of Success or Failure*. Springfield, Ill., Charles C. Thomas, 1954.

Milner, B. "Brain Mechanisms Suggested by Studies of Temporal Lobes." In *Brain Mechanisms Underlying Speech and Language*, F. L. Darley (org.). Nova York, Grune & Stratton, 1968, pp. 122-45.

—————. "Interhemispheric Differences in the Localization of Psychological Process in Man." *British Medical Bulletin*, 27:272-77, 1971.

Morrell, F. e Jasper, H. H. "Electrographic Studies of the Formation of Temporary Connections in the Brain." *Electroencephalography and Clinical Neurophysiology*, 8:201-15, 1956.

Morrison, J. K. "Emotive Reconstruction Therapy. A Short-Term Psychotherapeutic Use of Mental Imagery." In *Imagery: Its Many Dimensions and Applications*, J. E. Shorr, G. E. Soble, P. E. Robin e J. A. Connella (orgs.). Nova York, Plenum, 1980.

Munn, H. "The Mushroom of Language." In *Hallucinogens and Shamanism*, M. Harner (org.). Nova York, Oxford University Press, 1973.

Murray, M. *The Witch Cult in Western Europe*. Oxford, Oxford University Press, 1921.

Nauta, W. J. H. "Some Efferent Connections of the Prefrontal Cortex in the Monkey." In *The Frontal Granular Cortex and Behavior*, J. M. Warren e K. Akert (orgs.). Nova York, McGraw-Hill, 1964.

Neher, A. "Auditory Driving Observed with Scalp Electrodes in Normal Subjects". *EEG and Clinical Neurphysiology*, 13:449-51, 1961.

—————. "A Physiological Explanation of Unusual Behavior in Ceremonies Involving Drums." *Human Biology*, 34:152-60, 1962.

Ness, R. C. e Wintrob, R. M. "Folk Healing: A Description and Synthesis". *American Journal of Psychiatry*, 138:1477-81, 1981.

Newman, H. "Health Attitudes: Locus of Control and Religious Orientation." Dissertação de mestrado, Centro de Ciência da Saúde da Universidade do Texas, Escola de Ciências da Saúde, Dallas, 1983.

Noel, D. C. *Seeing Castañeda: Reactions to the "Don Juan" Writings of Carlos Castañeda*. Nova York, G. P. Putnam's Sons, 1976.

Nolen, W. *Healing: A Doctor in Search of a Miracle*. Random House, 1974.

Noll, R. "Shamanism and Schizophrenia: A State-Specific Approach to the 'Schizophrenia Metaphor' of Shamanic States." *American Ethnologist*, 10(3):443-59, 1983.

Nordland, O. "Shamanism as an Experience of the 'Unreal'." In *Studies of Shamanism*, C. M. Edsman (org.). Stockholm, Almquist & Wiksell, 1967.

Olton, D. S. e Noonberg, A. R. *Biofeedback: Clinical Applications in Behavioral Medicine*, Englewood Cliffs, Prentice Hall, 1980.

Ornish, D. *Stress, Diet and Your Heart*. Nova York, Holt, Rinehart e Winston, 1982.

Osler, W. *The Evolution of Modern Medicine*. Nova Haven, Yale University Press, 1921.

Oyle, I. *Magic, Mysticism and Modern Medicine*. Millbrae, Ca., Celestial Arts, 1976.

_____. *Time, Space and the Mind*. Millbrae, Ca., Celetial Arts, 1976.

_____. *The New American Medical Show*. Santa Cruz, Unity Press, 1979.

Page, J. *Blood: The River of Life*. Washington, D. C., U. S. News Books, 1981.

Peavey, B. S. "Biofeedback Assisted Relaxation: Effects on Phagocytic Immune Function." Tese de doutoramento, North Texas State University, Denton, Texas, 1982.

Pelletier, K. *Mind as Healer, Mind as Slayer*. Nova York, Dell, 1977.

Penfield, W. e Perot, P. "The Brain's Record of Auditory and Visual Experience." *Brain*, 86:595-6, 1963.

Perls, F. *Gestalt Therapy Verbatim*. Nova York, Bantam, 1970. [*Gestalt-terapia explicada*. São Paulo, Summus, 1977].

Perry, J. W. "Reconstitutive process in the Psychopathology of the Self." *Annals of the Nova York Academy of Sciences*, 96:853-76, 1962.

Peters, L. G. e Price-Williams, D. "Towards an Experiential Analysis of Shamanism." *American Ethnologist*, 7:398-418, 1980.

Philips, C. e Hunter, M. "The Treatment of Tension Headache — II. EMG 'Normality' and Relaxation." *Behavioral Research and Therapy*, 19:499-507, 1981.

Pilkington, T. L. "The Coincidence of Rheumatoid Arthritis and Schizophrenia." *Journal of Nervous and Mental Disease*, 124:604-7, 1956.

Popov, A. A. "How Sereptic Djarvoskin of the Nganasans (Tavgi Samoyeds) Became a Shaman." In *Popular Beliefs and Folklore Tradition in Siberia*. Vilmos Diozeg (org.). Bloomington, Ind., Indiana University Press, 1968.

Pribram, K. *Languages of the Brain*. Monterei, Ca., Brooks/Cole Pub. Co., 1971.

_____. "Problems Concerning the Structure of Consciousness." In *Consciousness and the Brain*. G.G.Globus et al. (orgs.). Nova York, Plenum, 1976.

_____. "What the Fuss is All About." In *The Holographic Paradigm and Other Paradoxes*. K. Wilber (org.). Boulder, Shambhala, 1982.

Progroff, I. *The Symbolic and the Real*. Nova York, Julian Press, 1963.

_____. "Waking Dream and Living Myth." In *Myths, Dreams and Religion*. J. Campbell (org.). Nova York, Dutton, 1970.

Rachman, S. *Phobias: Their Nature and Control*. Springfield, Ill., Thomas, 1968.

Radin, P. *Primitive Religion*. Nova York, Viking, 1937.

Reed, G. F. "Sensory Deprivation". In *Aspects of Consciousness*. G. Underwood e R. Stevens (orgs.). Londres, Academic Press (no prelo).

Reichard, G. A. *Navaho Religion*. Nova York, Pantheon Books, Bollingen Foundation, 1950.

Reyher, J. "Spontaneous Visual Imagery: Implications for Psychoanalysis, Psychopathology and Psychotherapy." *Journal of Mental Imagery*, 2:253-74, 1977.

Risse, G. B. "Shamanism: The Dawn Of a Healing Profession." *Wisconsin Medical Journal*, 71:18-23, 1972.

Rogers, M. P.; Dubey, D. e Reich, P. "The Influence of the Psyche and the Brain on Immunity and Disease Susceptibility: A Critical Review". *Psychosomatic Medicine*, 41:147-65, 1979.

Rogers, S. "Shamans and Medicine Men". *CIBA Symposia*, 4:1202-23, 1942.

Rothenberg, J. (org.). *Technicians of the Sacred: A Range of Poetries From Africa, America, Asia and Oceania*. Garden City, N. Y., Doubleday, 1968.

Safer, M. A. e Leventhal, H. "Ear Differences in Evaluating Emotional Tones of Voice and Verbal Content." *Journal of Experimental Psychology: Human Perception and Performance*, 3:75-82, 1977.

Saland, L. C.; van Epps, D. E.; Ortiz, E. e Samora, A. "Acute Injections of Opiate Peptides into the Rat Cerebral Ventricle: A Macrophage-like Cellular Response." *Brain Research Bulletin*, 10:523-8, 1983.

Salter, A. *Conditioned Reflex Therapy*. Nova York, Farrar e Straus, 1949.

Samuels, A. Material apresentado a uma conferência intitulada "Para além da resposta de relaxamento: mecanismos de auto-regulação e estratégias clínicas", patrocinada pela Universidade da Califórnia em Los Angeles, 26-28 out., 1984.

Samuels, M. e Bennett, H. *The Well Body Book*. Nova York, Random House-Bookworks, 1973.

——————— e ———————. *Be Well*. Nova York, Random House-Bookworks, 1974.

——————— e Samuels, N. *Seeing with the Mind's Eye*. Nova York, Random House-Bookworks, 1975.

Saphir, J. R.; Gold, A.; Giambrone, J. et al. "Voodoo Poisoning in Buffalo, Nova York." *Journal of the American Medical Association*, 202:437-8, 1967.

Saretsky, T. *Active Techniques and Group Psychotherapy*. Nova York, Jason Aronson, 1977.

Schleifer, S. J.; Keller, S. E.; McKegney, F. P. e Stein, M. "Bereavement and Lymphocyte Function." Comunicação apresentada ao encontro anual da Associação Psiquiátrica Americana, São Francisco, 1980.

Schneider, J.; Smith, C. W. e Whitcher, S. "The Relationship of Mental Imagery to White Blood Cell (Neutrophil) Function: Experimental Studies of Normal Subjects." Mimeo. Universidade Estadual de Michigan, Faculdade de Medicina, East Lansing, Mich., 1983.

Schultz, J. H. e Luthe, W. *Autogenic Training: A Physiological Approach to Psychotherapy*. Nova York, Grune & Stratton, 1969.

Schwartz, G. E.; Weinberger, D. A. e Singer, J. A. "Cardiovascular Differentiation of Happiness, Sadness, Anger, and Fear: Imagery and Exercise." *Psychosomatic Medicine*, 43:343-64, 1981.

Segal, J. "Biofeedback as a Medical Treatment". *Journal of the American Medical Association*, 232:179-80, 14 abr. 1975.

Seligman, M. E. P. *Helplessness*. San Francisco, W. H. Freeman e Co., 1975.

Selye, H. *The Stress of Life*. Nova York, McGraw-Hill, 1956.

Service, E. R. *A Profile of Primitive Culture*. Nova York, Harper e Brothers, 1958.

Shaw, W. A. "The Relation of Muscular Action Potentials to Imaginal Weight Lifting." *Archives of Psychology*, pp. 247-50, 1940.

Sheehan, P. W. "Hypnosis and Processes of Imagination." In *Hypnosis: Developments in Research and News Perspectives*. E. Fromm e R. E. Shor (orgs.). Nova York, Aldine, 1979.

Sheikh, A. (org.). *Imagery: Current Theory, Research and Application*. Nova York, Wiley, 1983.

——————— e Jordan, C. S. "Clinical Uses of Mental Imagery." In *Imagery: Current Theory, Research and Application*. A. Sheikh (org.). Nova York, Wiley, 1983.

——————— e Shaffer, J. T. (orgs.). The Potential of Fantasy and Imagination. Nova York, Brandon House, 1979.

Sherrington, C. S. *Man on His Nature*. Londres, Cambridge University Press, 1940.

Shorr, J. E. *Psycho-Imagination Therapy: The Integration of Phenomenology and Imagination*. Nova York, Intercontinental Medical Book Corp., 1972.

———————; Sobel, G. E.; Robin, P. e Connella, J. A. (orgs.). *Imagery: Its Many Dimensions and Applications*. Nova York, Plenum, 1980.

Silverman, J. "Shamanism and Acute Schizophrenia." *American Anthropologist*, 69:21-31, 1967.

Simonton, O. C.; Simonton, S. e Creighton, J. *Getting Well Again*. Los Angeles, Tarcher, 1978. [*Com a vida de novo*. São Paulo, Summus, 1987].

Singer, J. S. *Imagery and Daydream Methods in Psychotherapy and Behavior Modification*. Nova York, Academic Press, 1974.

234

_____ e Pope, K. S. (orgs.). *The Power of the Human Imagination*. Nova York, Plenum, 1978.

Siskind, J. "Visions and Cures among the Sharanahua." In *Hallucinogens and Shamanism*. M. Harner (org.). Nova York, Oxford University Press, 1973.

Smith, C. W.; Schneider, J.; Minning, C. e Whitcher, S. "Imagery and Neutrophil Function Studies: A Preliminary Report." Pré-publicação e comunicação pessoal. Universidade Estadual de Michigan, Departamento de Psiquiatria, 1981.

Sommers, F. "Dualism in Descartes: The Logical Ground." In *Descartes*. M. Hooker (org.). Baltimore, Johns Hopkins University Press, 1978.

Spanos, N.; Horton, C. e Chaves, J. "The Effects of Two Cognitive Strategies on Pain Threshold." *Journal of Abnormal Psychology*, 84:677-81, 1975.

Sperry, R. W. e Gazzaniga, M. S. "Language Following Surgical Disconnection of the Hemispheres". In *Brain Mechanisms Underlying Speech and Language*. F. L. Darley (org.). Nova York, Grune & Stratton, 1967, pp. 108-21.

Stampfl, T. e Lewis, D. "Essentials of Therapy: A Learning Theory-Based Psychodynamic Behavioral Therapy". *Journal of Abnormal Psychology*, 72:496-503, 1967.

Stat, D. K. "Ancient Sound: The Whistling Vessels of Peru". *El Quarterly Journal of the Museum of New Mexico*, 85:2-7, 1979.

Stein, M.; Schiavi, R. e Camerino, M. "Influence of Brain and Behavior on the Immune System." *Science*, 191:435-40, 1976.

Steinberg, S. "Endorphins: Nova Types and Sweet Links." *Science News*, 124:136, 1983.

Stoddart, A. M. *Life of Paracelsus*, Londres, 1911.

Strosahl, K. D. e Ascough, J. S. "Clinical Uses of Mental Imagery: Experimental Foundations, Theoretical Misconceptions, Research Issues." *Psychological Bulletin*, 89:422-38, 1981.

Suedfeld, P. *Restricted Environmental Stimulation*. Nova York, Wiley-Interscience, 1980.

_____ e Borrie, R. A. "Altering States of Consciousness through Sensory Deprivation." In *Expanding Dimensions of Consciousness*. A. A. Sugerman e R. E. Tarter (orgs.). Nova York, Springer, 1978.

Suskind, J. "Visions and Cures Among the Sharanahua." In *Hallu-cinogens and Shamanism*. M. Harner (org.). Nova York, Oxford University Press, 1973.

Tart, C. T. "A Psychophysiological Study of Out-of-the-Body Experiences in Selected Subjects." *Journal of the American Society for Physical Research*, vol. 62:1-16, jan. 1968.

_____ *States of Consciousness*. Nova York, E. P. Dutton, 1975.

Tenzel, J. H. "Shamanism and Concepts of Disease in a Mayan Indian Community." *Psychiatry*, 33:372-80, 1970.

Thomas, L. "On Warts". Capítulo The Medusa and the Snail. Toronto, Nova York e Londres, Bantam Books, 1980.

Torrey, E. F. "What Western Psychotherapists Can Learn from Witchdoctors." *American Journal of Orthopsychiatry*, 42:169-76, 1972.

Trestman, R. L. "Imagery, Coping and Physiological Variables in Adult Cancer Patients." Tese de doutoramento, Universidade do Tennessee, Knoxville, Tenn., 1981.

Trevor-Roper, H. R. *The European Witch-Craze of the Sixteenth and Seventeenth Centuries and Other Essays*. Nova York, Harper Torch Books, 1969.

Tucker, D. M.; Roth, R. S.; Arneson, B.A. e Buckingham, T. M. "Right Hemisphere Activation during Stress." *Neuropsychologia*, 15:697-700, 1977.

Underhill, E. *Mysticism*. 4ª ed. Londres, Methuen and Co., 1912.

van Heerden, P. J. *The Foundation of Empirical Knowledge*. N. V. Uitgeverij Wistik-Wassenaar, Holanda, 1968.

Volgyesi, F. A. "School for Patients. Hypnosis-Therapy and Psychoprophylaxis." *British Journal of Medical Hypnosis*, 5:8-17, 1954.

Wasson, R. G. *Divine Mushroom of Immortality*. Ethno-Mycological Studies, No. 1, Nova York, Harcourt, Brace, Jovanovich, 1968.

Waterman, T. T. "The Paraphernalia of the Cuwamish 'Spirit-Canoe' Ceremony". *Indian Notes*, Museum of the American Indian, 1930.

Weatherhead, L. D. *Psychology, Religion and Healing*. Nova York, Abingdon-Cokesbury Press, 1951.

Weisburd, S. "Food for Mind and Mood". *Science News*, 125:216-19, 1984.

Wheeler, J.; Thorne, K.S. e Misner, C. *Gravitation*. São Francisco, Freeman, 1973.

White, K. D. "Salivation: The Significance of Imagery in its Voluntary Control". *Psychophysiology* 15, 3:196-203, 1978.

Wike, J. A. "Modern Spirit Dancing of Northern Puget Sound." Dissertação de mestrado inédita. Universidade de Washington, Departamento de Antropologia, Seattle, Wash., 1941.

Wilber, K. *The Atman Project*. Wheaton, Ill., Quest, 1980.

_____ (org.). *The Holographic Paradigm and Other Paradoxes*. Boulder, Shambhala, 1982.

Wildschut, W. "Crow Indian Medicine Bundles". In *Museum of the American Indian*. J. C. Ewers (org.). Nova York, Heye Foundation, 1975.

Williams, T. A. *Dreads and Besetting Fears*. Boston, Little, Brown, 1923.

Wissler, C. *The American Indian*. Nova York, Oxford University Press, 1931.

Wolf, S. "Effects of Suggestion and Conditioning on the Action of Chemical Agents in Human Subjects: The Pharmacology of Placebos." *Journal of Clinical Investigation*, 29:100-9, 1950.

Wolpe, J. *Psychotherapy by Reciprocal Inhibition*, Stanford: Stanford University Press, 1958.

_____. *The Practice of Behavior Therapy*. Nova York, Pergamon, 1969.

Wolpin, M. "Guided Imagining to Reduce Avoidance Behavior". *Psychotherapy: Theory, Research and Practice* 6:122-4, 1969.

Worthington, E. L., Jr. "The Effects of Imagery Content, Choice of Imagery Content, and Self-Verbalization on the Self-Control of Pain." *Cognitive Therapy and Research*, 2:225-40, 1978.

Wybran, J.; Appelbrrom, T.; Famaey, J. D. et al. "Suggestive Evidence for Receptors for Morphine and Methionine-Enkephalin on Normal Human Blood T-Lymphocites". *Journal of Immunology*, 123:1068-70, 1979.

Yanouski, A. e Fogel, M. L. "Some Diagnostic and Therapeutic Implications of Visual Imagery Reactivity." *Journal of Mental Imagery*, 2:301-2, 1978.

Zilboorg, G. *The Medicine Man and the Witch during the Renaissance*. Nova York, Cooper Square, 1969.

Zubek, J.; Welch, C. e Saunders, M. "Electroencephalographic Changes During and After 14 Days of Perceptual Deprivation." *Science*, 139:490-2, 1963.

Zukerman, M. "Hallucinogens, Reported Sensations, and Images." In *Sensory Deprivation: Fifteen Years of Research*. J. P. Zubek (org.). Nova York, Appleton-Century Crofts, 1969.

www.gruposummus.com.br

IMPRESSO NA GRÁFICA sumago
sumago gráfica editorial ltda
rua itauna, 789   vila maria
02111-031   são paulo   sp
tel e fax 11 **2955 5636**
sumago@sumago.com.br